이주와 불평등

부산외국어대학교 중남미지역원 HK⁺ 연구총서

이주와 불평등

라틴아메리카 이주 현상에 대한 사회문화적 고찰

구경모, 임두빈, 임기대, 차경미, 이순주
박정원, 현민, 노용석·이정화, 최명호, 이태혁 지음

책을 펴내며

본 총서는 부산외국어대학교 중남미지역원의 인문한국플러스 사업의 일환으로 기획된 것이다. 중남미지역원은 2018년 9월부터 신전환(New Transition)의 라틴아메리카, L.A.T.I.N.+를 통한 통합적 접근과 이해라는 아젠다를 수행하기 위해 '라틴아메리카의 평등과 불평등'이라는 주제로 연구를 하고 있다.

중남미지역원은 평등과 불평등이라는 화두를 바탕으로 라틴아메리카의 인종과 이주, 성, 종교, 개발과 환경 등 다양한 주제 영역을 총서로 엮는 작업을 하고 있다. 그 시작으로 지난해에는 『인종과 불평등: 라틴아메리카 인종차별에 대한 역사구조적 고찰』이라는 제목으로 첫 번째 총서가 출간된 바 있다.

이번 『이주와 불평등』은 『인종과 불평등』에 이은 두 번째 총서로서 라틴아메리카의 이주와 관련한 사회문화적 현상을 풀어낸 것이다. 본

총서는 총 10편의 글을 라틴아메리카 권역에 따라 두 부분으로 나누어 담고 있다. 제1부는 중미 · 카리브 지역 국가들의 이주 현상에 대해 조망하고 있으며, 제2부는 남미 지역 국가들의 이주 현상에 관해 다루고 있다. 각 글의 내용을 간략하게 소개하면 다음과 같다.

「중앙아메리카인의 이주 행렬과 21세기 카라반」은 세계화가 심화되면서 그에 대한 반작용으로 나타난 자국중심주의와 배타적 민족주의 시대의 국제적 이주 상황을 다루고 있다. 21세기의 카라반에 참여하는 이민자들은 자신들을 단순히 이방인이나 외국인으로 보기보다는, 생존의 권리를 박탈당할 위기에 처한 난민으로 보아달라고 주장한다. 그리고 공동체의 일원으로 인정해 달라는 새로운 투쟁을 전개하고 있다. 저자는 중미의 카라반이 기존의 민족국가의 강고한 틀로 되돌아가는 현실과, 국적에 제한되지 않는 인권의 보장을 요구하는 목소리가 충돌하고 갈등하며 교섭하는 모습을 보여준다고 언급하고 있다. 이것이 우리에게 경계에 대한 개념을 성찰하도록 하며 더 나은 모습의 공동체를 상상하고 건설하기 위하여 필요한 것들에 대한 질문을 던지고 있다고 말하고 있다.

「밧데이, 섬 속의 '섬': 도미니카공화국 내 아이티 이주노동자들의 불평등 양상」은 밧데이에 투영된 아이티 이주 노동자의 인권적 취약성에 발현된 다층적 불평등 양상에 대해 살피고 있다. 이에 저자는 이주 노동자의 다층적 불평등에 대한 해결책으로 개발협력을 통한 국제 사회의 적절한 '개입'이 필요하다고 언급하고 있다. 또한 저자는 개발을 인간의 자유함에 걸림돌이 되는 장애물—빈곤, 독재, 경제적 · 사회적 기회의 박탈, 공공시설의 부족—을 제거해 나가는 과정으로 바라보면서 도미니카공화국 국민들에게 인권 교육을 제공하고 동시에, 아이티 이주 노동자들에게 보건과 교육 등의 인간다운 삶을 누릴 수 있는 가장 기본적인 서비스를 제공하기 위한 개발협력이 선행되어야 한다고 주장하고 있다.

「멕시코-쿠바 에네켄 한인 이주민 후손의 모국 연계성 연구」는 최근 멕시코-쿠바 한인 후손들이 어떠한 기제 및 요인을 통해 모국 연계 활동을 하고 있는가를 서술한 것이다. 저자는 한인 이주민들이 처음으로 정착했던 멕시코 메리다(Mérida)에 한인이민사박물관을 건립하여 멕시코인들과 한인 후손들에게 이주의 역사와 '혈통의 뿌리'를 교육하고 있음을 밝혔다. 이 지역의 한인 이주 후손들은 한국을 자신들의 '모국'이라 여기면서 다양한 공간에서 '모국과의 연계'를 추진하였는데, 이에 대해 저자는 초국적 상황에서 세대를 초월한 모국과의 광범위한 연계 활동이 멕시코-쿠바 한인 이주 후손들의 집단 정체성을 형성하는 통로로서 작동하고 있다고 분석하고 있다.

「북미자유무역협정하의 미국-멕시코 경제적 개발 격차와 노동 이주」는 '새로운 지역주의'라는 흐름 속에서 NAFTA가 자유무역협정에 기초한 지역경제통합을 추구하면서 발생하고 있는 이주 노동 현상에 대해 다룬 것이다. NAFTA에서는 자유무역협정에 따른 시장의 규칙을 확립하는 것이 중요하였으며 이러한 시장-기업-민간의 자율성을 제도화한 지역화의 흐름은 미국 기업의 지배력을 강화하였다. 또한 NAFTA는 표면상 2개의 선진국과 1개의 개발도상국으로 구성되어 있었지만, 미국 시장의 지배적 위상으로 인해 NAFTA는 단순한 무역 체제가 아니라 미국이 주도하는 일종의 지역적 규율 체제로 기능하였다. 저자는 이러한 미국과 멕시코 사이의 개발 격차로 인한 이민(migration) 문제가 여전히 양자간 지역개발협력의 문제가 아닌 미국에 의한 일방적 '이민 (immigration)' 정책의 문제로 환원되고 있다고 밝히고 있다.

「중남미에서 비롯된 사헬지대의 구조적 문제와 불안 요소」는 중남미에서 유입되는 마약 등의 밀매가 사헬지대 국가들의 경제 활동을 붕괴시키고 지역 공동체의 파괴 주범이 되고 있는 현실을 생생하게 보여주고 있다. 사헬지대의 주민들은 기후 환경 등의 구조적 문제에 중남미에서 유입되는 마약이 더해지고 테러 집단의 활동까지 지구촌 시대의 모든 문제를 겪고 있다. 사헬지대의 가난한 사람들은 생계를 위해 지역을 떠나거나 난민이 될 수밖에 없다. 저자는 다른 지역으로 대규모 피난 혹은 이민은 또다시 질병 등을 유발해 상황을 악화시킴으로써 지역의 불안을 가속화하는 밀매와 각종 분쟁, 그로 인한 이슬람 극단 테러 집단의 활동으로 지역 간의 불평등을 가중시키고 있으며, 이것이 중남미의 마약 밀매와 관련 있음을 밝히고 있다.

「브라질 난민 정책의 변화」는 전 세계적인 경기 침체, 빈곤국에서 서구 세계로 지속적으로 유입되는 난민과 그로 인한 혼란, 이슬람 세계에 대한 편견을 통해 복합적으로 빚어진 신고립주의 및 신민족주의의 부상과 그에 따른 반이민 정서가 브라질까지 상륙한 것에 대해 다루고 있다. 저자는 포용에서 배제로 브라질 난민 정책이 변화한 원인이 신고립주의의 부상으로 인권, 평화, 난민 보호와 같은 국제 규범의 가치가 축소되는 대신 국가 안보와 경제가 우선시되고 국가 위기 속에서 외국인과 난민과 같은 타자에 대한 혐오와 배제가 강화되었기 때문이라고 밝히고 있다. 결과적으로 정부가 폐쇄적이고 배타적인 이민 및 난민 정책으로 대응하는 '규범적 동형화'가 브라질의 난민 정책의 변화를 가져온 원인이라고 분석하고 있다.

「베네수엘라 난민, 21세기 라틴아메리카 최대의 위험 요인」은 최근 경제 위기로 인해 촉발된 베네수엘라 국민들의 역내 이주 행렬에 대해 분석한 것이다. 저자는 어떤 상황에서도 10% 내외의 베네수엘라 상류층과 집권 세력은 큰 문제가 없다고 밝히고 있다. 또한 저자는 고통받는 사람들의 90%가 베네수엘라 대다수 민중들이며 수십만의 난민들을 받을 수밖에 없는 베네수엘라 주변국들의 민중들이라는 점을 언급하고 있다. 만약 국제 사회가 인도주의적으로 베네수엘라를 지원하지 않는다면 난민의 수가 기하급수적으로 늘어만 갈 것이며 이들을 철저히 관리하지 못한다면 코로나19 등 전염병의 유행 또한 멈추지 않을 것으로 보고 있다. 저자는 베네수엘라 난민 문제가 현재 라틴아메리카에서 해결해야 할 가장 큰 과제이며 이를 실패할 경우 남아메리카 전체가 위기에 빠질 수도 있다고 주장하고 있다.

「라틴아메리카 역내 이주의 여성화」는 최근 라틴아메리카 이주의 특징적인 부분인 '이주의 여성화 현상'을 칠레와 페루 사례를 중심으로 다루고 있다. 칠레는 페루와의 인접성, 경제적 안정, 페루와의 양국 간 여러 차례의 이민법 개정과 불법 이주자에 대한 사면 조치 등을 통한 대규모 이주 합법화 등이 주변 국가들로부터 이주자들을 유인하고 있는 상황이다. 특히 비정규직에 종사하는 이주민들의 자녀들이 자유롭게 교육을 받을 수 있도록 비자를 발급하기로 한 정책과 가사노동에 대해서도 최저임금과 노동권을 보장받을 수 있도록 노동법을 강화한 것은 많은 이주자들이 칠레로 향하도록 하고 있다. 이에 저자는 칠레 내 가사 서비스 분야에 대한 수요의 증가와 보다 전문화된 돌봄 노동에 대한 수요로 인해 향후 더 많은 페루 여성들의 칠레 유입을 유발하게 될 것이라고 주장하고 있다.

「콜롬비아의 강제 실향민」은 콜롬비아의 사례를 통해 실향민이 접경 지역 국가에 집중적으로 분포하고 있어 이로 인해 국가 간 갈등의 원인이 되고 있음을 분석한 것이다. 저자는 실향민 문제가 단순히 수용국과 송출국 간의 문제로만 해결하기 어려운 각국의 주권 혹은 외교적 마찰의 원인으로 작용한다고 밝히고 있다. 또한 난민과 강제 실향민의 이동은 개인뿐만 아니라 배출국과 유입국 그리고 이동 경로에 위치한 국가에게도 직접적인 영향을 미치고 있다고 얘기한다. 한편, 저자는 실향민 문제가 초국가적인 네트워크가 강화되는 시대에 실향민 문제는 글로벌 차원의 협력이 요구되는 공동의 문제라고 언급하면서 강제 실향민 문제가 이주민 수용국과 송출국의 정치, 경제, 사회적 이해관계가 종합적 반영된 글로벌 파트너십의 중요성을 더욱 증대시키고 있다고 말하고 있다.

「'고국 기업'과 파라과이 한인 후속 세대 사이의 문화적 간극」은 한국에 소재한 기업이 파라과이에 진출하면서 한인 후속 세대가 겪고 있는 정체성 문제에 대해 다룬 것이다. 저자는 한인 후속 세대는 고국에 대한 향수 때문에 고국에서 온 기업에 대해 남다른 애정을 느낄 수 있지만, 기업은 경제적 이윤이라는 맥락으로 진출했기 때문에 서로에 대한 생각의 차이가 존재할 수밖에 없다고 밝히고 있다. 기업 내의 한인 후속 세대 위치는 고국에서 온 주재원도 아니며, 현지 노동자도 아닌 애매한 위치에 놓여 있다. 이들은 기업의 편의에 따라, 때로는 동포가 되어야 하고, 때로는 현지인처럼 대우 받기도 하고, 때로는 '고국 사람'과 현지 사람 사이의 가교 역할을 부여 받기도 한다. 저자는 이러한 애매모호한 기업의 태도가 한인 후속 세대로 하여금 '동포'와 '이방인'의 느낌을 동시에 갖도록 한다고 지적하고 있다.

이처럼 이 책은 라틴아메리카 이주와 관련한 최근 이슈에 대해 집중적으로 조망하고 있다. 중남미의 정치경제적 불안정으로 야기된 중미의 카라반, 베네수엘라인의 자국 탈출 행렬, 도미니카공화국과 멕시코의 이주 노동, 중남미 마약으로 인한 사헬의 난민, 콜롬비아의 실향민, 칠레와 페루의 여성 이주, 그리고 멕시코와 쿠바, 파라과이의 한인들의 모습은 이주를 둘러싼 라틴아메리카의 사회문화적 불평등에 대한 다양한 시각과 생각할 거리를 제공하고 있다.

필자들을 대표하여
구경모

제 1 부

중미·카리브 지역의
이주와 불평등

제 1 장

중앙아메리카인의 이주 행렬과 21세기 카라반

/

박정원

/

들어가며

우리말로 대상(隊商)을 뜻하는 카라반(caravan)은 원래 낙타나 말 등에 짐을 싣고 다니면서 보석과 같은 귀중품이나 각 지역의 특산품을 팔고 사는 상인 집단을 의미한다. 이들은 동아시아와 유럽 사이를 여행하고 사막이나 초원, 비단길과 같은 인적이 드문 곳을 통과하며 이동하기에 도적들의 표적이 되기 십상이었다. 따라서 장거리 여행에서 자신들을 보호하기 위해 항상 무리를 지어 움직이는 것이 이들의 특징이다. 그러나 근대 국민국가가 형성되고 국경이 확정되면서 이들의 활동 반경은 줄어들 수밖에 없었다. 또한, 기술의 발전과 함께 동물을 이용해 육로를 여행하는 무역 방식은 현대에 들어오면서 거의 사라진 형태가 되었다.

하지만 최근 이 단어는 아메리카 대륙에서 미국으로 향해 떠나는 중앙아메리카인의 행렬을 지칭하기 위해 다시 등장하게 되었다. 이들의 행렬을 카라반이라고 부르는 데는 바로 인접한 국가로의 이동이 아닌 수천 킬로미터를 가로지르며 여러 개의 국경을 넘는 기나긴 이주의 행렬이기에 그렇다. 또한, 비행기나 선박 등을 이용하는 대신에 육상을 주요한 경로로 사용하며, 그중에서도 상당 부분을 도보로 이동한다는 사실로 인해 이와 같은 이름이 붙여지게 되었다. 지난 2021년 1월 20일 투개표 과정에 대한 논란 끝에 조 바이든(Joe Biden)이 미국 제52대 대통령으로 공식 취임하였다. 그런데 취임식 며칠 전 과테말라의 남쪽 국경에서는 바이든 시대에 대한 기대와 희망을 표현하는 한 가지 사건이 발생하였고 외신은 이를 대대적으로 보도하였다. 약 6,000명으로 추산되는 온두라스의 이민자 행렬이 방패와 최루 가스로 막아 세우는 과테말라 경찰들과 국경에서 대치하게 되었다. 이민자들은 바이든 대통령에게 미국이 자신들을 난민으로 인정할 것을 요구하면서, 자신들의 요청이 백악관에 닿기를 기원하였다.[1]

지난 4년간 트럼프 행정부가 국가 안보라는 이름으로 이민자를 강력하게 통제하는 정책과 태도를 취한 것은 잘 알려진 사실이다. 트럼프는 멕시코와의 국경에 장벽을 추가로 세우는 한편, 이민자들에 대한 입국 금지와 이들에 대한 대대적인 단속, 추방 및 송환에 앞장선 바 있다. 바이든은 선거에 당선되자 트럼프의 국경 정책을 가능한 빠른 시일 내에 철회할 것임을 표명하였다. 이에 따라 중앙아메리카 이민자들은 미국으로 들어갈 기회가 다시 생기게 되었다는 희망을 품게 되었고, 이는 즉각적인 행동으로 이어져 대규모의 이민 행렬이 온두라스를 떠나 북쪽

---

1 *New York Times*, 2021.01.17.

으로 향했으며 과테말라와의 국경에 집결하게 된 것이다. 이민자들의 절박한 대응과 움직임에 놀라면서 언론은 이 상황에 대한 대처가 바이든 대통령의 첫 번째 윤리적 도전이자 과제 중 하나라고 언급한 바 있다. 이렇듯 중앙아메리카 사람들의 이주는 현재 미국 사회가 안고 있는 주요한 이슈일 뿐 아니라 북중미 지역 여러 나라가 정치적 · 사회적 · 경제적으로 한데 얽혀 있는 문제이기도 하다.

북중미 이주의 역사

사실 미국 사회에서 이민 이슈는 어제 오늘의 일이 아니다. 하지만 1990년대 세계화가 가속화되면서 소위 '제1세계'와 '제3세계'가 만나는 미국-멕시코 국경은 현대 세계의 이민을 가장 드라마틱하게 보여 주는 상징적인 장소가 되었다. 1994년 일명 나프타(NAFTA)로 불리는 북미자유무역협정이 발효되면서 멕시코의 농촌 경제가 붕괴하였고, 이로 인해 새로운 삶의 기회를 찾아 국경을 넘으려는 거대한 흐름이 가시화되었다. 21세기 들어 첫 번째 10년 동안 매년 수십만 명의 멕시코 인들이 자신의 고향을 등지고 미국으로의 행렬에 동참하였다. 미국으로 매년 유입되는 멕시코인의 상당수는 소위 불법이라는 딱지가 붙은 미등록(undocumented) 이민자들이었고, 이는 미국 정치 진영에서 이민 정책으로부터 국가 안보, 정체성과 다문화주의에 이르기까지 커다란 논란을 몰고 왔다.

하지만 2008년 리먼 브라더스 사태 이후 시작된 미국의 금융위기로 인해 경제 침체가 발생하면서 멕시코 인들의 이민 행렬은 그 정점을 지나 차차 감소하기 시작하였다. 대량 감원과 실업 사태 등이 이어져 일자리의 기회가 이민자들에게 돌아오지 않을 것이라는 우려로 인해 새로운 나라에 정착하기보다는 자신들의 나라에 남기를 선택하는 경향이 나타났다. 또한, 미국에 이민을 떠났던 멕시코 인들이 다시 고국으로 돌아오는 역이민 현상도 나타나게 되었다. 멕시코 사람들의 이민이 감소세를 보이는 동안, 반대로 중앙아메리카인의 이민은 서서히 증가하고 있었다. 물론 멕시코와 비교하면 상대적으로는 매우 적은 숫자였다.

실제로 중앙아메리카 사람들의 미국으로의 이주는 1980년대로 거슬러 올라간다. 과테말라는 라디노(Ladino)[2] 정부에 의한 원주민 탄압이 자행되었으며, 엘살바도르의 경우 1979년 군사 쿠데타 이후 내전과도 가까운 상황이 지속되었다. 정부와 미국의 지원을 받은 콘트라 반군은 반대파를 무자비하게 색출하였고 좌파로 의심되는 8,000여 명이 넘는 시민들이 살해, 상해, 납치, 실종되었다. 이러한 혼란 속에서 상당수가 유일한 생존의 방식으로서 국경을 넘어 미국으로 이주하는 것을 택하였고, 따라서 이들의 이민은 정치적 망명의 성격을 지니고 있었다. 하지만 당시 미국 레이건 행정부는 엘살바도르와 과테말라의 우파 정부의 만행을 규탄하고 제재하는 대신에, 이들을 유일한 반공 세력이라고 생각하며 지지를 보냈다. 따라서 박해와 탄압을 피해 미국으로 들어온 이주자들은 정치적 망명자로 인정받는 과정에서 상당한 어려움을 겪었다.

---

2 중앙아메리카에서 메스티소, 즉 혼혈인들을 일컫는 명칭. 이들이 원주민들에 비해 사회·경제적으로 우위를 점하고 있다.

21세기에 다시 시작된 중앙아메리카인의 이주는 다른 요인에서 시작되었으며, 그것은 무엇보다도 경제적인 이유에서 찾을 수 있다. 우선 미국으로 향하는 이주자들의 주요 출신 국가는 소위 '남부의 트라이앵글(Southern Triangle)'이라고 불리며 서로 국경을 맞대고 있는 세 나라 과테말라, 온두라스, 엘살바도르이다. 이들 나라 역시 신자유주의 세계화의 거대한 물결로부터 결코 자유롭지 못했다. 1980년의 10년 동안 라틴아메리카 대부분 국가가 경험한 소위 '잃어버린 10년'을 극복하는 대신 멕시코와 마찬가지로 이들 나라에서는 새로운 경제 위기가 닥쳐 왔다. 특히, 상대적으로 인구와 경제 규모가 작은 이 나라들에는 그 타격이 훨씬 심각하게 다가왔다. 주로 단일작물 수출과 농업에 의존하는 경제였기에, 이를 통해 수입을 얻기가 힘들어지자 국가 경제는 급속히 무너지게 되었다. 이 나라들의 정부는 이러한 경제 상황을 나아지게 하기에는 역부족이었으며, 고질적인 부정부패 문제 역시 해결될 기미를 보이지 않았다.[3] 게다가 반복되는 자연재해 또한 언급하지 않을 수 없다. 거의 해마다 나타나는 태풍 피해로 인해 농작물 수확에 극심한 타격을 받게 되었으며, 가옥의 파괴나 침수 등 삶의 기반이 붕괴하는 결과로 이어졌다. 도로, 상하수도, 전기 등 사회적 기반시설의 복구와 회복도 정상적으로 이루어지지 못하게 되었다.

자연재해로 인하여 야기된 경제 위기가 회복 불가능한 상황으로 다가오면서 미국을 향한 북쪽으로의 이주가 시작되었다. 여기에 기폭제

---

3 Heather M. Wurtz, "A movement in motion: collective mobility and embodied practice in Central American migrant caravan", 2020, 931쪽.

가 된 것은 중앙아메리카 국가들에서 폭발한 폭력의 문제였다. 이 나라들의 치안이 이전에도 좋았던 것은 아니었다. 하지만 21세기에 들어서면서 라틴아메리카 국가들에서 폭력은 사회 전체를 뒤흔드는 강력한 힘으로 작용하였다. 특히, 멕시코의 경우 지난 세기 콜롬비아의 역할을 넘겨받아 이 대륙에서 마약의 주요한 공급처와 중개지가 되었고, 미국으로의 마약 중개권을 주도하려는 범죄 조직들의 각축으로 인해 폭력이 일상화되는 상황에 이르게 되었다. 중앙아메리카의 경우 이러한 국제적 범죄 조직의 단초가 된 것은 미국 로스앤젤레스에 기반을 둔, 마라 살바투르차(Mara Salvaturcha)라는 그룹이었다. 이들은 로스앤젤레스에 거주하는 엘살바도르 출신의 젊은이들로 구성된 범죄 조직에서 출발하였고, 일부는 자신들의 출신지 및 멕시코와 과테말라 국경 지역으로 영역을 확대하게 된다. 특히, 멕시코와 과테말라 국경 지역은 이 두 나라 정부의 제도적 행정력이 집중되지 않는 지역이었고, 이러한 상황을 활용하여 이곳에 거점을 두고 이민자를 상대로 하는 범죄 등을 통해 이익을 얻고 세력을 키우게 되었다. 지난 10년 동안 이들을 비롯한 여러 무장 범죄 단체가 더욱 조직적인 방식으로 중앙아메리카의 세 나라로 침투하였다.

이로 인해 치안 문제는 범죄 조직들만의 세력 다툼이 아니라 국민의 생명과 안위에 파괴적인 영향을 주는 전 사회적인 이슈가 되었다. 엘살바도르의 경우 인구 사망률이 라틴아메리카에서 가장 높은 나라에 오를 만큼 심각한 상황에 이르렀다. 이 나라의 시민들은 최소한의 목숨과 안위를 보장받을 수 없다고 생각하게 되었다. 따라서 수천 킬로미터를 가로질러 미국에 도착하는 것은 '아메리칸 드림'이 아니라, 죽고 사는 것의 문제로 받아들이게 된다. 따라서 지난 10년 동안 '배고픔'과 '죽음에 대한 공포'로 인해 남녀노소를 불문하고 이주의 물결이 이어졌고,[4] 특히 과거와는 달리 부모를 동반하지 않은 어린이들까지 이 대열에 합류하는 상황이 발생하였다. 부모들은 자신이 보살피지 못하는 상황일지라도, 고국에 남아 있는 것보다는 오히려 더 안전할 것이라는 절망적인 기대감으로 아이들을 미국으로 보내려는 것이었다. 전체 숫자로 볼 때 이들 나라의 이주자 수가 멕시코와 비교하여 적다고 할 수 있을지 모른다. 그러나 이 나라들의 인구를 고려할 때, 상대적으로 최근 중앙아메리카를 떠나는 이들의 수는 놀랄 만한 것이라 하겠다.

2018년 카라반의 특징

그러나 이 이주 행렬에 '카라반'이라는 이름이 붙여진 결정적인 계기는 지난 2018년으로 거슬러 올라간다. 그해 트럼프 대통령은 중앙아메리카 이민자들이 '무리'를 지어 들어오면서 미국에 대한 '침투'가 임박하고 있다고 트위터를 통해 공개적으로 언급하였다. 이주자들은 직접적으로 자신들에 대한 적대적 발언에 직면하여 지금까지와는 다른 방식의 대응을 고민하게 되었다. 여기에 더하여 '국경 없는 사람들(Pueblo sin fronteras)' 등 이주민들의 인권을 옹호하는 종교 및 사회 단

---

4 Gonzalez Esteban, "Hambre y muerte: Los dos actores que detonaron la Caravana migrante a EE.UU.", 2018.

체들의 지지와 도움을 얻어 일종의 운동 차원으로 발전하게 된다. 그해 3월 말에 주로 온두라스 사람들로 구성된 약 700명의 이민자들이 함께 온두라스를 출발하였다. 부활절에 즈음하여 출발하여 한 달이 넘는 기간 동안 동행한 이들의 행렬은 그리스도의 고난을 상징한다는 의미에서 '이주자가 지고 가는 십자가의 길(Viacrucis del migrante)'로 불리게 되었다. 약 4,000킬로미터를 통과하여 마침내 미국과 국경을 접한 도시 멕시코의 티후아나에 도착한 이들 중 일부는 국경 넘기를 시도하였고, 일부는 망명을 신청하게 된다.

이러한 집단적이고 공개적인 이민 행렬은 그해 10월에 정점에 이르게 되었다. '국경 없는 사람들'이 새로운 행렬을 계획하고 있다는 잘못된 소식이 사회적 관계망(SNS)을 통해 확산되었고, 이러한 소문은 그 누구도 예상치 못한 결과를 가져왔다. 온두라스를 비롯하여 엘살바도르, 과테말라, 니카라과에서 도착한 이민자들 150명이 온두라스에서 카라반을 시작하였다. 온두라스를 벗어날 무렵에 이 자발적인 행렬은 4,000명으로 늘어났으며, 과테말라를 지나 멕시코 국경에 도달하였을 때 그 수는 5,000명에 달하였다. 이 상황은 워싱턴에도 알려졌고 트럼프 대통령은 미국-멕시코 국경에 군대를 배치시켜 이들을 막겠다는 의사를 명확히 했으며, 이민자들을 통과시키는 국가의 정부에게는 지원금을 중단할 것이라는 위협을 전달하였다. 이에 따라 국경을 강화한 멕시코는 중미의 이민자들에게 개별적으로 국경을 통과할 것을 요구하였지만 이들은 모두가 함께 국경을 지날 것을 결의하였다. 한나절 동안 경찰과 이민자들 사이에 대치 상황이 일어났고 돌이나 최루 가스 등을 동반한 몸싸움이 벌어졌다. 결국, 이들은 일렬로 차례차례 국경을 통과하는 것으로 조정되었고, 멕시코에 들어선 이들은 도보와 버스 등을 이용하여 다시 북쪽으로 향하였다. 마침내 6주가 지난 11월 말에 이들은 국경 도시인 티후아나에 진입하였다. 많은 숫자의 이주자 집단을 맞게 된 티후아나 시의 시장은 이를 "인류애의 위기(humanitarian crisis)" 상황으로 규정하고 공설 운동장에 이들의 임시 거처를 마련해 주었다. 며칠이 지나 이들 행렬은 마침내 11월 25일 산 이시드로 입국심사장에 모였고, 그 과정에서 망명을 신청하는 절차가 길어지면서 갈등이 불거지는 상황이 연출되었다.

미국과 이민자들이 속한 각국의 정부는 물론이고 전 세계적인 관심의 대상이 된 이 카라반은 21세기 들어오면서 계속되는 중앙아메리카 이민의 연장선으로 이해할 수 있다. 그러나 다른 한편으로는 이 같은 흐름의 새로운 국면을 보여주는 상징적인 사건이 되었다. 2018년의 카라반이 과거와 다른 특징 중 하나는 우선 이들의 행위가 집단적이라는 점이다. 이전에는 이들의 이주 행위가 비합법적이기에 100여 명이 넘는 사람들이 무리를 지어 움직이는 경우는 많지 않았다. 하지만 이 카라반 행렬은 한 번에 5,000명이 넘는 이민자들이 함께 모여 국경을 넘고 북쪽으로 이동하는 상황이며 전에 없던 광경이었다.

두 번째로 2018년의 카라반은 공개적인 형태를 보여 준다. 불법 이민자라는 꼬리표를 달고 있기에 과거에 이들은 인적이 드문 거리나 사막을 가로지르는 등 주위의 눈에 띄지 않게 조용히 미국에 당도하는 방식을 선호하였다. 하지만 카라반에 참여한 이들은 정부나 언론의 주목을 받는 것을 두려워하지 않으며, 오히려 이를 자신들을 위해 이용하는 모습을 보여 주기도 한다. 공식적인 목소리를 통해 자신들을 불법 이민자가 아닌 경제적·사회적 난민(refugee)이라는 점을 강조한다. 이들은 불법으로 국경을 넘는 대신, 입국심사장에 도착하여 난민의 지위 획득과 미국으로의 입국을 요구한다. 또한, 이주 행렬에는 엘살바도르나 온두라스 등 출신 국가의 국기가 등장하는데, 과거와 달리 중미의 이민자들이 자신들의 정체성을 당당히 드러내며, 자신들의 의사와 요구 사항을 당당하게 밝히고 있다.

이런 측면에서 최근 카라반의 특징은 상당히 정치적인 면모를 보여준다. 과거 멕시코와 중앙아메리카 이주자들의 목표는 정치적 논란을 일으키지 않고 무사히 미국에 도착하여 일자리를 찾는 것이었다. 이런 이유로 미국을 비롯한 국가들의 정부나 경찰과는 어떠한 접촉도 바라지 않았다. 하지만 카라반 참가자들은 집단적 행동을 통해 개별적인 방식으로는 실현할 수 없는 정치적 요구들을 외부에 알릴 수 있게 되었다. 이를 통해 공권력에 의해 자신들의 인권이 무시되는 상황을 미연에 방지하고자 하였다. 물론, 이들의 정치성은 각종 인권 단체를 비롯한 다양한 NGO의 도움으로 인한 것이기도 하다. 하지만 근본적으로 이주자들의 카라반은 외부에 의해 조직된 것이 아니며, 자발적으로 형성된 것임을 기억할 필요가 있다. 이처럼 2018년의 카라반은 더 이상 견딜 수 없는 상황을 벗어나기 위한 절실한 노력인 동시에, 생존을 넘어 현실을 바꾸어 내기 위한 운동적 차원으로 전개되고 있다.[5]

이러한 국면의 전환은 왜 일어나게 되었는가? 그 이유는 무엇보다는 트럼프 행정부의 강력한 반이민 정책과 언술에 기인한다. 잘 알려진 대

5 Heather M. Wurt, 앞의 책, 936쪽.

로 트럼프는 국경을 강력하게 단속하고 불법 이민자에 대한 무관용의 원칙을 내세우면서 대선에서 승리하였고, 당선 후 바로 이를 실행에 옮겼다. 그 결과 그의 집권 기간 중 미등록 이민자들에 대한 대대적인 단속이 증가하였고, 이들에 대한 구금과 본국으로의 송환 역시 상당한 숫자로 늘어나게 되었다. 이로 인해 이민자들은 새로운 희망을 찾아 미국으로 향하는 자신들의 목표가 좌절되는 상황을 목도하였으며, 지금과 같은 방법으로는 자신들의 문제가 해결될 것으로 보지 않게 되었다. 따라서 이들은 자신들이 불법을 저지르는 범죄자가 아니며, 생존을 위해 자신의 고향과 나라를 떠나야만 하는 난민이라는 점을 강조하였다. 즉, 이들의 이주는 여러 개의 국경을 넘는 긴 여정인 동시에, 난민의 지위를 획득하려는 정치적인 요구의 성격을 갖게 되었다. 이를 위해서는 개별적인 방식보다는 집단적인 행동과 단결이 필요하게 된 것이다.

이민자들의 위험한 여정

마찬가지로 중앙아메리카 이주자들에게서 이러한 변화가 생기고 있는 것은 자신의 나라에서 출발하여 미국에 이르기까지 수천 킬로미터의 여정에서 벌어지는 갖가지 예기치 못한 상황에 기인한 것이기도 하다. 미국으로 들어가기 위해 이들은 최소 두 개의 국경을 통과해야 했으며, 이런 측면에서 멕시코 이주자와는 다른 상황에 직면하고 있다. 멕시코 출신의 틴 디르다말(Tin Dirdamal) 감독이 만든 다큐멘터리 영화 「무명씨(De nadie/No One)」는 멕시코 이민자들이 압도적인 다수를 차지하고 있는 가운데, 중앙아메리카 사람들의 이주 문제를 최초로 포착한 작품 중 하나이다. 2005년도에 제작된 이 영화는 중미의 이민자들이 어떤 과정을 겪으면서 미국에 도착하려고 하는지, 그리고 왜 이들의 이주 행렬이 이제는 일종의 정치적 운동으로 변화하고 있는가를 이해하는 데 도움이 된다.

다큐멘터리 「무명씨」는 멕시코 남서부 베라크루스 주에 위치한 이민자를 위한 임시 주거지에서 시작한다. 감독 디르다말은 이곳에서 만난 중앙아메리카 이민자들을 인터뷰하고 이들과 함께 북쪽으로 향하는 여정을 담아 낸다. 이 과정에서 영화는 이들의 증언을 가감 없이 드러내고 있다. 카메라는 미국에서 일해서 가족에게 돈을 보내기 위해 온두라스에서 도착한 마리아의 삶을 추적한다. 그녀는 온두라스에서 멕시코-과테말라 국경을 거쳐 도착한 과정을 이야기하면서 매일 매일의 삶이 위험에 노출되어 있었다고 설명한다. 그리고 두고 온 가족에 대한 그리움과 안타까움을 숨기지 않는다.

마리아가 겪는 가장 큰 일상적 위협은 아이러니하게도 공권력과 제도였다. 멕시코 영토에 들어오면서부터 불법 이민자가 된 그녀는 법망을 피해 다녀야 하는 신세가 된다. 검문을 당할 경우, 자신의 신분이 드러나 송환되는 것을 두려워하여 경찰이나 공무원, 관공서 및 공공장소를 피하곤 한다. 이런 이유로 공식적인 여행의 루트보다는 다른 사람들이 잘 이용하지 않는 외진 길들을 통해 북쪽으로 발길을 향한다. 이들이 도보로 이동하거나 야간 버스를 타는 이유도 최대한 사람들의 눈을 피하기 위해서이다. 이런 이유로 기차는 중앙아메리카 이민자들이 미국으로 가기 위해 가장 많이 이용하는 교통수단이 되었다. 멕시코의 남북을 가로지르는 이 철도는 현재는 주로 화물을 수송하는 용도로 사용되고 있다. 승객을 태우지 않는 교통수단은 중미 이민자들에게는 오히려 유리한 교통수단이 되었다. 따라서 멕시코-과테말라 국경을 통과한 이들은 이 남북횡단 기차에 타고 내리기를 반복하며 북쪽의 국경으로 향한다.

그러나 이들은 정식 승객이 아니기에 주로 천천히 출발하기 시작하거나 정지할 무렵에 차에 올라타게 되며 화물칸 양옆의 난간에 기대거나, 달리는 열차 위에 자리를 잡고 앉는 위험한 상황에 놓인다. 영화는 달리는 열차에서 떨어져 한쪽 다리를 잃고 병원에 입원 중인 10대의 중미 이민자를 찾아간다. 그를 통해 움직이는 기차에 잘못 오르내리거나, 열차 위에서 졸다가 당하는 사고에 대해 듣게 된다. 이렇게 감독은 이 기차를 통한 여정이 이들에게 희망을 가져다주는 것과는 반대로 악몽과 공포가 될 수 있다는 사실을 보여 준다. 중미 이민자들 사이에서 기차가 '짐승(la bestia)'이라는 별명으로 불리는 이유이기도 하다. 또한, 이 별칭은 긴 행렬의 화물 열차의 규모와 거대함을 지칭하기도 한다. 다른 한편으로 인간들의 편리함을 위해 발명된 근대적 도구인 기차가 오히려 인간의 생명에 위해를 가하는 위험하고 무시무시한 '짐승'이 되는 현실을 암시하고 있다.[6]

북쪽으로 향하는 화물 열차에 몸을 실은 중미 이주자들을 기다리는 또 다른 폭력은 범죄 집단으로부터 나온다. 이들은 열차가 정차하는 역

---

6 Jungwon Park, "Fantasmas y memorias en la travesía cosmopolita: el cuerpo de los indocumentados centroamericanos en *De Nadie*", 2007, 83쪽.

근처에서 주로 출몰하며 이민자들이 주로 법망을 피해 움직인다는 점을 이용해 이들에게서 미국에 도착할 여비와 정착비로 마련해 온 돈을 갈취하고 상해를 입히고 심지어 살해하기까지 한다. 하지만 중미 이민자들은 자신의 처지를 멕시코 경찰 등에 호소할 수 없어 폭력의 강도가 더욱 커지게 되었다. 이렇게 중앙아메리카 인들은 공권력 안과 밖에서 위험에 노출되어 있다. 즉, 폭력이 구조화된 형태로 이주민들의 일상을 지배하는 것이다.

다큐멘터리 「무명씨」는 자신들의 나라를 떠나는 순간 불법 이민자라는 주홍글씨가 새겨진 중앙아메리카 사람들의 처지를 아무에게도 인정받지 못하고 버려진 존재를 의미하는 '무명씨'라는 메타포를 사용하고 있다. 이 명칭이 의미하는 바는 이들이 '시민'으로서의 권리가 박탈되었다는 것이다. 동시대 철학자인 조르조 아감벤(Gorgio Agamben)은 현대 민주주의 사회에서 시민의 범위 바깥으로 제외된, 그리하여 삶의 권리를 박탈당한 이들을 조명한다. 이들은 공동체에 속하지 못하기에 시민적 권리의 수혜 대상이 아니다. 이들에게 폭력이나 위해가 가해졌

[그림 1] 화물 열차에 몸을 실어 북쪽으로 향하는 중미 이민자들

을 때 보호받지 못하는 것은 어쩌면 당연하다. 이런 측면에서 아감벤은 이들의 삶이 '벌거벗은 생명(bare life)'의 위치에 놓여 있음을 지적한다.[7] 대중 민주주의가 완성되었다고 하는 21세기에도 인권에 대한 무관심과 탄압이 진행되는 것은 이런 논리에 의해서이다. 이렇게 아감벤은 완성된 것으로 보이는 현대 민주주의에 사각지대가 존재한다는 점을 날카롭게 포착하고 있다. 이 영화가 보여주고 있듯이 중미의 이민자들은 국경을 넘는 순간 '시민'이 아닌 '무명씨'로 전락하며, 이와 동시에 인간이면 누구나 가지고 있을 것이라고 가정하는 권리를 잃어버리고 위험에 노출된다.

이런 측면에서 중미 이민자들에게 멕시코는 본질적으로 위험을 내재하고 있는 공간이다. 상당수의 중미 이주자들이 미국에 들어가는 돈을 구하기 위해 일시적으로 멕시코에 머물거나, 미국에서 송환되었으나 본국으로 돌아가지 않고 미국으로의 재입국을 시도하기 위해 멕시코에 남아 일을 한다. 이들은 멕시코 사회에서 그림자와 같은 보이지 않는 존재로 살아가고 있다. 이렇게 멕시코는 중미 이민자들에게 미국으로 향하는 통로가 되는데, 안전하기보다는 위험과 불안을 초래하는 통로이다. 따라서 멕시코의 전 영토가 일종의 '국경'의 기능을 담당하며 중앙아메리카 출신 이주자들을 통제하고 구속하는 역할을 한다.[8]

---

7   조르조 아감벤, 『호모 사케르—주권 권력과 벌거벗은 생명』, 새물결, 2008, 34쪽.
8   Wendy A. Vogt, "Crossing Mexico: Structural violence and the commodification of undocumented Central American migrants", 2013, 767쪽.

북중미 국가들의 대응

　이와 같이 중앙아메리카의 카라반은 주로 과테말라, 엘살바도르, 온두라스라는 '남부의 트라이앵글'로 일컬어지는 세 나라의 이주민들로 구성되지만, 이들이 통과하는 멕시코와 최종 목적지인 미국까지 북중미 전체를 포괄하는 문제가 되었다. 또한, 이민자 당사자들을 비롯하여, 해당 국가의 정부들, '국경 없는 사람들'과 같이 이민자들을 지원하는 초국적 사회 단체 등 다양한 행위 주체가 개입되어 있다. 이처럼 두 나라 이상의, 그리고 여러 행위 주체의 이해와 요구가 개입되면서 중앙아메리카의 카라반은 북중미의 정치적·사회적 지형도를 재구성하고 있다.

　무엇보다도 중앙아메리카 이민자들은 스스로를 난민으로 규정하면서 국제법상의 난민 지위를 요구하고 있는데, 이러한 국면의 전환은 이 지역에 새로운 갈등과 긴장, 대화와 교섭의 필요성을 가져온다. 특히, 매년 상당수의 중앙아메리카 이민자들이 들어오는 미국의 경우 이민 이슈에 관한 정치적 논쟁의 심화로 인해 사회적 갈등의 골이 깊어졌다. 앞서 언급하였듯이 트럼프 행정부는 국가 안보를 최우선적인 가치의 하나로 내세우면서 이민자에 대한 가장 적대적이고 강력한 반대를 표명해 왔다. 그리고 앞서 언급하였듯이, 이러한 적대감은 수사에 그치지 않고 다양한 수준에서의 정책과 행정적 명령을 통해 이민자에 대한 단속과 통제를 강화해 왔다. 그러나 이로 인해 많은 부작용을 초래하였으며 반대에 부딪히게 되었다. 특히, 지난 몇 년간 미국 언론과 시민 사회에서 논란이 된 이슈는 미성년 이민자에 대한 처벌 문제였다. 어린아이부터 10대 청소년들에 이르기까지 이민자들 사이에는 다수의 미성년자가 포함되어 있었고, 이들 중에는 가족과 떨어져 홀로 미국에 입국한 숫자도 적지 않았다. 미국 정부가 체포한 불법 이민자들을 구금하는 과정에서 어린아이들을 함께 온 부모와 분리하여 다른 센터에 수용하는 사례가 상당수 발생하였다. 또한, 미성년자들 홀로 멕시코나 본국으로 송환하여, 결과적으로 이들이 홀로 남겨지는 상황이 발생하였다. 그 결과 가족은 또다시 해체되고, 미성년자들은 어떠한 보호도 받지 못하는 어려운 상태에 놓이게 된다.

미성년 이민자에 대한 대응 방식에 대해서는 미국 사회에서도 커다란 비판이 제기되었다. 어린아이들을 어떠한 보호 장치도 없이 추방하는 행위는 인권 문제를 넘어서 아동을 학대하는 세계 최강국의 민낯을 보여 주는 것이기 때문이다. 이로 인해 인권 단체와 지식인, 라티노(Latino) 그룹을 중심으로 이들에게 난민의 지위를 인정하고 그에 합당한 정치적 · 사회적 · 경제적 인권을 제공하여야 한다는 주장이 제기되고 있다.

멕시코 역시 중앙아메리카 이민자들의 주요 통행로로서 이들이 겪게 되는 여러 폭력과 안전 문제에 관한 책임으로부터 자유롭지 못한 것이 사실이다. 초기에 멕시코 정부는 중앙아메리카로부터의 이주 행렬에 대해 방관자적 태도를 보였다. 그러나 상황이 심각해지자 한편으로는 과테말라와의 국경을 강화하기 위한 조치를 취하였다. 이를 통해 더 많은 이민자가 들어와 멕시코가 면한 두 개의 국경이 혼란스러워지고 외교적으로 곤란에 처해지는 상황을 막고자 하였다. 다른 한편으로는, 인도적 요구에 의해 멕시코로 이미 들어온 중앙아메리카 이민자들의 최소한의 안전을 보장하려는 시도가 진행되었다. 지난 2018년 멕시코의 페냐 니에토 대통령은 '여기가 당신의 집입니다(Estás en tu casa!)'라는 프로그램을 시작하면서, 이들 이주민들에게 카라반 중에 머무를 수 있는 임시 거처와 일정 정도의 의료 서비스 제공을 약속하였다.[9] 그러나 이 정책이 어떠한 획기적인 상황의 변화를 이끌어내기보다는, 미국 정부의 방향에 따라 부침을 거듭하고 있다.

앞서 언급하였듯이 중앙아메리카 남부의 트라이앵글 지역 정부들은 복합적인 위기 국면과 이를 타계할 재정의 부족으로 인해 문제 해결에 대한 갈피를 잡지 못하고 있다. 또한, 자국민의 이주를 막아달라는 미국의 요구로 인해 국민적 삶의 체질을 개선하기보다는 행정력을 동원하는 단기적 방식으로 문제를 해결하려고 한다. 21세기 중앙아메리카의 카라반은 이렇게 여러 나라 정부와 관련된 국제적인 이슈가 되었다. 하지만 신뢰에 기초를 둔 상호 협력과 문제 해결이 아닌, 미국을 중심으로 한 국제적 힘의 질서에 의해 움직이는 상황으로 전개되고 있다.

법적 논쟁을 넘어 인권의 측면에서

2013년 마크 실버(Mark Silver) 감독이 만든 다큐멘터리 영화 「다야니 크리스탈은 누구인가?(Who is Dayani Cristal?)」는 중앙아메리카 카라반을 둘러싼 북아메리카 대륙의 복잡한 국제 지형을 드러내는 한편, 이와 관련된 각각의 주체에게서 어떤 행동들을 기대할 수 있는가에 대한 질문을 던지고 있다. 이 영화는 미국에서 시작된다. 애리조나 사막에서

---

9   BBC News Mundo, 2018.10.27.

시체가 발견되었고 이 시체의 주인이 과연 누구인가를 조사하기 위해 주검은 국립과학연구원의 실험실에 보내진다. 이 시체의 주변에는 신원을 밝혀 낼 수 있는 증명서나 서류도 발견할 수 없었기에, 국경을 넘어오다 죽어간 남성 이민자라고 추정할 수 있을 뿐이다. 오직 하나의 단서가 있다면 팔에 새겨진 문신인데, 거기에는 '다야니 크리스탈'이라고 적혀 있다. 영화는 이 실험실에서 최신 유전자 기술을 이용하여 검시하는 과정을 통해 정체 모를 이민자가 누구인지를 알아내고, 그의 시체를 가족에게 되돌려 주고자 한다.

다큐멘터리의 다른 한 축으로는 멕시코 출신으로 라틴아메리카 대륙 전체를 대표하는 배우가 된 가엘 가르시아 베르날(Gael García Bernal)이 등장한다. 그의 여정은 중앙아메리카 이민자들의 카라반과 마찬가지로 온두라스에서 시작된다. 이 멕시코 배우의 목표는 중미의 이민자들처럼 온두라스에서 출발해 수천 킬로미터에 이르는 카라반을 체험하는 것이다. 이렇게 가엘은 이민자와 같은 처지가 되어 버스를 타고, 강을 건너고, 멕시코와 과테말라 사이의 국경을 넘고, 미국으로 향하기 위해 '짐승'으로 알려진 화물열차에 몸을 싣는다. 이를 통해 과연 이민자들이 왜 수천 킬로미터가 되는 이 위험한 여행을 시작하게 되었는지, 한 달이 넘는 기간 동안 어떻게 생활하고, 무슨 생각을 하는가를 이해하려고 노력한다.

이와 같이 다큐멘터리는 중미 이민자를 두 가지의 앵글을 통해 바라보려는 구조를 지니고 있다. 텔레비전 등 미디어를 통해 전달되는 이들에 관한 뉴스 속에서 우선 이들이 과연 어떤 사람들인가를 알 수 있도록 하는 것이다. 또한, 이들의 긴 여정을 따라가면서 이민자들이 겪는 어려움과 고난, 차별과 외로움을 느끼게 한다. 이러한 과정을 통해 영화는 각각의 국적으로 인하여 갖게 되는 사고의 한계를 넘어서도록 한다. 지금까지 미국에서는 이민자에 대한 논쟁이 주로 이들의 법적인 상태, 즉 합법적 체류와 불법 이민이라는 이분법적 잣대 안에서 다루어져 왔다. 그러나 영화는 법적인 문제를 넘어 이들의 실체적 모습에 다가갈 것을 제안한다. 불법 이민자이기에 앞서 삶을 지속하기 위해 온 누군가의 남편이자, 누군가의 아버지이고, 누군가의 아들이라는 사실을 상기시킨다. 마침내 과학연구원에서는 다야니 크리스탈이라는 이름의 문신을 가진 시체의 주인을 찾아낸다. 그는 온두라스 출신의 이민자로 자신의 어린 딸의 이름을 팔에 새겨 놓은 것이었다. 그리고 그의 주검은 미국에서 고향인 온두라스의 작은 마을로 보내어지고 가족들과 마을 사람들은 슬픔과 눈물로 그를 맞이한다.

중앙아메리카 이민자들의 상황을 실제로 경험하는 가엘 가르시아 베르날은 멕시코인의 이중적 지위를 깨닫게 된다. 지금까지 많은 멕시코 사람들이 미국으로 이주하면서 희생자 혹은 약자로서의 위치에 있었다. 하지만 이들은 동시에 중미에서 들어오는 이민자들을 받아들이는 입장에 놓이게 된다. 영화는 멕시코 배우를 통해 중앙아메리카 이민자들이 멕시코 영토에서 겪고 있는 어려움과 곤궁을 경험하도록 한다. 그는 멕시코 사람들이 피해자인 동시에 가해자가 된다는 점을 자각한다. 따라서 그가 참여한 여행은 일회적인 경험이나 관찰자를 넘어 국경에 의해 나누어진 국적의 의미에 대해 문제를 제기하는 계기가 된다. 미국인, 멕시코인, 과테말라, 온두라스 등으로 구분하고, 이에 근거하여 차별과 갈등이 이루어지는 현실을 성찰하고 비판한다.

이를 통해 영화는 중앙아메리카 이주와 관련된 정부뿐만 아니라, 북미 대륙의 모든 구성원들에게도 윤리적·정치적 질문을 던지고 있다. 과연 국적이 다르다는 이유로 보편적인 인권을 보장하지 않는 것은 정당한가? 혹은 이방인이라는 이유로 이들에게 무관심한 것은 괜찮은가? 이런 측면에서 중앙아메리카 사람들의 카라반은 단순히 먼 거리의 이동이

[그림 2] 다큐멘터리 「다야니 크리스탈은 누구인가?」

라는 의미를 넘어, 이들이 닿는 곳의 사람들에게 삶과 인간의 의미를 묻는 순례의 행위로 해석될 수 있다. 영화는 중앙아메리카 이민자들의 특수한 상황을 보여주면서도, 이들이 이민자로만 정의되지 않는 보편적인 인간의 모습을 강조하고 있다. 따라서 중미의 카라반은 보편적인 인간성을 박탈당하는, 혹은 그 위기에 처한 이들이 이를 지켜내고 회복하기 위한 노력이자 선언으로 해석할 수 있다.

「다야니 크리스탈은 누구인가?」는 북중미의 모든 이들에게 윤리적 결단의 필요성을 강조한다. 애리조나 사막에서 생사를 달리한 온두라스 이민자는 그저 시체가 아닌 생명으로서의 존엄과 권리를 지닌다. 따라서 그가 누구인가를 알아내고, 그의 주검을 가족과 지인들이 기다리는 고향으로 보내 주어야 한다. 또한, 카라반에 참여하는 행위는 자극적인 미디어를 통해 접했던 중미 이민자의 처지와 입장을 진심으로 이해

하려는 시도가 필요하다는 것을 역설하고 있다. 이를 통해 영화는 세계화 시대에 아이러니하게도 더 강화된 국경과 민족주의를 넘어서야 함을 보여 주고 있다. 그리고 이들을 이방인, 외국인, 이민자로 규정하고 방관하는 것이 아닌, 보편적 인권을 공유해야 할 우리 곁의 이웃으로 받아들일 것을 제안한다.

맺음말

물론 영화가 드러내 주는 논의가 현재의 국민국가 체제를 무시하는 것은 아니다. 또한 곧바로 국경을 해체하자고 주장하는 것도 아닐 것이다. 하지만 이미 세계화 현상은 경계를 넘는 상품과 노동의 이동을 증식시켜 왔다. 이런 점에서 중앙아메리카의 카라반은 빈곤과 폭력, 그리고 인권의 문제가 해당 국가의 전유물은 아니라는 점은 분명하다. 따라서 이 이슈를 우선 북중미 국가의 정부와 구성원들이 공동의 과제로 인식해야 하며, 이러한 흐름은 피할 수 없는 현실이 되고 있다.

앞서 언급했듯이 바이든 정부 출범 이후 국경의 완화와 문호의 확대를 기대하는 중앙아메리카인들에 의한 북쪽으로의 행렬이 가속화되고 있다. 이러한 새로운 상황에 대해 미국 정부는 이중적인 방식으로 대응하고 있다. 한편으로는 인권적인 관점에서 더 이상의 이민자에 대한 무차별적 단속과 지나친 송환을 자제하려는 노력을 하겠다고 천명하였다. 이는 전임 트럼프 행정부와는 다른 모습을 보여 주고 자신들이 내건 공약을 실현하려는 의지로 읽힌다. 그렇지만 이와 동시에, 중앙아메리카 사람들에게는 카라반을 멈추어 줄 것을 요구하였다.[10] 미국의 영토로 들어온 이들에게는 인권을 보장하고 기회를 제공하는 대신, 중미로부터 더 이상의 유입을 차단하려는 의도로 읽힐 수 있다. 이러한 이중적 정책은 트럼프에 비해 진일보한 면모를 보여 주는 동시에, 이민 정책에 관한 현 정부의 딜레마를 드러낸다. 특히, 국경을 닫고 접촉을 줄이는 것이 규범이 된 코로나19 바이러스 상황은 보다 전향적인 태도를 취하기 힘들게 하는 새로운 조건이 되고 있다.

중앙아메리카의 카라반은 세계화가 심화되면서 그에 대한 반작용으로 나타난 자국중심주의와 배타적 민족주의 시대의 국제적 이주 상황을 보여 주고 있다. 비참한 경제적·사회적 상황은 코로나 시대에도 불구하고 자신의 나라를 떠나 북쪽으로 향하는 현실은 국경이 닫힌 시대에도 국경을 넘어 국제적 소통과 공조가 절실하게 필요함을 대변해 주고 있다. 21세기의 카라반에 참여하는 이민자들은 자신들을 단순히 이방인이나 외국인으로 보기보다는, 생존의 권리를 박탈당할 위기에 처한 난민으로 보아 달라고 주장한다. 그리고 공동체의 일원으로 인정해 달라는 새로운 투쟁을 전개하고 있다. 이렇게 중미의 카라반은 기존의 민족국가의 강고한 틀로 되돌아가는 현실과, 국적에 제한되지 않는 인권의 보장을 요구하는 목소리가 충돌하고 갈등하며 교섭하는 모습을 보여 주면서 우리에게 경계에 대한 개념을 성찰하도록 한다. 또한, 더 나은 모습의 공동체를 상상하고 건설하기 위하여 필요한 것들에 대한 질문을 던지고 있다.

---

10 *The Nation*, 2021.04.01.

제 2 장

밧데이, 섬 속의 '섬': 도미니카공화국 내 아이티 이주 노동자들의 불평등한 일상, 그 기원과 역동성을 찾아서

/

이태혁

/

우리가 모든 일을 다 한다. 하지만 우리 아이들은 학교를 갈 수 없다.
우리가 모든 일을 다 한다. 하지만 여성들은 병원 검진을 받지 못한다.
우리가 모든 일을 다 한다. 하지만 우리는 그림자에 숨어서 살아야만 한다.

—《뉴욕타임스》, 2005.11.20

들어가며

"설탕의 '단맛'은 (……) 한이 서린 '쓴맛'에서 나온 것이다"(Sidney
Mintz, 1995). 이는 도미니카공화국 내 '사탕수수' 농장 아이티 이주자
들의 극단적 삶을 단적으로 표현한 것이다. 도미니카공화국 내 밧데이
(Batey)라 불리는 사탕수수 대농장(플랜테이션) 커뮤니티에서 일상을 살
아가는 아이티 이주 노동자들은 '현대판 노예제도' 굴레에 '구속'되어
있다(Baud 1992; Matibag 2011). 자유, 평등 그리고 민주주의를 포함하는
인권 시대를 지향하는 작금의 국제 규범과 보편적 가치가 완연히 무너
진 현장이다. 특히 2000년 유엔은 밧데이 내 인권 문제 등을 포함해 일
련의 불평등성을 글로벌 10대 난제로 규정하기도 했다. 밧데이에 거주
하는 아이티 이주자들은 왜 인권이 남용되는가? 도미니카공화국 내 아
이티 이주민, 특히 밧데이 지역에 거주하고 있는 이주 노동자들에게 왜
이와 같은 문제점이 현재화되었는가? 인권적 취약성이 극명한 '다층적'
불평등의 근본적인 이유는 무엇이며 어떻게 전개 및 지속되었는가? 해

결 방법 및 극복 국면과 같은 전환적 계기는 없는가?

도미니카공화국 내 아이티 이주 노동자들의 인권적 착취를 포함한 포괄적 불평등성은 '인종성' 프레임에서 기인한다(Baud, 1992; Martinez, 1999; Sagas, 2000; Bernier, 2003; 김달관, 2005). 인종적 프레임은 만들어진 것이다. 만들어진 인종성의 프레임은 양 국가 특히 도미니카공화국 국가 형성(state-building) 과정 속에 깊이 투영되어 있다(Samuel Martinez, 1999; Sagas, 2000). 이 글은 프랑스 법학자 바작(Karel Vasak)의 3단계 인권론 접근을 라틴아메리카적 관점으로 재해석하며 밧데이 아이티 이주 노동자에게 투영함으로써 작금의 인권 실체를 분석 및 고발하고자 한다. 이 글은 인종적 편견에 기댄 노예제 관성은 사탕수수 작물의 특수성 그리고 독재정권 출현이 주요 기제이며 동시에 이후 사회 · 경제적 배타성에 근거한 반아이티주의(Anti-Haitianism)의 재생산화가 도미니카공화국에 근본적으로 뿌리내렸다고 주장한다.

이 글은 밧데이에 투영된 이주 노동자의 인권적 불평등성을 규명하고자 하며 이를 위해 다음과 같이 전개한다. 첫째, 이 글은 밧데이라는 미시적 공간에 투영된 아이티 이주 노동자의 인권 등을 포함하는 포괄적 불평등성을 분석하는 만큼 밧데이에 담긴 도미니카공화국의 사탕수수 대농장과 결부된 역사성을 고찰한다. 특히, '크로노스'적 시간의 흐름 가운데 독재정권의 등장이라는 '카이로스'적 의미를 부여하며 현재적 밧데이를 위시한 도미니카공화국 내 일상화된 반아이티주의 인종적 프레임 형성의 모멘텀을 확인한다. 둘째, 독재정권 이후 일련의 정책을 돌아보며 반아이티주의의 '지속성'을 인권적 맥락에서 분석하며 고찰한다. 셋째, 본 연구의 결론으로 밧데이 사탕수수 대농장 집단 거주지에 기거하는 아이티 이주 노동자의 인권 등 점철된 다층적인 불평등의 해결 국면을 국제 사회와의 연대를 통해 모색하며 '외부적 충격'의 필요성을 제시한다. 특히 이 글의 마지막 섹션에서는 국제 사회의 다층적 행위자를 통한 국제 개발 협력 차원의 해결 방안을 고민한다.

밧데이에 투영된 도미니카공화국 아이티 이주 노동자의 역사성

에스파뇰라(Española) 섬 속의 또 '다른 섬'이 밧데이다. 사탕수수 작물로 마치 섬처럼 실질적으로 '둘러싸여' 있는 대농장 경작지의 집단 거주지가 바로 밧데이인 것이다. 사탕수수가 일종의 '창살'과 같은 모습으로 구현되는 공간에 고립되어, 화폐 대신에 경작지 내에서만 통용되는 일종의 바우처로만 생활을 영위하는 밧데이 주민이 바로 아이티 이주 노동자다(Baud, 2003; Ferguson, 2003).[1] 지난 1920년 이래 현재까지 아이티 이주 노동자들이 집단적으로 기거하고 있다. [그림 1]에서 확인할 수 있듯이 밧데이 사탕수수 농장지대는 도미니카공화국 전역에 산재해 있다. 모두 500여 개의 크고 작은 사탕수수 농장이 있다(Ferguson, 2003).

사탕수수 농장은 아이티 이주 노동자들만의 일터, 즉 전유물이 아니었다. 아이티 이주 노동자들은 도미니카공화국 사탕수수 농장에 가장 늦게 '도착'했다. 1800년대 초로 거슬러 올라간다.

---

1 아이티 이주 노동자 대상 임금 방식, 가칭 vales, fichas 또는 tickets이다. Baud, Michiel(1992), "Sugar and Unfree Labour: Reflections on Labour Control in the Dominican Republic, 1870-1935.", *The Journal of Peasant Studies*, Vol. 19(2), p. 313.

[그림 1] 도미니카공화국 내 밧데이 사탕수수 농장지대 분포 및 산재 정도

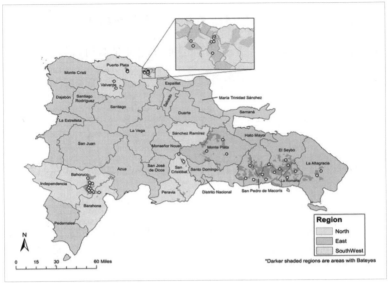

출처: Hunter M. Keys and amongst others(2019), "Perceived Discrimination in bateyes of the Dominican Republic: Results from the Everyday Discrimination Scale and Implications for Public Health Programs", p. 3.

사탕수수 농장의 다양한 '입주민'들:
도미니카공화국 현지인, 코콜로스[2] 그리고 아이티인

설탕 플랜테이션은 19세기 도미니카공화국 현지 임금노동자들에게 실질적 기회가 되었다(Baud, 2003). 1884년 기준 도미니카공화국 내

---

2 서인도제도(West Indies Island)의 St. Kitt, Nevis, Anguilla, Antigua, Montserrat, 그리고 St. Martin 섬 출신을 코콜로스(Cocolos)라고 부른다. 잉글레세스(Ingleses)는 코콜로스보다 조금 더 겸양의 표현으로 영국계, 덴마크계, 네덜란드계 또는 프랑스계 후손을 통칭한다. Martinez, Samuel(1999), "From hidden hand to heavy hand: sugar, the state and migrant labor in Haiti and the Dominican Republic", *Latin American Research Review*, Vol. 34(1), p. 64.

6,000여 명의 사탕수수 산업 관련 근로자 가운데 외국 출신 인력은 단지 500여 명에 불과했다(ibid). 이때 외부적 요소가 발생한 것이다. 1884년 세계 시장의 설탕 가격의 급락으로 노동자 임금 축소가 불가피했고, 이에 따라 현지 노동자들의 근로 거부 행사 등 일련의 반발로 농장주와 노동자 간의 사탕수수 대결이 극심해져 농장은 '혈투장'으로 변했다. 이내 이러한 분쟁이 부질없음을 인지한 현지 노동자들은 각자의 본향으로 돌아갔다(Hoetink, 1988, Baud, 2009에서 재인용). 따라서 자유노동 '실험'은 끝난 것이다. 도미니카공화국의 설탕 산업이 자본주의 시장에서 살아남을 수 있는 유일한 방법은 기술적 근대화와 '자유 없는' 저임금 노동자 공급의 '만남'이 성사되는 것이다(Baud, 2009).

설탕 산업이 1890년대 다시금 재활성화될 때, 설탕 기업들은 노동자들을 직접 고용하기 시작했다. 바우드(2009)에 따르면 카리브 해 푸에르토리코와 카나리아 섬 출신의 계약 노동자들은 다소 긍정적 성과를 일궈내지는 못했다. 추후 점차 작은 영국령 서인도제도 출신의 노동자들이 도미니카공화국 사탕수수 산업의 주요 노동력이 되었다(Martinez, 1999). 코콜로스라고 불리는 이 섬 출신의 노동자들은 도미니카공화국 사탕수수 산업의 '구세주'가 되었다. 쿠바의 사탕수수 농업의 구세주가 자메이카와 아이티인들이었던 것처럼(Knight, 1985; Baud, 2003 재인용), 매해 5,000여 명의 코콜로스가 수확기에 맞춰 유입되었으며, 수많은 계절노동자들은 이후 설탕농장 지역에 영주하기도 했다.[3] 일부 도미

---

3 일부 도미니카공화국 엘리트들은 서인도제도 이민자들의 유입으로 국가를 양분화시킨다고 보았다. 특히, 도미니카공화국 노동자들은 서인도제도 인디언들의 이주를 반대했다. 이러한 상황 가운데 1912년 도미니카공화국 의회는 "비백인(nonwhite)" 이민

니카공화국 엘리트들은 서인도제도 이민자들의 유입으로 국가를 양분화시킨다고 보았다. 특히, 도미니카공화국 노동자들은 서인도제도 인디언들의 이주를 반대했다. 이러한 상황 가운데 1912년 도미니카공화국 의회는 "nonwhite" 이민 제약을 강력히 추진하는 법안을 마련했지만, 궁극적으로 사탕수수 생산 산업과 이해관계자들에 의해 무시되었다(Baud, 2003).

개별 출신국에서 계약 노동을 하지 않고 자발적으로 이주해 온 해외 이주 노동자들이 계약 노동자들보다 더 많은 급료를 받았다. 그들이 대체적으로 교육을 더 많이 받았고, 또한 도미니카공화국에 적응을 더 잘 했기 때문이다(Baud, 2003). 1895년 코콜로스들이 유입되면서 형성된 산페드로데마코리스(San Pedro de Macoris) 지역의 주지사가 이와 같은 자발적 노동자들로 인해 도미니카공화국 사탕수수 산업이 번창하고 있음을 피력하기도 했다. 이는 사탕수수 농장의 지주들은 책임감과 기술력이 있는 노동력을 선호했음을 보여 준다.

하지만 지주와 노동자 간의 '허니문'은 끝났다. 코콜로스 이주 노동자들이 임금 인상과 개선된 근무 환경을 요구하기 시작한 것이다. 코콜로스들은 자신들의 이해관계를 대변할 협회와 협력 기관 등을 설립했으며, 추후 노조를 결성하기에 이르렀다. 이로 인해 고용주와 고용자 간 분쟁이 지속적으로 발생했으며, 사탕수수 농장은 코콜로스 노동력을 회피하기 시작하며 이로 인해 대체 노동력이 필요했다(Baud, 2003).

제약을 강력히 추진하는 법안을 마련했지만, 궁극적으로 사탕수수 생산 산업과 이해관계자들에 의해 무시되었다(Baud, 2003).

이 빈 '공간'을 한 섬을 공유하고 있는 국가, 즉 아이티 이주 노동자들이 1920년 이래 유입되며 채우기 시작했다. 바우드(2003)에 따르면 기존의 1만 2,000명의 코콜로스와 경쟁을 벌였던 아이티 노동자들이 임금면에서 더욱 경쟁력이 있었다. 특히, 임금 지급 방식의 차이가 있었다. 코콜로스와 비교해 아이티 사탕수수 노동자들에 대한 임금 지급 방식의 변화가 있었던 것이다(Martinez, 1999). 코콜로스인들은 관리 감독제였으며 이에 반해 아이티 이주 노동자들은 개수임금제(piece-rate wages) 체제였다. 백인의 감독하에 코콜로스인을 조장으로 두는 집단적 노동 양식인 갱 시스템과 비교하면 개수임금제는 임금노동자가 노동 시간의 장단에 관계없이 실질적 사탕수수 경작 정도(무게)에 견주어 임금을 받는 형태다. 관리자 입장에서 본다면, 개수임금은 더욱 효율적으로 노동력을 착취할 수 있다. 왜냐하면 각각의 개별 노동자들은 자신이 일한 만큼 임금을 받으며 동시에 노동자들을 관리 감독하는 감독관들의 수요도 줄어들기 때문이다.

덧붙여, 미군정이 아이티와 도미니카공화국을 통치한 것은 아이티 이주 노동자에게 큰 영향을 주었다(Baud, 2003). 1920년에 센트럴로마나(Central Romana)라는 미국계 설탕회사가 이미 7,500-9,000명의 아이티 이주 노동자를 고용하기도 했다. 특히 1925년까지 도미니카공화국 내 모두 21개의 사탕수수 정제공장 가운데 11개가 미국계 기업농의 소유였으며 생산물 대비 98%가 미국으로 전량 수출되었다(Ferguson, 2003). 미국의 수요 대비 공급량 산출을 충족시키고자 사탕수수 산업의 활성화를 위해 더욱 증가된 노동력이 필요했다. 따라서 1920년 이래 아이티 이주 노동자들이 도미니카공화국 사탕수수 산업에 주요 노동력으로 자리매김한 것이다(Baud, 2003). 즉 아이티 이주자들이 상대적으로 저임금 노동자로 시장 경쟁력이 있었다. 그리고 또 다른 외부적 요소가 1920년대 등장하게 된다. 바로 미국이다.

미군 점령, 국가 체제 형성 그리고 아이티 이주 노동자

미군이 에스파뇰라 섬에 '등장'했다. 미군정이 아이티와 도미니카공화국을 각각 직접 통치함으로써 노동자 특히 이주 노동자와 관련된 일련의 법적 구속력을 강화했다(Martinez, 1999). 다시 말해 미군이 아이티(1915-1934) 그리고 도미니카공화국(1916-1924)을 통치하는 기간 동안 해외 이주 노동자 고용과 재배치에 대한 국가의 역할이 강화 및 확대되었다. 양국 중앙정부가 재정 개혁을 단행했고 특히 미군정하에서 국립경찰이 발족됨에 따라 정부는 새로운 권력을 창출하게 된 것이다(Martinez, 1999). 미군정 시기 동안 미국 자본하의 사탕수수 농장과 관련된 이권, 특히 이주 노동자의 활용과 처우에 대해서 미국계 기업이 각종 특혜를 누렸다. 미군정 시기 제도화된 각종 세제 정책 등 궁극적으로 국가의 재정 상태가 개선되었으며 아울러 중앙정부 휘하의 국립경찰이 창설 및 역할이 증대됨에 따라 국가 권력이 집중되었다. 마르티네즈(1999)가 피력한 것처럼 이전에 미국계 또는 개인기업농(부르주아) 사탕수수 대농장의 세수에 기대던 중앙정부가 결과적으로 세제 개혁과 공권력 창출 및 확산으로 '온전한' 독립성을 창출하게 되었다. 하지만 동시에 '괴물'이 등장하는 토양이 되었던 것이다. 그리고 이 괴물이 아이티 이주 노동자의 인권적 침탈, 그 지속된 역사성의 한 변수가 되었다. 바로 트루히요 독재정부의 탄생 및 유지다. 그리고 이 정권의 유산이 현재까지 확대 재생산되었다. 인권적 요소의 결여가 낳은 다층적 불평성이다.

• 트루히요 정부의 반미와 아이티 구별 짓기 프레임

1937년 출범한 트루히요 정부는 두 가지 프레임으로 정치적 이권을 창출 및 확대 그리고 유지했다. 트루히요 독재정부는 두 가지 외부적 요소를 '대입'하여 국가 질서 확립과 위엄 그리고 통합이라는 '산출물'을 양산하고자 했다. 그 하나는 미국(그리고 부르주아 계층)을 신제국주의의 프레임으로 설정한 것이다. 그리고 또 다른 하나는 '아이티와 구별 짓기'이다. 트루히요 독재정부는 미국을 신제국주의의 프레임으로 설정하며 미국계 기업농 소유의 사탕수수 대농장을 사유화했다. 트루히요 독재정부의 '사망선고'인 1961년 기준 트루히요 소유의 제분공장에서 생산해 내는 도미니카공화국 설탕 생산량이 국내 전체 대비 3분이 2를 차지했다(Martinez, 1999).

동시에 독재 기간 동안 트루히요 행정부는 미국으로 수출하는 설탕에 과도한 세금을 가하면서 미국으로의 수출을 막는 등 외국계 자본이 사탕수수 대농장을 매각하도록 하였다. 더욱이 트루히요는 도미니카공화국 자본가 계층이 가지고 있던 사탕수수 대농장 또한 위협과 협박으로 매각을 종용함으로써 궁극적으로 트루히요 본인 소유의 사탕수수 농장을 확장했던 것이다(ibid). 트루히요 본인 소유의 사탕수수 농장의 생산성 향상과 그 생산물인 설탕의 '단맛'은 아이티 이주 노동자들의 인권적 착취의 '쓴맛'의 결과물이다. 트루히요는 아이티인들, 특히 도미니카공화국 내 아이티 이주 노동자들을 '철저히' 구별했다. "우리 vs 우리가 아닌" 프레임, 타자의 존엄의 완연한 상실이다.

아이티 구별 짓기 활용과 유산

에스파뇰라 섬이라는 '도화지' 위에 아이티인들은 아프리카인('흑색'), 그리고 도미니카공화국 사람들은 히스패닉('백색')으로 구별(짓기)되었다. 이와 같은 구별 지음의 정점은 트루히요 독재정부 시절 개인의 안위와 영달을 위해 '반아이티주의'를 국가 정서(이념)화한 것이다. 기실 도미니카공화국은 아이티에 대해 역사적 적대감이 잔존했다. 이는 1822년 도미니카공화국에서 공식적으로 노예제도가 폐지되던 해, 도미니카공화국이 아이티의 침공 및 점령으로 이후 실질적으로 22년간 아이티의 속국으로 '노예'화된 것 때문이다. 루이스(1983)와 마르티네즈(1997)에 따르면 도미니카공화국 건국의 의미와 국가 정체성은 "아이티가 아닌 것"에서부터 찾을 수 있다. 부연하자면, 도미니카공화국의 실존적 의미와 가치 자체가 그 본질이 아이티가 아닌 것, 그 정점이 아프리카가 아닌 것이다. 상대방의 '것'을 부정하며 '다름'을 부각함으로써 본인의 실존적 의미를 찾는다. 도미니카공화국은 아이티라는 레퍼런스로 자신들의 존재를 인지한다는 것이다. 이러한 아이티인들에 대한 인식이 국민적 정서로 농후한 가운데 도미니카공화국 내 아이티인들이 지속적 불법 이주 등을 통해서 유입되었다. 도미니카공화국은 아이티인들로 인한 일명 "고요한 침략"에 대한 우려가 있었다. 아이티와 도미니카공화국 간 국경선상에 거주하는 아이티인들은 도미니카 사람들을 아이티(인)화한다는 우려가 팽배했다(Martinez, 1999).

아이티인들에 대한 반감이 농후한 가운데 1937년 트루히요가 국경

지대에서 인종학살을 자행했다. 트루히요 정권이 "잘라버려"(마치 사탕 수수 나무를 자르듯이), 도미니카 국경 지역 그리고 도미니카 북쪽의 치바 오(Cibao) 밸리 지역에 거주하는 아이티인들을 몰살시킨 것이다. 모두 2,500명 이상의 아이티 남성, 여성, 그리고 어린아이까지 무참히 도륙 한 사건이 발생했다(ibid). 크래스웰러(1996)의 분석에 따르면, 아이티 이주 노동자들이 사탕수수 농장인 밧데이 지역에 산발적으로 거주하는 가운데 유독 국경 지대에서 인종학살이 자행된 것은 트루히요 정권이 의도한 바가 있다. 아이티와의 국경 지대의 민간인 살상은 아이티 인들 이 안전하게 거주할 수 있는 유일한 공간은 사탕수수 농장 지역이라는 메시지를 전했다는 것이다(Crassweller, 1996; Martinez, 1999에서 재인용). 다시 말해, 트루히요 정부는 아이티인들을 밧데이로 몰아넣은 것이다.

특히, 국경 지역의 아이티 인종 대량 살상 후, 트루히요 정부는 국경 지역에 대한 도로 정비와 확충 그리고 통신 장비 구축 등 인프라를 개선 했다. 더불어 국경 지역에 군 병력 확충으로 국경 지역의 불법 아이티 이 주민들을 포획하여 강제로 사탕수수 농장지역으로 이송했다(Martinez, 1999). 즉, 도미니카 국가수비대(Dominican Guardia Nacional) 신설로 이 주 노동자들의 사탕수수 농장 이외의 일터로의 움직임에 '적극적' 제약 이 가해졌다. 도미니카공화국 공권력은 사탕수수 농장 일대 이외의 불 법 아이티 이주자들을 구금하여 사탕수수 경작 일손을 필요로 하는 곳 으로 강제 이송하는 일을 했다. 이 시기 이후로 도미니카공화국 정부는 사탕수수 대농장과 더욱 두드러지게(more visibly) 결탁하여 아이티 이 주 노동자의 권익을 박탈했다(Martinez, 1999). 강제 이송된 사탕수수 농 장 지역은 필경 트루히요 개인이 직간접적으로 관리하는 농장일 것이다. 미국의 자본을 겨냥한 신제국주의 프레임과 "아이티 위협(threat)"을 국론화한 반아이티주의의 이념적 접근은 미국 그리고 아이티를 지렛대(leverage) 또는 희생양(scapegoat) 삼아 트루히요 정권의 정당성 창출 및 유지 그리고 무엇보다도 트루히요 본인의 사욕을 충실히 이행하기 위한 것이다. 이러한 이해관계의 기저에 놓여 있는 '대상'은 아이티 이주 노동자다. 특히 사탕수수 대농장에서 일상을 영위하며 '창살'과도 같은 사탕수수 안에서 고립된 또 다른 '섬', 밧데이 집단 거주지에서 일상을 버텨 내는 아이티 이주 노동자다.

'포스트' 트루히요, 사탕수수 산업 전개 양상의 변화와 지속된 인권적 취약성

트루히요 독재자 암살(1961) 이후 트루히요가 소유한 사탕수수 농장은 국가 소유의 모두 국가설탕위원회(State Sugar Council, CEA)로 귀속되었다. 특히 트루히요 집권 시기 트루히요 본인 소유의 사탕수수 대농장 노동 인력 등의 필요성에 입각해 아이티 독재정부 부자(Papa Doc와 Baby Doc)[4]와 결탁해 마련한 사탕수수 이주 노동자 관련 협정은 국가설탕위원회의 위임 이후에도 유효해 아이티 사탕수수 이주 노동자는 지

4　프랑수아 뒤발리에(François Duvalier)는 의사이자 정치가이다. 본인의 애칭은 Papa Doc(의사 아버지)로 불렸으며 그 아들인 장-클로드 뒤발리에(Jean-Claude Duvalier)는 Baby Doc(의사 아들)로 불렸다. 이 부자 독재자는 30년간(1957-1986년) 아이티를 통치하였다.

속적으로 유입되었다(Ferguson, 2003).[5] 이와 같이 트루히요 그리고 트루히요 사후에도 아이티 이주 노동자들의 유입은 도미니카공화국의 사탕수수 농장 등 그 필요를 채워주었다. 즉 1920년대 미국의 도미니카공화국 군정과 맞물리며 급속히 유입된 아이티 이주 노동자의 제1차 물결과 더불어, 반아이티주의의 정치적 슬로건 속에서도 양국의 독재정부의 이해관계에 기댄 아이티 이주 노동자의 제2차 물결이 '흘러 넘쳤다'. 그리고, 또 다른 아이티 이주자 물결이 몰려온다. 1986년 아이티 독재자 정권의 몰락과 더불어 기존에 체결된 협정상의 저임금 아이티 노동자의 유입이 단절됨에 따라 사탕수수 농장의 수요를 맞추기 위해 CEA와 사탕수수 사기업들이 아이티 이주 노동자들을 불법적으로 유입시켰다(ibid). 바로 제3차 아이티 이주 노동자 물결이었다.

[표 1] 아이티 이주 노동자의 유입 물결과 동인

아이티 이주 노동자 유입 물결	동인	특징
제1차 : 1820년 이후	미군정	미국 자본가 등의 노동력 수요를 맞추기 위해 아이티 이주 노동자 유입됨.
제2차 : 1937–1986년	독재정부	도미니카공화국과 아이티 양국별 독재정부 시절 정권의 유지 및 사탕수수 경제의 지속성을 위해 아이티 이주 노동 확산됨.
제3차 : 1986년 이후	CEA와 사탕수수 사기업	양국별 독재정부 몰락 이후 중앙정부 및 사기업의 사탕수수 산업의 지속화를 위해 임금이 저렴한 노동자 필요에 의해 지속적으로 유입됨.

출처: 기존의 연구물들을 활용, 저자 작성함.

한편, 퍼거슨(2003)에 따르면, 1980년대부터 밧데이 지역의 아이티

---

5 아이티의 부자 독재자는 트루히요 그리고 국가설탕위원회와의 사탕수수 이주 노동자 인력 협정으로 막대한 이권을 착취하며 이를 집권의 주요 재정적 동력으로 활용하였다. Ferguson, James, *Migration in the Caribbean: Haiti, the Dominican Republic and Beyond*, Minority Rights Group International Report, 2003, p. 13.

이주 노동자의 취약한 인권 상황이 NGO 기관 및 해외 연구물 등을 통해 인식되었다. 특히 국제노동기구(ILO)는 1983년 밧데이 거주 아이티 이주 노동자 현지 실태조사 등을 통해 이들이 "거의 노예와 같은" 생활을 하고 있음을 확인하며 정권에 대한 강력한 항의와 아울러 조치를 권고했다(ibid). 밧데이 사탕수수 농장 지역 내에서도 위계질서가 존재했다. 농장 내 상층에는 도미니카공화국 주민들이 관리감독의 위치를 점하고 있으며, 그다음으로는 농장 지역에 오랫동안 거주한 가칭 '비에호스(Viejos)'가 있다. 그리고 이 위계질서 가운데 가장 아래는 아이티 현지어로 수확 시기별 합법적 계약 노동자인 '콩고스(Kongos)' 그리고 불법적 이주 노동자 '암바필레스(ambafiles)'로 구성되어 있다. 더욱이 국제 NGO 단체 아메리카워치(America Watch)에 따르면, 아이티 현지인들로 구성되어 있는 가칭 '부스코네스(buscones)'가 자신들의 네트워크를 활용해 아이티 현지인들에게 높은 임금의 거짓 홍보 등으로 이주를 독려하며 종국에는 아이티인들에 의한 아이티 이주 노동자 사탕수수 '노예' 산업화에 일조하게 된다(ibid). 아이티 스스로 '유사' 노예제의 재생산과 확산을 도모한 것이다.

아이티 이주 노동자 인권의 취약은 독재정부 이후에도 지속되었다. 아이티 이주 노동자 인권 취약성에 대한 국제 사회의 '불편한' 여론 속에 트루히요 독재정부 이후 1986년 등장한 호아킨 벨라게르(Joaquin Balaguer) 정부는 트루히요 사후 조성된 국가 주도형의 CEA를 통해 사탕수수 산업을 주도하지만 시장 경쟁력의 위축을 경험하게 된다. 따라서 인권적 측면을 경시하며 노동 효율성 측면만을 고려한 벨라게르 정부는 16세 이하 또는 60세 이상의 도미니카공화국 거주 아이티 이주민을 강제 추방하기에 이른다(Ferguson, 2003). 벨라게르 정부와 이념적 대척점에 있는 리오넬 페르난데스(Leonel Fernandez) 정부가 이후 등장함으로써 CEA 등 사탕수수 산업이 사유화되는 등 산업의 개편이 진행되었다. 하지만, 소니야 피에레(Sonia Pierre) 도미니카공화국-아이티 여성운동(Dominican-Haitian Women's Movement, MUDHA) 활동가는 아이티 이주 노동자의 인권적 취약성이 오히려 더욱 악화되었다고 다음과 같이 고발한다.

> [1999년] 사탕수수 산업의 사유화 이래, 375개 밧데이 상황은 더욱 악화되었다. 교육 기회가 박탈되었다. 새로운 사탕수수 농장의 주인들은 노동자들의 아내, 노인 그리고 병든 이들을 가차없이 거리로 내몰았다.[6]

이러한 상황은 페르난데스 정부 이후 이폴리토 메히야(Hipolito Mejia)가 차기 정권을 창출함과 동시에 "도미니카공화국 내 극심한 빈곤과 더불어 삶을 영위하기에 가장 취약한 곳이 밧데이 지역임을 확신한다며 이러한 상황을 정부가 인지하는 만큼, 개선의 노력을 경주"하겠다고 밝혔다(Ferguson, 2003). 하지만, 개선됨은 없었다. 미셸 워커의 자료를 활용한 퍼거슨(2003)에 따르면 밧데이 지역의 노동자들은 도미니카공화국군, 경찰 및 사복 경호원 등에 의해 지속적으로 인권 유린을 당했다. 더욱이 사탕수수 농장의 아이티 이주 노동자들 가운데 85%

---

6 Ferguson, James, "Migration in the Caribbean: Haiti, the Dominican Republic and Beyond", *Minority Rights Group International Report*, 2003, p. 13.

이상이 근로 중 사고를 당한 경험이 있다(Ibid). 미주인권위원회(Inter-American Commission on Human Rights, IACHR)는 밧데이에 거주하는 대부분의 어린아이들이 학교에서 교육을 받는 대신 자신들의 부모를 돕고 있다는 조사결과를 발표하며 이는 빈곤의 지속성과 반복성에 기인함으로 구조적 악순환을 양산한다고 지적했다(Ferguson, 2003; Matibag and Matibag, 2011).

한편, 사탕수수 시장의 악화와 맞물리며 1980-1990년대 이후 일련의 정부들은 사탕수수 산업 경제에서 탈피하여 산업의 다각화를 모색했다. 저임금을 활용한 제조업 기반의 수출 주도형 산업화, 비전통 농업 분야의 활성화 및 관광 산업의 비중을 확대함으로써 도미니카공화국은 산업경제 체질을 변화시키고자 했다. 이와 같은 산업 형태의 변화의 기저에도 아이티 이주 노동자들이 '적극적'으로 활용되었다. 2002년 2월 발행된 도미니카공화국 현지 신문《리스틴 디아리오》에 따르면 아이티 노동자들은 도미니카공화국 내 벼농사와 마늘 등 농경제 분야에서부터 건축업 등 일련의 모든 산업에 동원이 되었으며 그 임금이 도미니카공화국 국민들 대상 최저임금의 절반가량에도 못 미쳤다(Ferguson, 2003). 더욱이 이들 아이티 노동자들의 삶의 근거지는 다름 아닌 사탕수수 농장 내에 집단거주지로 구성된 밧데이다. 즉 사탕수수 산업의 비활성화로 사탕수수 산업 노동자들이 이전만큼 그 수요가 요구되지 않지만, 1920년 전후부터 삶의 터전을 잡은 아이티 이주 노동자들의 집단 거주지는 직업의 종류와 그 형태와 상관없이 밧데이인 것이다.

아이티 구별 짓기의 현재 '진행형'과 아이티 이민자 인권의 실태

도미니카공화국 태생의 '무국적자(stateless status)'가 양산되고 있다. 아이티 이주자들을 일컫는 말이다. 도미니카공화국은 속지주의(屬地主義)를 원칙으로 한다. 즉 국적과 인종에 상관없이 도미니카공화국에서 태어난 이들은 모두 도미니카공화국 국민의 신분을 자동으로 부여받게 된다. 단 부모님이 외교관 신분 또는 '잠시 머무는 (10일 이내) 상황(in transit)'이 아니라면 모든 출생아들은 도미니카공화국 국민이 된다(Open Society Foundations, 2010).[7] 카츠(2018)는 이와 같은 속지주의 원칙이 미국의 수정헌법 제14조가 비준되기 3년 전인 1865년에 이미 인권의 중요성과 아울러 국제 사회의 협력의 필요성 등을 인지한 도미니카공화국의 앞선 헌법 구조라고 평가한다. 하지만, 그 예외 대상이 있다. 바로 아이티인 이주자들이다.

반아이티주의가 도미니카공화국 사회 저변에 깊숙이 자리를 잡고 있기 때문이다. 이와 같은 인식이 사탕수수 농장의 확대 양산으로 인력의 필요로 인해 1920년 이래, 아니 그 이전부터 지속적으로 교류하며 자연스럽게 형성된 아이티인들과 도미니카공화국인들 간의 관계를 긴장의 연속으로 내몰고 있는 것이다. 이 글에서 앞서 논의한 바, 사탕수수에 기댄 자본주의 시스템하 경제 성장을 구가하던 도미니카공화국 경제체제가 '아이티 위협'이라는 정치 슬로건으로 자신의 정치적 권력을 공고히 하고자 한 트루히요 독재자의 '일탈'과 결을 같이한다. 특히 트

---

7 Ferguson, James, "Migration in the Caribbean: Haiti, the Dominican Republic and Beyond", *Minority Rights Group International Report*, 2003, p. 13.

루히요 정부는 도미니카공화국의 순수성을 부각시키기 위해 도미니카공화국 내 아이티 이주자 대상 1937년 대학살 등을 자행하는 가운데 오히려 동유럽 그리고 일본인들의 이주 정책을 추진함으로써 아이티-도미니카공화국 간의 국경을 더 "하얗게" 하도록 노력했다(Howard, 2007; Nunes, 2016 재인용).

더욱이 트루히요 정부는 히스파니시즘(Hispanicism)을 전면에 내세우며, 자국의 아프리카 유산과 관련한 모든 것을 지우고자 했다. 예를 들어, 1930년대 도미니카공화국 국민 신분증에 명시된 인종 구분에도 '흑인(Black)'이라는 범주를 삭제했다. 다시 말해 '백인(white)' 또는 인디오(아메리 인디오) 인종의 범주만이 신분증에 표기가 된 것이다. 이는 아이티와 다른 아프로-카리브 이민자는 신분증을 구조적으로 받을 수 없게끔 한 것이다(Martinez, 1999). 이와 같이 도미니카공화국 사회는 아이티 이주자들을 인종적으로 그리고 민족적으로 '다름'의 프레임으로 바라봤으며, 그들을 도미니카공화국 내 '사회적 쓰레기(social filth)'로 치부하며 각인시켰다. 트루히요 본인의 안위와 영달을 위해 아이티인들을 도미니카공화국 사회 내 반아이티주의화한 프레임이 지금까지 그 지속성하에 인권이 회복되지 못하고 있는 것이다.

따라서, 정치·사회적 맥락에서 도미니카공화국에 태어난 아이들은 뿌리 깊은 구별 지음으로 인해 가칭 '아출유죄'[8]가 되는 것이다. 아이들은 도미니카공화국이라는 국가에서 태어났지만 부모 세대가 온전한 이

---

8 '유전무죄, 무전유죄'의 의미를 차용한 것으로 '아'이티 '출'신이면, 유죄라는 뜻이다. 즉 인종이든 억양이든 부모가 아이티인으로 의심(유추)되면, 구조적으로 합법적 지위를 구가하기 어렵다.

민 서류를 갖고 있지 않기에 '국가 없는' 국민의 상황으로 내몰리게 된 것이다. 다시 말해 10일[9]이 아닌 10년 혹은 100년 이상의 밧데이를 위시로 하는 도미니카공화국 전역에서 삶을 영위하고 있는 아이티인들을 'in transit'로 범주화함으로써 여전히 잠시 머무는 대상으로 치부하고 있다. 기실 아이티는 속인주의(屬人主義)를 헌법상 원칙으로 하는 바, 부모가 아이티인들이면 자식들도 아이티인들로 규정한다. 하지만, 아이티 정부는 도미니카공화국 내에 거주하고 있는 자국민에 대해 합법적 서류 등을 제공하는 것에 적극적이지 않다. 도미니카공화국 내 거주하는 '아이티인'들이 추방되어 본국으로 송환되면 사회적 비용이 발생하기 때문이다(Ferguson, 2003). 따라서 도미니카공화국에서 태어난 아이티인들은 아예 '없는 자식 취급'을 받는 형국이다.

이와 같은 인종적 차별에 기반을 둔 신분적 불확실성으로 인해 아이티 이주 노동자들은 도미니카공화국 사회 계층 가운데 가장 하부에 위치하며 동시에 교육, 고용, 정치적 참여 제약과 아울러 법률적 보호를 온전히 받지 못하고 있는 실정이다(Open Society Foundations, 2010). 한편, 1950년대부터 1990년대까지 도미니카공화국은 아이티 이주 후손들에 대한 법적인 조치를 진행함으로써 그들 중 일부가 도미니카공화국 시민권을 획득하는 여지를 마련했다(Open Society Foundations, 2010). 도미니카공화국 태생의 자녀들을 위해 아이티 출신의 부모들은 자신들의 여권 등 공식적 문서 또는 피차스(fichas)라는 밧데이 지역에서 일을 하는 노동자 신분증의 증명서를 제시함으로써 도미니카공화국 출생증명서를

---

9 앞에서 설명한 바대로 'in transit' 즉 잠시 머무는 10일을 기준으로 한다.

획득하는 경우도 있었다(ibid). 이를 확보한 아이티 부모의 도미니카공화국 출신 자녀들은 추후 도미니카공화국 주민등록증(신분증)을 확보하게 됨에 따라 도미니카공화국 국민이 누리는 각종 혜택을 향유할 수 있다.

하지만, 이와 같은 경우는 일부 제한적이며 지역마다 그리고 이민 서류를 담당하는 현지 도미니카공화국 직원마다 절차와 방법이 상이하다. 여전히 법제도상의 미비함도 존재하지만 이를 집행하는 도미니카공화국 현지인들이 아이티인들에 대한 인식의 문제에 따른 사회적 간극 또한 극명하게 존재한다. 전술하였듯, 이와 같은 사회적 인식과 제도는 아이티 이주자들에 대한 인권 결여에서 기인한다. 바꿔 말하면, 어떠한 맥락에서의 (달리 표현하자면, '왜') 아이티 이주 노동자들에 대한 인권 결여가 지속되는지에 대해서는 전술한 바 있다. 그렇다면, 어떻게 이러한 다층적 인권 결여의 비인간화 상황이 지금도 작동하는가? 인간으로서 기본적인 가치 추구인 자유, 평등 그리고 문화가 밧데이를 위시로 하는 도미니카공화국 사탕수수 농장에 거주하는 이들에게는 어떻게 그리고 얼마만큼 결여가 된 것인가? 도미니카공화국 내 구조화된 사회성 가운데 아이티인들의 하위주체를 부각시키며 재현(representation)의 민주화 가능성을 천착시킬 방안을 '외부적 충격'이 투영된 인권적 프레임을 통해 제시하며 방안을 모색한다.

라틴아메리카적 인권 프레임의 접근과 해결 국면 확인

"모든 사람은 태어날 때부터 자유롭고, 존엄하며, 평등하다. 모든 사람은 이성과 양심을 가지고 있으므로 서로에게 형제애의 정신으로 대해야 한다." 1948년 12월 유엔총회 시 제정된 「세계인권선언」의 제1조항이다. "모든 사람은 인종, 피부색, 성, 언어, 종교 등 어떤 이유로도 차별받지 않으며, 이 선언에 나와 있는 모든 권리와 자유를 누릴 자격이 있다." 제2조항이다. 이 글에서 전술한 바에 비추어 본다면 「세계인권선언」 제30조항 가운데 모든 조항을 일일이 열거하지 않더라도 이미 제1조항과 제2조항부터 해당되지 않는다. 도미니카공화국 내 밧데이에서 삶을 영위하며 일상을 살아가는 아이티인들을 대상으로 적용한다면 말이다. 노예보다 더 자유가 없는 노동자, 무의식적(무의지) 유사 노예 상태에 관성적으로 일상을 내어 맡기는 이주자 집단이 도미니카공화국 내 아이티인들이다. 프랑스 법학자 카렐 바삭(Karel Vasak)[10]이 시대적 변화에 따라 분류하며 인권에 대한 논의의 지평을 확장한 인권의 3가지 측면인 자유, 평등, 문화에 따르면 도미니카공화국의 아이티 이주 노동자의 인권은 그 어떠한 것도 용인되지 않는다.

인권의 제1요소이자 이른바 제1세대인 '자유'가 철저히 배제되었다. 이 글에서 서술한 바, 사탕수수 농장 산업의 특성상 집단적 생활과 규율이 강요됨에 따른 가장 '최적화'된 노동자가 아이티인들이었다. 도미니카공화국 현지인에서 코콜로스로 그리고 아이티 이주 노동자로 사탕수수 농장의 '주요' 노동자가 변화된 가운데 이들에게 천부적으로 부여된 자유는 미군정과 독재정부 그리고 이후의 가칭 지배계층의 이해관계에 따라 지속적으로 완연히 배제되어 왔다. 조효제(2005)가 이샤이

10　바삭이 '인권 발전'을 세대(generation)로 구분하며 연대순으로 접근한 것에 대한 비판이 있다. 즉 바삭은 인권의 역사적 발전을 혁명 사이의 관련성을 바탕으로 제시하였지만 명확히 보여 주는 증거의 불충분으로 한계가 제기된다. 더욱이 인권이 연대적·순차적으로 발전하여 그 세대를 형성한 것이 아니라는 주장이다. 권혜령(2018), 「인권개념의 세대적 접근에 대한 비판적 고찰」, 《법학연구》 제56권, 92쪽.

(Micheline Ishay)의 관점을 빌려 지적한 것처럼 인권 또한 다른 모든 사회 현상과 마찬가지로 특정한 시대와 경험의 산물이다(조효제 옮김 2005: 서문). 따라서 「세계인권선언」 자체가 '근대' 시대의 산물인 자유롭고 평등한 인간이라는 그 자유주의 전통이, 도미니카공화국에는 '전통'으로 이어지지 않은 것이다. 더욱이 이와 같은 인권에 대한 '비'전통은 인권의 제2세대인 평등의 관점도 철저히 배제했다. 이 글에서 기 피력한 바대로 임금과 결부된 경제적 불평등과 더불어 시민권 신청조차 제도적으로 불가함에 따라 가장 기초적인 권리 또한 온전히 그리고 완연히 배제된 것을 확인할 수 있었다. 가령 밧데이 거주 사탕수수 농장 이주자 자녀들의 교육적 권리의 피력과 이에 따른 기회가 지극히 제한됨에 따른 빈곤의 악순환은 자명한 결과로 치부될 수 있다. 아울러, 보건적 취약성의 완연함 또한 이견이 없다.[11]

자유주의 전통이 강조된 근대화 유산의 특성에 따라 민족적 권리 또는 소수민족의 권리를 온전히 담아 낼 수 없었다는 한계를 지적한 키밀카(Kymlicka, 1995)의 관점을 빌리자면(우석균, 2010 재인용), 제3세대 인권인 문화적 권리 또한 찾아보기 힘들다. 다시 말해 도미니카공화국은 근대화의 미명 아래 국가주의의 논리로 본국의 국가 발전에 주요 동력으로 '인력'을 제공한 아이티인들에게 아이티 위협론과 반아이티주의 프레임의 문화적 '단두대'를 자행했다. 이 글에서 전술한 바, 트루히요를 위시로 하는 일련의 독재 및 이에 기생하던 엘리트 집단은 도미니카

---

11   Cohen, Jon(2006), "A Sour Taste on the Sugar Plantations. Science", Vol. 313. No. 5786. 참고.

공화국 국민들의 정체성 확립을 위해 아이티인들을 온전히 '저급함'과 동시에 위협 요소로 구별하고 반아이티주의로 구분함으로써 도미니카공화국 자국의 질서와 자국민의 통합을 이루고자 한 것이다. 따라서, 인권 1세대 그리고 인권 2세대도 온전히 준행되지 않는 도미니카공화국의 아이티 이주 노동자에 대한 인식과 정책 속에서 문화 다양성과 문화 민주주의[12]의 특성을 내포하고 있는 인권 3세대인 문화적 권리를 찾아볼 수 없음은 어쩌면 너무나 당연하다. 도미니카공화국은 아이티 이주자를 대상으로 「세계인권선언」의 30조항 가운데 그 어떤 것 하나도 온전히 이행함이 없다.

한편, 3세대 인권이 녹아 들어가 있는 유네스코 「문화다양성협약」이 궁극적으로 차이보다는 문화 간 교류에 방점을 둔 상호문화주의를 주요 가치로 천명한 가운데, 김은중(2010)이 피력한 것처럼 "인권정치의 궁극적인 목표는 동일성으로 환원되지 않는 차이를 인정하는 것이다. 즉 차이를 일률적 가치로 환산하는 척도를 제거하는 것이며, 이러한 작업을 통해서 차이들의 생태계를 조성하는 것이다"(김은중, 2010). 이와 같은 차이의 인식에 대한 소통이 필요하다. 이와 같은 차이와 다름, 즉 다양성에 대한 인식은 가칭 "외부적 충격" 즉 외부 행위자를 통해 그 인식의 지평이 확장될 수 있다. 실례로, 밧데이 내에서 빈곤과 불평등에 점철된 일상의 삶을 영위하는 아이티인들은 도미니카공화국과 아이티 본국이 아닌 오히려 다른 행위자의 '시선'에 들어왔다. 국내외 NGO 단체들이다.

12　문화 다양성은 문화 간 차이에 대한 존중을 강조한다. 문화 민주주의는 문화의 생산과 유통과 소비가 자유롭고 평등하게 이루어져야 함을 주장한다(우석균, 2010, 58).

특히 국내 로컬 단위의 NGO 단체들 가령, 도미니카공화국-아이티 여성운동(Dominican-Haitian Women's Movement, MUDHA), 아이티노동자사회문화운동(Movimiento Socio Cultural de los Trabajadores Haitianos, MOSCTHA), 밧데이거주자옹호기구(Organización de la Defensa de los Moradores de los Bateyes, ODEMOBA) 등이 국제 원조를 활용하여 보건 및 밧데이 내 거주자 대상으로 소규모 자영업 등을 위한 마이크로 파이낸싱을 하는 협력 사업 등을 진행하고 있다. 아울러, 센트로푸엔테(Centro Puente), 제노석세스네트워크(Jeannot Success Network), 그리고 파스토랄아이티아나(Pastoral Haitiana) 등 현지 인권 단체들은 밧데이 지역의 실상을 드러내 국제 사회의 주의를 환기시키도록 노력하고 있다(Ferguson, 2003). 다시 말해, 인권 1세대와 2세대의 가치인 자유와 평등은 3세대에서 주목하는 다양성에 기반을 둔 다원주의성을 통해 확장될 수 있다는 것이다. 앞에서 설명한 바처럼 도미니카공화국 내 아이티 이주자들에 대한 국제 사회와의 연대를 통해 전환점을 모색할 여지가 있다.

맺음말

총체적 난국이다. 도미니카공화국 내 아이티 이주자들이 집단으로 거주하고 있는 밧데이 지역의 지속된 빈곤과 불평등성 즉 인권 취약성이 극명하게 그리고 완연하게 확인되었음에도 여전히 아이티 이주자들은 온전한 인권적 보호가 구현되지 않는 곳에서 삶을 영위하고 있다. 사탕수수 농장과 연계한 인력 송출 및 이주가 적어도 100년 이상이 흘렀다. 따라서 아이티 출신의 부모님으로부터 수많은 후손들이 이웃 국가에서 태어났다. 그리고 수많은 '무국적'의 아이티인들은 사탕수수가 마치 감옥의 '창살'과 같은 사탕수수 농장의 집단 거주지인 밧데이에서 100여 년 전과 동일한 악조건 상황에서도 현재를 살아가고 있다. 이 글에서 전술한 바대로 아이티와 도미니카공화국 양국 간의 관계 속에서 해결 방안을 모색하기는 어렵다. 19세기부터 지금까지 극명하게 내재화된 도미니카공화국 사회의 반아이티주의와 아이티 위협의 프레임은 비단 그들의 문화가 되어 버렸기 때문이다. 도미니카공화국 내 삶을 영위하고 있는 아이티인들 또한 본국으로의 발걸음이 더욱 망설여진다. 아이티는 1804년 흑인 혁명 성공의 역사성 이외에는 '국가'가 없기 때문이다. 다시 말해, 아이티 정부가 국가를 통치할 거버넌스가 부재하다. 아이티 영토 내의 자국민들도 최소한의 삶을 영위하도록 국가의 행정력이 발휘가 안 되는 지금, 혹여나 역이민으로 아이티로 귀국하게 될 본국민의 출생증명과 결부된 서류조차 행정적 지원이 미비하다. 다시금 도미니카공화국 밧데이 출신들이 본국으로 돌아오게 되면 사회적 비용을 감당할 수 없기 때문이다.

이 글은 먼저 밧데이에 투영된 아이티 이주 노동자의 인권적 취약성에서 발현된 다층적 불평등 양상을 고찰 및 고발하는 데 목적이 있다. 아울러 전술한 바 해결 국면을 모색하고자 한다. 이 글에서 확인했듯이 국제 사회의 개발 협력에 기반을 둔 적절한 '개입'이다. 국내외 NGO와 연계하여 도미니카공화국의 아이티 이주 노동자들에 대한 반인권적 상태에 대해 국제 여론화함으로써 외교적 압력을 가해야 한다. 더욱이 바이든 미국 행정부는 유럽의 개입을 저지하기 위해 '정치적 술사'로 천명한 먼로주의(Monroe Doctrine)의 제국주의적 접근이 아닌 21세기 인권적 취약성의 극명함이 다층적으로 발현되는 에스파뇰라 섬의 아이티인들에 대한 적극적 해결 방안이 정책적으로 담긴 소위 '바이든주의(Biden Doctrine)'를 주문한다. 또한 남남협력(South-South Cooperation)을 기저로 한 아이티와 도미니카공화국 내 밧데이를 대상으로 하는 개발협력을 제시한다. 아마르티야 센(Amartya Sen)이 주장했듯이 개발은 인간의 자유 증진에 장애가 되는 요소들을 제거하는 것이다. 인간의 자유로움에 걸림돌이 되는 장애물——빈곤, 독재, 경제적·사회적 기회의 박탈, 공공시설의 부족——을 제거해 나가는 과정이 개발인 것이다. 도미니카공화국의 밧데이를 대상으로 먼저 도미니카공화국 국민들에 대한 인권교육과 더불어 아이티 이주 노동자들에 대한 보건과 교육 등 가장 근본적인 협력부터 온전히 진행해야 할 것이다.

이 글은 도미니카공화국 밧데이 지역에서 인권적 취약성이 극명하게 발현되는 현재적 상황에 대해 역사적으로 회귀하며 카이로스적 의미를 되짚어 보았다. 밧데이와 결부된 상황적 이해를 바탕으로 협력 방안의 모색에서 제시한 바를 구현할 수 있는 연구가 필요하다. "우리가 모든 일을 다 한다. 하지만 우리 아이들은 학교를 갈 수 없다. 우리가 모든 일을 다 한다. 하지만 여성들은 병원 검진을 받지 못한다. 우리가 모든 일을 다 한다. 하지만 우리는 그림자에 숨어서 살아야만 한다"(《뉴욕타임스》 2005.11.20.). 이처럼 '텍스트화'된 현지인들의 목소리가 전술하였듯이 국제사회와의 연대를 통해 '콘텍스트화'하여 밧데이에 투영된 아이티 이주 노동자들의 일상이 개선되길 기대한다.

제 3 장

멕시코-쿠바 에네켄 한인 이주민 후손의
모국 연계성 연구

/

노용석

·

이정화

/

들어가며

2020년, 전 세계적 팬데믹으로 잠시 주춤하는 것처럼 보일 수도 있지만 국민국가 영역을 넘어선 이주의 물결은 현재까지도 활발하다. 특히 한국은 국제 이주의 유입과 공급이 모두 활발한 국가로서, 이주에 따른 사회의 문화 변동과 그 영향력을 면밀히 따져야 할 위치에 놓여 있다. 현재 한국에는 수많은 동남아시아 결혼 이주자 및 노동자들이 거주하고 있으며, 한국인 역시 세계의 거의 모든 지역에 분포해 있는 실정이기 때문이다. 이러한 지점에서, 한국 이주 역사에 있어서 '기념비적 사건'으로 꼽을 수 있는 멕시코 '에네켄(Henequén) 한인 이주'를 여기서 언급하는 것은 상당한 의미가 있는데, 그것은 에네켄 한인 이주가 멕시코와 쿠바라는 상당히 '낯선' 곳으로의 이주였다는 이유도 있지만, 한인 국제 이주의 본격적 출발점이자 식민지와 근대 국민국가 수립의 시작점에 발생한 중요한 사건이었기 때문이다.

에네켄 한인 이주의 역사적 의의는 상당히 크다고 할 수 있지만, 실제 이주민들의 생활은 다른 언어와 문화, 기후 속에서 노예와 같은 노동을 감내해야만 했다. 이주민들은 4년의 계약 노동이 끝나 자유의 몸이 되었을 때, 귀국 경비가 없거나 혹은 '한일합방'(1910년)과 같은 정치적 격변 등의 이유로 고국으로 돌아가지 못했고, 결국 멕시코에서의 생활을 이어갈 수밖에 없었다. 이들은 이후 여러 아시엔다로 흩어져 '비참한 생활'을 이어갔고, 이중 약 300여 명의 사람들은 1921년 사탕수수 산업의 부흥을 믿고 유카탄 반도의 이웃에 위치한 쿠바로 거주지를 옮기기도 하였다. 당시 쿠바는 사탕수수 산업으로 부흥하였고 노동자들도 모두 양복을 입고 일을 하는 곳이라는 소문은 멕시코의 한인들에게 희망이 되었다. 하지만 쿠바로 이주한 한인들 역시 멕시코와 다름없는 빈곤속에서 조국을 잊은 채 현지민들과 동화해 생활해야만 했다. 이러한 에네켄 한인 이주에 대해, 현재까지 많은 학자들은 한인 이주가 어떠한 배경 속에서 이루어졌으며, 현지에서 그들의 삶은 어떠했는가에 대한 연구가 주를 이루고 있다. 또한 이와 더불어 일제 강점기 동안 한인 이주민들이 어떤 방식으로 독립운동 등과 연관되었고, 이러한 활동이 '한국적 정체성'을 이어 오는 데 어떤 영향을 주었는지에 대한 연구가 이루어졌다.

하지만 에네켄 이주는 위와 같은 고증적이고 역사적인 측면에서만 중요성을 가진 것이 아니라 현재성과도 상당히 연결되어 있는데, 그것은 에네켄 이주민의 주요 근거지였던 멕시코 유카탄 반도와 쿠바에는 현재도 상당히 많은 수의 한인 후손들이 생존해 있기 때문이다. 현재 멕시코와 쿠바에 있는 한인 이주 후손들은 이주 3-5세대들로서, 국적과 정체성 등을 고려할 때 한국인으로 인식하기에 상당한 거리가 있어 보인다. 하지만 많은 에네켄 한인 이주 후손들은 한국을 자신들의 '모국'이라 여기면서 다양한 공간에서 '모국과의 연계'를 추진하고 있다. 예를 들어 유카탄 반도와 쿠바에서는 현재까지도 한인 후손들이 주최가 된 많은 한국 관련 행사가 수시로 개최되고 있고, 에네켄 이주민들이 처음으로 정착했던 '멕시코 메리다(Mérida)'에는 한인이민사박물관이 건립되어 멕시코인들과 한인 후손들에게 이주의 역사와 '혈통의 뿌리'를 교육하고 있다. 이러한 공식적 공간 이외에도 한인 후손들은 적극적으로 모국과의 연계를 추진하고 있는데, 주로 SNS를 통한 한국과의 접촉이다. 이렇듯 초국적 상황에서 세대를 초월한 모국과의 연계는 광범위하게 전개되고 있으며, 이러한 활동은 멕시코-쿠바 한인 이주 후손들의 특징 혹은 집단 정체성을 분석하는 한 통로로 역할하고 있다.

본 논문은 멕시코-쿠바 에네켄 한인 이주 후손들의 다양한 모국과의 연계성 경향을 소개하고, 이들이 모국과의 연계성을 추진하고 있는 근본적 원인과 배경이 무엇인지에 대해 분석하고자 한다. 또한 총체적으로 이와 같은 모국 연계성이 원초적 민족주의에 근거한 것인지, 아니면 어느 특정 시기 조류 및 행위 양상의 일부로 보아야 하는지에 대해서도 기술해 보고자 한다. 이를 위해 본 연구는 멕시코-쿠바 현지조사를 통한 인터뷰 조사와 한인 후손들에 대한 설문조사를 바탕으로 이루어졌다. 조사 방법 및 내용에 대해서는 3장에서 자세히 설명하도록 하겠다.

선행 연구 검토

이주와 모국 연계성 연구

현재 전 세계는 빠른 속도로 '다문화사회'로의 탈바꿈을 앞두고 있다. 거대 도시에서는 어렵지 않게 외국인 노동자를 볼 수 있으며, 그들이 형성한 커뮤니티는 특정 호스트 사회의 '단일민족국가' 패러다임을 '위협'하고 있다. 이에 근거해 한국의 학계에서도 그동안 한국의 다문화 현상을 연구하기 위해 노력을 기울여 왔으며, 그 개념적 틀은 이주와 이민, 디아스포라 등의 다양한 분석적 시각을 사용하였다. 하지만 최근 이주 연구에 있어서는 '장소'를 더 이상 분리된 독립 공간, 즉 단순히 이주자들의 새로운 활동무대의 배경으로 바라보는 것이 아니라 이주자들이 외부 세계와 지속적으로 교류하면서 만들어 내는 사회적 공간으로 인식하고 있다. 국가의 경계를 초월하는 사람 · 상품 · 정보 · 표상의 순환적인 흐름에 따라 이주 외국인들이 수용국에서 새로운 공간을 만들며, 이주자들의 '실천'에 의해 사회적으로 추상적이면서 역동적인 공간을 형성해 가는 과정에 주목하는 것이다. 그러므로 향후 이주의 분석은 종족과 영토의 경계에 제한받지 않고 이주자들의 송출국과 유입국의 상호 문화 변동을 동시에 고려하는 '초국적 연계성(transnational connectivity)'에 더욱 집중하게 되었다.

"기존 이주와 관련한 가장 일반적인 이론은 이주민이 이동을 통해 유입국(호스트 사회)에 동화하거나 혹은 자신들의 고유한 정체성을 유지하고 보존하느냐의 문제를 다루었다. 이주에 대한 초기 연구들은 '디아스포라(diaspora)'에 초점을 두고, 여러 배출(push) 요인에 따라 이주 후에도 계속되는 공동체적 특징에 대한 탐구가 주를 이루었다. 하지만 글로벌화가 진행됨에 따라 이주 노동의 동기도 다양해지고, 이주 패턴도 복잡해졌으며 이주민이 형성하는 사회적 연결망도 '다선(multi-strand)화'되었다"(Schiller, Basch, and Blanc-Szanton, 1992). "이러한 변화에 따라 이주민들이 출신지와 정착지를 연결하는 사회적 영역을 건설하는 과정으로 정의되는 초국가주의"(transnationalism, Glick Schiller 1997)는 이주 연구에서 주요한 패러다임 변화를 제공했다. "특히 국가 단위의 경계가 분석 단위로서 확고함을 잃게 됨에 따라, 장소를 더 이상 분리되고 독립된 공간으로서 단순히 이주자들의 새로운 활동무대의 배경으로 기능하는 것이 아니라 이주자들이 외부 세계와 지속적으로 교류하면서 만들어 내는 사회적 공간"(Rodman, 1992)으로 인식하게 되었고, "어떤 장소의 특수성은 그것을 둘러싼 다른 장소들 및 사회적 과정과 상호 작용하는 방식에 의해 상이하게 구성"(Massey, 1994)된다는 "'글로벌 장소감(global sense of place)'에 대해 주목할 필요성"(임안나, 2015)이 제기되고 있다.

보통 이주 공간의 특수성 연구는 주로 호스트 사회에 만들어지는 '화교촌'과 같은 특별한 이주민의 공간에 집중되었고, 전 세계 다양한 지역에는 이주민의 특별한 공간이 만들어져서 그들만의 민족정체성과 문화를 향유하거나 이어가고 있다. 하지만 문화의 공유 방식과 전승이 점차 디지털과 온라인 방식의 영향을 받게 되면서, 오프라인 방식에 머물러 있던 이주 장소의 특수성 역시 급격하게 다양화되어 가고 있다. 현재 많은 이주 사회에서 이주민들의 정체성을 향유하는 특징은 비단 특정 장소에 모여 음식을 먹거나 문화를 소비하는 데서 그치지 않고, SNS와 같은 사이버 공간을 이용하여 그들 자신 문화의 원류라고 생각하는 '모국'

과의 직접적 접촉을 시도하는 것이 특징이다. 즉 이주민들이 해외에 거주하고 있지만, 다양한 방식으로 모국과 교류하면서 사회적 네트워크 및 경제적 효과를 만들어 내고 있다는 것이다. 이주민은 유입국 주민들과 상호 작용하는 과정에서 유입국의 지역사회를 변화시키기도 하지만, 이들이 송금을 하거나 가족과 이웃들을 초청하면서 송출국의 지역사회에도 역시 영향을 주고 있다.

이렇듯 이주민들이 호스트 사회에 거주하면서 다양한 방식으로 모국 및 타 지역과 사회적 네트워크를 만드는 방식은 '초국적 연계성' 혹은 '모국 연계성' 분석이라는 연구 영역으로 분류된다. 모국 연계성은 이주 1세대의 활동이나 교류를 통해서도 볼 수 있는데, 예를 들어 재미 한인 사회의 경우 이주 1세대인 부모 세대들이 자녀들의 학업과 교육을 위해 사회적 네트워크 및 SNS를 적극 사용하여 모국과의 연계를 시도하고 있으며, 이러한 활동들은 이민자들의 새로운 초국가적 활동으로 특성화되어 분석되고 있다.

위와 같은 모국 연계성 분석과 연관해서 볼 때, 멕시코와 쿠바에 거주하고 있는 에네켄 한인 이주민의 사례에는 상당히 흥미로운 사실이 존재하고 있다. 그것은 바로 현재 에네켄 한인 이주민의 대부분이 이주 3세대 이상으로서, 자신들의 조상이 한국인이라는 사실은 인지하고 있지만, 실질적으로 한국어와 한국 전통문화 등을 거의 공유하고 있지 못하는 세대라는 것이다. 하지만 이러한 사정에도 불구하고, 한인 이주 5세대를 포함한 많은 한인 후손들이 한국 문화의 원류와 전통을 찾는 행위에 상당한 노력을 기울이고 있고, 이들은 SNS와 같은 다양한 매체를 이용하여 적극적으로 모국과의 연계를 시도하고 있다. 이 사례는 드물지만 직접적인 이주 세대가 아니면서도 선조 세대의 모국 정체성을 본인들의 정체성 혹은 내셔널리티와 연관시키는 경우라 할 수 있고, 이 부분은 이주의 연구 영역을 벗어나 특정 사례에서 '공동 민족정체성'을 누리게 만드는 핵심 요인이 무엇인가에 대한 질문을 하게 된다. 본 논문에서 분석하고자 하는 것도 에네켄 한인 이주에 관한 역사를 새롭게 분석하려는 것이 아니며, 그 이주 역사를 통해 발생한 후손 세대들의 끊임없는 모국연계 시도는 어떤 관점에서 바라보아야 하는가를 설명하기 위해서이다.

에네켄 한인 이주와 관련한 연구

에네켄 한인 이주에 관한 연구들은 대부분 이주의 배경과 과정을 초점으로 맞추었다. 서성철(1995, 2000, 2004)과 김귀옥(1995)은 1905년 에네켄 한인 이주 연구를 국내에 소개하면서 에네켄 이주의 배경과 그 과정, 그리고 이것이 가진 학문적 함의 등에 대한 연구를 진행하였다. 특히 서성철은 멕시코 에네켄 이주의 고된 생활과 어려움을 기술하면서, 어떠한 계기로 일부 한인들이 유카탄 반도에서 쿠바로 이동하게 되었는가를 설명하였다. 또한 이남섭(2001)과 김세건(2004), 염비경(2013) 등은 초기 멕시코 이주와 이주민들의 생활적 측면을 많이 다루었으며, 이종득(2004)은 한인 후손의 정체성에 대해 연구 영역을 확장하기도 하였다.

에네켄 한인 이주사에 있어서 가장 큰 업적을 가진 이는 이자경(2006a, 2006b)이다. 이자경은 에네켄 한인 이주와 관련한 다양한 자료를 멕시코 등의 현지에서 구했으며, 이 자료를 바탕으로 에네켄 한인 이주민들이 유카탄 반도와 쿠바 등지에서 어떠한 생활을 하였는지에 대한 연구를 진행하였다. 특히 이자경은 유카탄 이민사를 정리하면서, 에네켄 한인 이주민과 독립운동과의 관련성에 대해서도 상당히 역점을 두며 연구하였다. 이자경은 초기 에네켄 한인 이주 사회가 '광무 군인' 출신들을 중심으로 한 애국항일단체와 같았다고 저술하면서, 멕시코 이주자 중 200여 명이 광무 군인 출신으로 1904년 일본이 한국군 인원 감축을 시행할 때 여기에 불만을 품었던 군인들이 각각 하와이(500명)와 멕시코(200명)로 이민을 갔으며, 이 사람들의 '숭무주의(崇武主義)' 정신이 살아남아 이후 에네켄 한인 이주 사회가 '대한민국 독립운동' 해외 단체로서의 역할을 했음을 설명하고 있다. 사실 현재 많은 에네켄 한인 이주민들의 연구는 '독립운동사'와 상당한 포커스가 맞추어져 있으며, 한인후손회의 활동 역시 '독립운동사적 애국주의'와 밀접한 연관성을 가지고 있다.

한국인에 의해 진행된 연구 이외에도, 멕시코와 쿠바 현지에서 한인 후손들에 의해 직접 연구된 결과물도 있다. 대표적인 연구는 제1세대 쿠바 이주자였던 임천택[1]의 『쿠바이민사』(1954)이다. 이 책은 임천택이 쿠바 마탄사스에서 작성한 것으로서, 1954년 미국 하와이에 있던 한인 소식지인 《하와이 태평양주보》에 게재됨으로써 세상에 알려지게 되었다. 또한 임천택의 딸인 마르타 김(Martha Lim Kim)은 그의 남편인 라울 루이스(Raúl R. Ruiz)와 함께 『쿠바의 한국인들』(2000)이라는 책을 발간

---

1 임천택은 1903년 경기도 광주에서 출생했으며, 1905년 어머니를 따라 멕시코 유카탄으로 이민을 갔다. 이후 1921년, 그는 멕시코에서 쿠바로 이주했고, 카르데나스 지역에서 생활하면서 한글학교를 차리는 등 교육 사업을 진행하였다. 또한 그는 1930년대부터 대한민국 임시정부와 관계를 가지면서 조선 독립운동을 위한 다양한 활동에 참여하였다.

했다. 이 책은 오랜 시간 자료를 수집하여 집필된 인류학적 저서로 쿠바 한인의 이주와 현재 거주자들의 수까지 다양한 측면을 여러 사례를 통해 기록하고 있다. 이 책은 쿠바 한인 사회가 주체적으로 스스로의 역사를 기록했다는 측면에서 의의를 가질 수 있으며, 1-6세대에 이르는 한인 후손들의 사회·문화적 정체성에 대해서도 일부 설명하고 있다.

"최근 한국에서 멕시코-쿠바 에네켄 한인 이주 연구의 상당 부분은 멕시코-쿠바 지역의 이주 1-2세대 가운데 독립운동에 직접 참여했던 이들을 발굴하고, 그들의 후손들을 찾아 서훈을 전달하는 것에 집중되어 있다"(김재기, 2018). 이 작업은 식민지 기간 동안 조국독립을 위해 헌신적으로 노력하였던 이주 1세대의 공적을 기록하고, 그 후손에게 포상의 의미를 부여한다는 측면에서 상당히 중요하다고 생각한다. 하지만 한인 후손의 내셔널리즘이 어떻게 형성되는가의 주제적 측면에서 볼 때, 이 연구는 에네켄 한인 후손들에게 이미 민족정체성이라는 상징이 부여되어 있을 가능성이 높다는 견해를 은연중에 암시하고 있기에, 본 연구의 기본적 연구 경향과는 일치하지 않는다고 보여진다. 하지만 연구 과정에서 한인 후손들의 생활사에 대해 언급한 것은 이 연구의 방향성과 일치하기에 상당히 유용하게 활용되었다.

멕시코-쿠바 한인 후손들의 인식과 생활

멕시코-쿠바 에네켄 한인 이주 개요

"20세기 초반까지 유카탄 반도의 '메리다(Mérida)'와 '이사말(Izamal)',

'모툴(Motul)', '프로그레소(Progreso)' 등 8개 지역에는 평균 800여 개의 에네켄 '아시엔다(hacienda)'가 있었으며, 이들 농장이 차지하고 있는 땅의 면적은 거의 20만 헥타르에 이를 지경이었다. 에네켄은 다른 작물과 달리 일년 내내 수확할 수 있었고, 사람의 손이 많이 필요한 작물이었다. 또한 여기에 19세기 중반 이후부터 성장하기 시작한 에네켄의 수요로 인해, 1880년 이후부터 유카탄 반도에는 인건비가 싼 노동자의 충원이 필요하게 되었다. 초기에 '유카탄의 아센다도(hacendados yucatecos)'들은 중국인들을 데려오기 위해 노력했으나, 당시 멕시코와 중국 사이에 다양한 외교적 문제들이 불거져 이를 실행할 수 없었고,[2] 결국 중국인을 대신해서 한인들이 들어오게 되었다"(Gutiérrez May, 2011).

"조선인들의 이주는 한반도와 멕시코의 사회적 상황이 절묘하게 작용한 것이었다. 20세기 한반도의 생활 수준은 매우 낮았다. 농업뿐 아니라 산업과 상업 모두 일자리를 만들어 내지 못했으며 한국인들은 일자리가 필요했다. 반면 멕시코 유카탄은 '에네켄의 땅'이라고 불릴 정도로 에네켄 산업이 번창하고 있었지만 원주민의 감소와 흑인 노예 해방 등의 사회적 문제로 인해 노동력 부족이라는 현상이 나타나고 있었다. 이러한 상황 속에서 '4년간 멕시코에서 일을 하면 부자가 될 수 있다'는 문구의 전단지들이 사람들 사이에 배포되기 시작했고, 가족과 함께 이주할 수 있다는 조건이 붙은 이 제안은 많은 이들에게 희망을 가져다주는 것이었다"(마르타 임 외, 2011).

---

2 당시 청나라는 중국인들이 멕시코의 농장으로 끌려가 가혹한 대우를 받고 있다는 소식을 접하였고, 이에 청나라 정부는 자국민들의 멕시코 이민을 전면 금지하게 되었다(서성철 2000, 139).

하지만 에네켄의 높은 인기만큼 현지에서 그에 걸맞은 노동 환경이 형성되어 있지는 않았다. 포르피리오 디아스(José de la Cruz Porfirio Díaz Mori) 대통령 시기[3] 유카탄 지역의 노동 환경은 거의 최악이었다. 당시 대다수의 에네켄 농장들은 최소 임금 지급을 통한 최대 이윤 확보에 집중하고 있었고, 여기저기서 마구잡이로 노동자들과 계약을 맺었다. 바로 이러한 열악한 노동 환경이 펼쳐지고 있는 가운데, "1905년 조선인 1,033명이 프로그레소 항구를 통해 유카탄에 들어온 것이다. 하지만 한인들이 유카탄에 입항하던 1905년, 에네켄 농업의 실익은 이미 정점을 찍고 하향세로 돌아서기 시작하였다. 1919년 파운드당 65센트이던 에네켄 시장 가격은 1920-1930년 이후 약 4분의 1 가격으로 떨어졌고, 1916년 201,990톤의 수출량은 1940년에 4분의 1로 추락하였다. 약 3만 5,000명의 에네켄 노동자는 일주일에 1-2일 정도 노동하는 데 그쳤고, 주급은 20-25페소에서 5페소로 급감하였다"(이자경 2006a, 492). 게다가 에네켄 아시엔다의 농장주들은 '태형권'과 '재판권'을 유지하면서 한인들을 노예와 같이 취급했으며, 한인들은 농장주의 폭력과 문화장벽에 가로막혀 참혹한 생활을 견뎌야만 했다.[4] 「고종실록」에 의하면, "고종이 멕시코에 끌려가 고생하는 1,000명의 불쌍한 백성들을 가엾게 여겨 소환할 것에 대해 의정부에서 충분히 토의하고 해당 회사에 교섭하여 기어이 빨리 생환하게 하되 날짜를 끌지 않도록 함으로써 밤낮으로 근심하는 짐의 마음을 조금이나마 위로하라"(한국이민사박물관,

---

2019)고 지시할 만큼, 유카탄 반도에 있는 한인들의 삶은 비참하기 그지없었다. 이후 유카탄 반도에 있던 한인들은 생존을 위해 일부가 쿠바로 건너갔고(1921년), 마탄사스와 카르데나스 등지의 에네켄 농장에서 일을 하며 생존을 이어갔다.

현재 유카탄 반도와 쿠바에서 만날 수 있는 한인 3-5세대들은 위에서 언급한 '지옥 같은 에네켄 농장일'을 겪었던 한인들의 후세대들이다. 유카탄과 쿠바에 자리 잡았던 한인들은 생활의 어려움 속에서도 '대한인국민회'(1909년 유카탄 메리다)와 '대한인국민회 카르데나스 지방회'(1923년), '한인지방회'(1937년 아바나) 등의 조직을 세우면서 그들만의 정체성을 잃지 않기 위해 노력하였고, 1912년부터 에네켄 농장 내부에 '한글학교'를 만들어 후세대를 위한 교육에도 열의를 보였다. 또한 도산 안창호 선생과 함께 일제의 식민 통치에서 벗어나기 위해 머나먼 멕시코와 쿠바에서 독립운동 자금을 모아 기부하기도 하였다. 이러한 선(先) 세대의 열정적인 활동 때문인지 몰라도, 현재 멕시코-쿠바 에네켄 한인 이주민 후손들은 온·오프라인을 통틀어 상당한 결속력을 보이고 있으며, 모국이라 인식되고 있는 한국과의 연계를 강화하기 위해 상당한 활동을 하고 있다.

설문조사를 통해 본 한인 후손들의 생활 및 인식 개요

본 연구의 조사는 멕시코 유카탄 반도의 '메리다와 캄페체(Campeche)', 그리고 쿠바의 '아바나(Habana)'와 '카르데나스(Cárdenas)', '마탄사스(Matanzas)', '마티니(Matini)' 등지에서 직접 진행되었으며, 현지조사는 2020년 1월 28일부터 2월 12일간 실시되었다. 먼저 연구팀은 현지조사를 진행하기 전 사전 설문지를 제작하고 SNS를 통하여 설문조사를 실시하였다. 이후 연구팀은 설문조사에 기초해 인터뷰 조사가 가능한 사람들을 선정하였고, 멕시코와 쿠바 현지에서 조사대상자를 만나 인터뷰를 실시하였다. 한인 후손들 모두가 한국어를 구사할 수 없어서 인터뷰는 스페인어로 진행하였다. 연구팀은 인터뷰 조사 이외에도 멕시코-쿠바에 있는 이민사박물관과 한글학교 등을 방문했으며, 이곳에서 한국인 이민을 어떠한 관점에서 바라보고 기억하고 있는가에 대해 알아보고자 하였다.

• 설문조사의 주요 내용

설문조사에 참여한 한인 후손들은 모두 38명(남성 10명, 여성 28명)이었고, 이들 중 멕시코 국적인은 33명, 쿠바 국적인은 5명이었다. 설문조사는 인터넷상의 SNS에서 이루어졌으며, 응답자 숫자에서 멕시코가 쿠바보다 많았던 이유는 쿠바의 인터넷 상태가 양호하지 못했기 때문이다.[5] 설문에 참여한 한인들이 거주하는 장소로는 '메리다'와 '캄페체', '멕시코시티', '베라크루스(Veracruz)', '티후아나(Tijuana)', '바하칼리포르니아(Baja California)'(이상 멕시코), '아바나', '마탄사스', '올긴(Holguín)'(이상 쿠바) 등이 포함되어 있었다. 또한 설문에 참여한 이들의 연령은 20대(13명)와 30대(9명)가 가장 많았으며, 응답자들의 많은 이들은 자신이 한인 후손 3-4세대라고 말했다.

---

5 설문조사는 구글 사이트의 설문조사 프로그램을 통해 이루어졌다.

[표 1] 설문조사 대상자

한인 후손 세대	응답자 수	기타
2세대	4	
3세대	14	쿠바 2명
4세대	9	쿠바 2명
5세대	7	쿠바 1명
6세대	0	

[그림 1] 함께 거주하는 가족 구성원

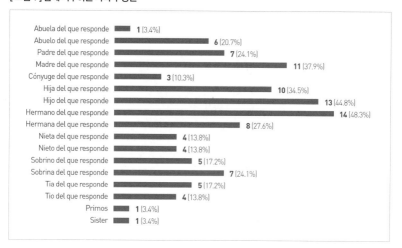

또한 응답자들이 현재 함께 거주하고 있는 한인 가족으로는 할머니 (1명 응답), 할아버지(6명), 아버지(7명), 어머니(11명), 배우자(3명), 딸 (10명), 아들(13명), 남자 형제(14명), 여자 형제(8명), 손자(4명), 손녀(4 명) 등 다양한 구성원들이 있음을 말하였다.

설문조사의 주요 내용은 모두 9개의 영역으로 나누어져 있었으며, 주요 영역의 질문 내용은 아래 표와 같다.

[표 2] 설문조사 주요 내용

구분	주요 질문 내용
설문지 목적 소개	설문의 목적 설명 Esta encuesta es para descendientes coreanos en México y Cuba de 1900s. Recopilamos direcciones de correo electrónico para evitar respuestas duplicadas y para mantenernos en contacto con aquellos que desean entrevistar. Gracias por participar en la encuesta.
Información general (기본 정보)	– 응답자의 기본 정보 – 나이, 거주지, 성별, 국적 등에 대한 질문 – 결혼 여부, 교육 정도, 동거 한인 후손의 수 – 대면 인터뷰 조사의 가능 여부 확인
Sobre los antepasados (이주 선조에 대한 질문)	– 1세대 이주 선조에 대한 정보(이름, 직업, 최초 거주지 등) – 이주 1세대와 관련된 사진이나 책, 문서의 존재 여부 – 이주 1세대의 생활사와 관련한 정보 – 가족 물품 보유 여부 관련
Relacionado con Corea (한국에 대한 인식)	– 가족 내에서 한국 문화(음식, 풍습, 의상, 한국어, 생활방식 등) 공유 여부 – 한국과 관련된 정보를 듣게 되는 방법 – 멕시코/쿠바/한국 정체성에 대한 질문 – 한국 정체성을 느낀다면 어떤 부분에서 느끼고 있는가?
Sobre cultura alimentaria (음식 문화)	– 가정 내 식사 및 음식 문화 – 한국 음식을 먹는다면 무엇을 얼마나 자주 먹는가? – 한국 음식에 대한 가족 레시피 등이 있는가? – 한국 식당 방문 등에 대한 경험이 있는가? – 가족 내 주요 명절은 무엇이며, 이때 먹는 음식은 무엇인가? – 한국 명절과 음식
Cultura Hallyu (한류 문화)	– 다른 국가의 문화와 비교할 때 한류 문화의 특수성은 무엇인가? – 한류 문화를 처음 접하게 된 경로 – 한국인 정체성 형성과 한류 문화와의 연관성

• 설문조사 내용의 개략적 분석

설문조사에서 많은 사실들이 밝혀졌지만, 특히 본 연구에서는 어떤 요인들이 멕시코와 쿠바에서 한인 후손들의 모국 연계성을 추동하고 있는가에 초점을 맞추고자 하였다. 설문조사에서 드러난 주요 키워드를 분석해 보면 다음과 같다.

문화적 표상으로서의 음식

모든 설문 응답자들은 한국어를 구사할 수 없었지만, 다양한 방식으로 모국(한국)과의 연계를 추진하거나 에네켄 이민 상황을 기억하고 있었다. '이주 1세대 선조'에 대한 기억은 주로 가정 내에 보관된 사진이나 문서를 통해 전승되고 있었다. 하지만 많은 한인 후손들은 선조의 사진이나 기록을 통해 '한국인'이라는 정체성을 강화하고 있는 것이 아니라 가정 내 일상적 생활 속에서 '민족주의적 정체성'을 강화하고 있었는데, 그것은 다름 아닌 음식이었다. 이미 한인 후손들은 본인들의 정체성이 '멕시코인'이나 '쿠바인'이라는 것을 알고 있기에, 이러한 상황 속에서 '한국적 정체성'을 덧씌우기 위해서는 몇 가지 기제 및 상징이 필요했는데, 그중 멕시코-쿠바 한인 후손들이 가장 많이 사용하는 기제는 음식이었다. 여러 문헌이나 증언을 통해 볼 때, 에네켄 한인 1세대 이주민들은 머나먼 타향 생활을 극복하기 위해, 멕시코나 쿠바에서 구할 수 있는 음식 재료를 이용해 김치나 만두와 같은 전통 한국 음식을 만들어 먹기 시작했다. 이러한 관습은 이주 1세대가 생존해 있는 동안만 진행된 것이 아니라 그 이후 세대에도 계속적으로 전승되었다. 특히 후세대에 혼인을 통해 한인과 결혼한 '멕시코(혹은 마야) 며느리'들은 그들의 '한인 시어머니'로부터 현지 식재료를 가지고 한국 전통 음식을 어떻게 만들 수 있는가에 대한 '레시피'를 전수받았다. 한인 후손 5세대이면서 현재 메리다에 거주 중인 카산드라(Casandra)는 어머니와 이모, 외조부(라파엘 장)가 한인 후손이다. 그녀는 자신의 1세대 조상 이름을 명확하게 기억하지 못하였지만,[6] 가족 내에서 일상적으로 발견할 수 있는 '고추를 넣

---

6 그녀는 설문조사에서 자신의 에네켄 1세대 조상 이름이 'chang wo'라고 말했다. 하지만 에네켄 이주민 명단에서 동일한 이름을 발견할 수 없었다.

은 (양)배추'와 '쌀밥'에 대한 이미지는 모국을 연상하는 데 상당히 중요한 기제로 사용되고 있었다. 상당수의 한인 후손들은 현재까지도 가정에서 '김치'와 '만두', '파전', '칼국수' 등을 연상하게 하는 음식을 만들어 먹고 있다. 이러한 전통은 이주 1세대가 개발한 가정 내 전통이 세대를 통해 전승되고 있었으며, 한국어를 모르는 상황에서 한국 정체성을 발현할 수 있는 가장 중요한 동력이 되고 있었다. 캄페체 한인 후손회 회장을 맡고 있는 이르빙(Irving) 역시 멕시코인 어머니(레히나 쿠타이레스)로부터 '파전류'의 음식과 만두, (차요테)김치, 잡채, 된장찌개 등의 음식을 제공받는데, 그의 어머니도 한인 시어머니(훌리아 장 한)로부터 요리를 전수받은 것이었다. 메리다에 거주하고 있는 마르가리타 김 유(Margarita Kim Yu)는 과거 부모님과 함께 에네켄 농장[7]에서 8년 정도 살면서 일을 도왔고, 조사 당시 80세임에도 불구하고 여전히 시장에서 유카테코[8]를 만들어 팔고 있었다. 마르가리타는 아직도 집에서 김치를 만들어 먹는데, 재료와 조리법은 한국의 그것과 다르지만 김치를 만들어 먹는다는 것이 그녀에게는 어머니에 대한 추억이면서 동시에 한국인이라는 정체성을 유지하는 한 방법이다. 음식에 관한 사례는 쿠바의 카르데나스에서도 확인할 수 있었다. 쿠바의 카르데나스에는 80세가 넘은 한인 후손 3세대 세 자매가 한 가정에서 함께 생활하고 있었다. 맏언니인 에스페란사 장 킴(Esperanza Chang Kim)은 자신의 아버지가 에네켄 농장에서 일을 했고 어머니는 바느질을 하였는데, 그도 일찍부터 어머

---

7 인터뷰 당시 증언한 에네켄 농장의 이름은 티킴쿠첸(Tikimcuchen)이었다.
8 유카탄 반도의 사람들이 먹는 단맛이 나는 간식의 일종.

니를 도와 바느질을 했다고 한다. 또한 특이한 점은 어머니가 일찍부터 김치를 만들어 먹었고, 그녀도 아직까지 어머니가 만들던 김치를 계속해서 먹고 있다는 것이다.

음식은 어떤 문화의 관습과 일상을 가장 강하게 상징하는 요소인데, 에네켄 한인 이주 1세대들은 '고향'을 잊지 않기 위해 한국 음식을 먹었고, 이것은 가족 내 전통이 되어 한인 후세대들이 모국과 연계할 수 있는 기초를 만들어 주고 있다.

한류(K-pop)의 효과

또한 많은 한인 후손들은 정치·경제적 영역보다는 문화적 측면에서 모국과의 연계를 강조하고 있었다. 이 부분은 2000년대 이후부터 에네켄 한인 후손에 대한 담론이 멕시코와 쿠바에서 왜 폭발적으로 증가했는가와 밀접한 연관성을 가진 부분이다. 실제 멕시코 유카탄 반도의 에네켄 한인 이주 후손들에 대한 관심은 2010년 이후에 발생한 것이다. 캄페체 한인후손회 회장 이르빙은 2015년까지 유카탄 반도에서 한국에 대한 관심은 거의 전무했으며, 이로 인해 한인 후손들 역시 자신의 정체성 및 모국과의 연계에 대해 커다란 관심을 가질 수 없었다고 말한다. 그러나 2010년대 이후 방송 미디어나 엔터테인먼트를 통해 한국의 한류가 알려지게 되었고, 이것은 곧 'K-pop'이라 불리우는 거대한 조류를 만들게 되었다. 중남미에서 한국 대중문화에 대한 관심이 늘어나면서 자연스럽게 한인 후손들에 대한 이해도 늘어났고, 이러한 계기를 통해 한인 후손들도 자신들의 원류인 모국과의 더 많은 연계를 원하게 된 것이다. 쿠바에서도 멕시코와 비슷한 형태의 과정이 진행되었는데, 2013년 쿠바에서 한국 드라마[9]의 성공이 한인 후손들에 대한 관심으로 커졌다. 2013년 한국 드라마의 성공에 이어 공교롭게도 2014년 8월 아바나에서는 '호세마르티 한-쿠바 문화클럽'의 개원식이 열렸다. 이 건물은 민주평화통일자문회의(민주평통) 중미-카리브지역협의회의 주도하에 코트라 아바나무역관과 쿠바 호세마르티문화원의 협조로 건설되었다. 이곳에서는 현재까지도 많은 한인 후손들과 쿠바인들이 몰려와 한국 전통문화와 한국어 등을 배우고 있으며, 에네켄 한인 이주민들의 역사를 전시하는 박물관으로도 기능하고 있다.

이처럼 K-pop으로 대변되는 한국 한류의 인기는 중남미에서 한국에 대한 관심을 고조시켰고, 이 과정에서 한인 후손들도 자기 정체성에 대한 관심이 높아져 모국과의 적극적인 연계를 시도하고 있다. 이와 같은 결과는 설문조사에서도 확인할 수 있는데, 설문 응답자 38명 중 73.1%가 자신의 한국 정체성 형성에 있어서 '한류'가 중요한 영향을 미쳤다고 답변하였다.

멕시코-쿠바 한인 후손의 모국 연계 요인 분석

설문조사로 볼 때, 2010년 이후 중남미에서 한류 문화가 상당한 바람을 일으키기 시작하면서 이와 시기를 맞추어 멕시코-쿠바 에네켄 한인

---

9 2013년 쿠바에서는 「아가씨를 부탁해」, 「시크릿 가든」, 「내조의 여왕」 등 세 편의 한국 드라마가 연달아 성공하면서 한국 대중문화에 대한 관심이 커지게 되었다.

이주 후손들 역시 자기 정체성을 새롭게 하기 위한 움직임이 나타났다. 이때부터 에네켄 한인 이주 4세대 혹은 5세대들은 '모국'을 더 잘 알기 위한 다양한 활동을 하기 시작했고, 한인 후손 가정 내부에서 전승되어 오던 많은 관습들, 즉 김치 등의 한국 전통 음식 만들기 등이 TV나 언론 매체를 통해 소개됨으로써 21세기 '새로운 내셔널리즘 혹은 애국주의' 가 만들어지는 것처럼 보였다. 이와 같이 한인 후손들은 설문조사에서 한국의 높아진 위상에 걸맞게 자기 정체성을 더욱 공고히 하기 위해 모국과의 연계를 추진한다고 했지만, 좀 더 다양한 시각의 원인은 개별 인터뷰 등을 통해 파악할 수 있었다. 이 장에서는 한인 후손들과의 집중 인터뷰를 통해 그들의 모국 연계 활동이 점차 강화되고 있는 구체적 이유 등에 대해 분석해 보고자 한다.

기원에 관한 궁금증

멕시코 메리다에 거주하고 있는 리카르도(Ricardo)의 정식 이름은 리카르도 킨 로드리게스(Ricardo Kin Rodríguez)이다. 48세이며 한인 후손 4세대인 그는 '유카테코(yucateco, 유카탄 사람)'로 살아가는 것이 자랑스럽지만 그렇다고 한국이 자신의 기원이라는 것을 부정할 수는 없다고 말한다. 하지만 리카르도는 자신의 한인 선조가 단지 프란시스코 김 박(Francisco Kim Park)으로 불렸고, 자신의 가족이 베라크루스에서 유카탄으로 이동했다는 정도의 정보만을 알고 있을 뿐이다. 현재 그의 집에는 선조들과 관련된 유품이나 관련 물품이 전혀 없으며 한국 문화와 한국어를 배운 경험도 없었다. 리카르도에게 한국은 경제적으로 발전한 나라이며, 현재 멕시코보다 삶의 질을 발전시킬 수 있는 역량이 더욱 큰 곳이라고 추상적으로 생각할 뿐이다. 이렇듯 선조에 대한 명확한 자료가 없음에도 불구하고, 그는 메리다 한인회의 활동에 참여하면서 한국 정체성에 대한 관심을 가지게 되었고, 멕시코에서 개최된 한국 8 · 15 행사 등에도 참가한 적이 있다. 그에게 집중된 것은 자신의 '기원'을 찾는 것이다. 리카르도는 "나는 멕시코 사람이다. 하지만 한국에 뿌리를 두고 있음을 부정할 수 없고 관심을 전혀 가지지 않을 수 없다"는 입장을 가지고 있으며, 메리다와 베라크루스의 여러 문서고에서 자신의 선조가 어떤 행적을 가져왔는가에 대해 관심을 가지고 있다.

"내가 현재 원하는 교류가 있다면 그것은 한국어를 더욱 열심히 공부하는 것이다. 한국어가 능숙해지면 더욱 조상과 관련한 많은 자료를 찾아볼 수 있기에 한국어를 공부하고 싶다."(리카르도 인터뷰 내용)

메리다에는 어느 한국인 선교사에 의해 '한글학교'가 운영 중인데, 그곳에 소속된 한인 후손들은 리카르도보다 좀 더 많은 정보력을 가지고 있었다. 캄페체에 집을 두고 있는 마누엘 헤수스 모레노 멘데스(Manuel Jesús Moreno Méndez)는 한인 4세대로서 메리다에 처음 도착한 그의 1세대 선조는 방윤식(方潤植)이다. 방윤식은 개성 고려면 탑동 출신으로서 1905년 5월 14일 프로그레소 항구에 도착한 에네켄 노동자 1,033명 중의 한 명이었고 멕시코 현지에서는 마누엘 팡(Manuel Fan)으로 불리었다.[10] 도착 이후 그는 유카탄 반도에서 멕시코 여인과 혼인하

---

10 Fan은 부계 친족의 성을 가리키는데, 아마도 '방(方)'씨 성을 표기하다 보니 Fang

여 딸을 낳았고, 그 딸의 이름은 마리아 소코로 팡 페레스(María Socorro Fan Perez)이다. 인터뷰를 실시했던 마누엘 모레노는 마리아 소코로 의 손자이다. 마누엘 모레노는 수년 전부터 선조의 발자취를 알기 위 해 유카탄 문서보관소(AGEY, Archivo General del Estado de Yucatán)에 소장되어 있는 방윤식의 프로그레소 항구 입항 기록을 찾아냈고, 또한 1940년 8월 25일 캄페체에서 발행된 방윤식의 사망확인서와 '대한인국 민회중앙총회 인구조사 축약본'에 등재되어 있는 방윤식의 기록 등을 확보하였다.[11] 물론 위 기록들이 학술적으로 중요한 가치를 가지지는 않 지만 그는 자신의 기원을 찾기 위해 상당한 시간을 할애하고 있는 셈이 다. 또한 마누엘 모레노의 이러한 노력은 자녀들에게 한국 문화를 배울 것을 권유하고 있으며, 그의 첫째 딸인 마리아나 모레노 디아스(Mariana Moreno Díaz)는 아버지의 권유에 의해 메리다의 한글학교를 다니면서 아버지를 도와 캄페체 한인후손회 활동을 함께하고 있다. 이처럼 멕시 코-쿠바 한인 후손들의 많은 수는 자신의 기원을 추적하기 위한 많은 활동을 전개하고 있었으며, 이러한 활동은 자신과 후세대에게 영향을 미쳐 모국과 다양한 연계를 추진하는 원동력이 되고 있다.

독립운동과의 연관성

앞서 짧게 언급하기도 했지만, 에네켄 한인 이주의 생활사는 일제 강 점기 독립운동과 상당한 연관성을 가지고 있다. 이자경(2006a, 8)이 기

으로 표기된 것으로 보인다.

11   이 기록은 첨부 2에 수록되어 있다.

술한 바와 같이, 멕시코 이주 초기 한인 사회는 숭무주의 정신을 바탕으로 한 항일단체의 성격을 가지고 있었고, 그로 인해 멕시코 한인 사회가 '대한민국 독립운동' 해외 단체로서 많은 역할을 하였음이 많은 자료에 나타나고 있다. 메리다에 위치한 '한인이민사박물관'에도 독립운동과 관련된 자료가 전시되어 있고, 이러한 부분을 중심으로 한인 후손 사회가 결집할 수 있도록 기억을 공유하고 있다.

"1918년, 도산 안창호는 미국과 멕시코시티를 경유해 메리다를 방문했으며, 이것을 계기로 많은 멕시코 한인들이 독립운동에 참여할 발판이 마련되었다. 이들은 3·1 만세운동이 발발하자 '독립선언서'의 전문을 스페인어로 번역하여 배포하는 등 다양한 활동을 전개했으며, 메리다 등지에서는 독립자금을 모아 이것을 임시정부로 전달하기도 하였다. 2019년 대한민국 보훈처에 의하면 멕시코의 독립운동가는 모두 47명에 달한다. 쿠바에서도 독립운동의 열기는 지속되었는데, 1923년부터 쿠바에서는 한국의 독립운동을 알리기 위해 '친구회'라는 단체가 조직되었고, 각지에 학교를 설치하여 3·1운동 기념식 등을 거행하였다. 또한 마탄사스국민회는 1937년부터 1945년까지 불과 30여 명의 회원이 독립자금 명목으로 1,500달러에 가까운 성금을 보내기도 하였다"(한국이민사박물관, 2019). 대한민국 보훈처에 등록된 쿠바 독립운동가의 수도 28명에 달한다. 멕시코와 쿠바에서의 독립 활동은 『백범일지』에 기록되어 있는데, 멕시코의 김기창과 이종오, 쿠바의 임천택과 박창운 등이 임시정부를 후원했다고 기록되어 있다.

하지만 머나먼 이국 땅에서 독립운동을 했고, 또한 대한민국 정부에서 독립운동가로 지정했지만, 많은 한인 후손들은 자신들의 선조가 독립운동가로 서훈되었다는 사실조차도 상당 기간 모르고 있었다. 이러한 상황은 멕시코보다 한국과 외교 관계가 없었던 쿠바가 더 심각한 상황이었다. 1997년 쿠바의 한인 1세대 후손으로는 처음으로 임천택이 서훈을 받았으며, 이외에도 쿠바 한인 15명이 대한민국 정부로부터 추가로 서훈을 받았다. 하지만 쿠바의 한인 후손들은 선조들이 서훈을 받았다는 사실조차 모르고 있었으며, 후손들은 뒤늦게 이 사실을 알게 되었다.[12] 이주 1세대들의 독립운동 행적이 알려지는 과정에서 쿠바와 멕시코의 한인 후손들은 이전까지 느낄 수 없었던 강력한 모국 연계의 필요성을 인지하기 시작했다. 선조들의 독립운동 행적이 알려지지 않았을 때, 한인 후손들에게 한국은 강력한 모국 연계를 느낄 수 있는 곳이 아니었다.

또한 독립운동과 한인 후손 간의 관계는 다른 부가적 상황을 창출하기도 한다. 연구팀은 쿠바의 카르데나스 방문 시 한인 후손들에게 한국어를 가르치는 한인 선교사를 만날 수 있었으며, 그는 현재 한인 후손들에게 독립유공자 인정을 위한 절차나 자료를 모으는 데 도움을 주고 있었다. 선교사의 말에 따르면, 쿠바에서는 한인 후손들이 유공자 인정을 받기 위해 많은 노력을 기울이고 있는데, 그 이유는 독립유공자 후손으로 인정되면 한국 정부로부터 매달 일정 금액의 생활비를 받을 수 있기 때문이었다. 생활비 금액은 한국인에게 크지 않지만, 쿠바 사회에서는 두세 가정의 한 달 생활비로 사용할 수 있다. 결국 많은 한인 후손들은

---

12 미서훈자를 새롭게 발굴하는 일은 김재기 교수에 의해 활발하게 진행되고 있다(김재기, 2016; 2018).

좀 더 선조의 역사에 관심을 가지게 되고, 또한 이 과정에서 한인 후손 4-5세대들은 한국 정체성에 대해 보다 깊은 사고를 할 수 있게 되었다.

재외동포재단 한인 후손 초청 프로젝트

멕시코-쿠바 한인 후손들의 모국 연계에서 가장 중요한 역할을 하는 것은 재외동포재단의 프로젝트라고 할 수 있다. 많은 한인 후손들은 재외동포재단의 프로젝트에 힘입어 한국을 방문하고 있다. 예를 들어 재외동포재단은 2017년부터 '멕시코-쿠바 한인 후손 초청 직업연수'라는 사업을 기획해 매년 16명(멕시코 8명, 쿠바 8명)의 한인 후손을 12주 동안 한국으로 초청하였다. 초청된 한인 후손들은 한국어 및 한국 역사 교육을 받으면서 각종 문화 체험과 멘토링 프로그램에 참가하여 모국에 대한 이해도를 높이는 활동을 한다. 특히 이 프로그램의 목적은 한인 후손들의 '안정적 사회 진출 및 자립 경제 기반 구축'이라는 목적을 가지고 있기에 직업을 창출할 수 있는 미용, 언어, 제빵 등을 교육하는 경우가 많다.

멕시코 메리다에 거주하고 있는 미를레이(Mirley Ramirez Guerrero)는 30대 중반의 한인 후손 3세이다. 그녀는 2019년 한국의 OO대학교에서 미용 수업을 들었으며, 이 수업을 듣고 난 후 멕시코로 돌아와 미용 관련 일을 하고 있다. 미를레이에게 모국인 한국을 다녀왔다는 것은 상당히 큰 자부심이 되었고, 한인후손회 활동 등을 더욱 열심히 하게 된 계기가 되었다. 미를레이의 딸 역시 한인 후손 4세대로서, 어머니의 영향을 받아 한국어 및 한국 문화에 관한 다양한 영역에 관심을 가지고 있다. 쿠바 마탄사스에 거주하고 있는 요슬라미(Yoslami Martínez Park)는 어머니, 할머니와 함께 생활하고 있으며, 한인 후손인 할아버지에 대한 이야기는 주로 할머니로부터 들었다. 그녀의 할아버지는 멕시코에서 태어난 한국계 멕시코 인으로서 부모와 함께 쿠바로 이주하였다. 그는 오랜 시간 에네켄 농장에서 일을 하였으나 한국어를 배울 수는 없었다. 요슬라미의 경우 한국에 대한 관심도는 높았지만, 본인이 한인 후손 몇 세대인지조차도 정확하게 알지 못했고, 그녀의 어머니 역시 마찬가지였다. 이러한 상황에서 그녀가 좀 더 적극적으로 모국(한국) 정체성을 추구하게 된 계기는 재외동포재단의 프로그램을 통해서였다. 요슬라미는 재외동포재단 프로그램으로 한국의 △△대학교에서 언어 연수(한국어)를 하였다. 비록 현재 유창한 한국어 구사 능력은 갖추고 있지 않지만, 그녀는 매년 마탄사스 한인회에서 주최하고 있는 8월 15일 광복절 기념 행사에 참여를 하고 있다.[13]

위와 같이 멕시코와 쿠바의 한인 이주민 사회에 한국으로의 초청 연수 프로그램은 널리 알려져 있었고, 특히 한인 후손 세대들은 이 프로그램을 통해 상당한 경험을 쌓을 수 있었다. 경제력과 문화 경쟁력이 상대적으로 높은 한국으로의 초청 연수는 멕시코-쿠바 한인 후손들에게 상당한 매력으로 다가왔고, 이러한 부분은 모국과의 연계를 더욱 강화하는 중요한 원인으로 작용하고 있다.

13　이 행사에서는 한국 정부 기관(쿠바 코트라)과 한국 교회 기관 등이 참여를 하여 한국 음식을 제공하고 거리에서 퍼레이드를 한다.

맺음말

멕시코-쿠바 한인 후손 사회는 미국의 하와이 이주와 그 역사적 맥락을 같이 하고 있음에도 불구하고 오랜 시간 주목받지 못했다. 이것은 한국 사회의 정치·사회적인 환경과 유입국인 멕시코-쿠바 정부의 상황이 맞물린 결과였다. 그러나 100년이 훨씬 지난 지금 멕시코-쿠바 한인 이주에 대한 관심이 새롭게 발생하고 있는 것은 이주 1세대의 과거 생활사와 이주 배경을 복원하기 위함만은 아닐 것이다.

2010년대 이후 한류가 중남미 문화를 강타하면서 중남미인들의 인식에 한국이 상당히 매력적인 대상으로 새롭게 자각된 것이 사실이다. 하지만 이러한 '자각' 속에 '순수한' 중남미인들만 있었던 것이 아니라, 자신의 선조가 한국인이었던 이민 후손 세대가 포함되어 있을 것이라 상상하기는 상당히 힘들다. 멕시코-쿠바의 한인 이민 역사는 2010년대 이전까지만 하더라도 커다란 주목을 받지 못하고 있었으며, 한인 후손에 대한 인식도 별로 없었던 것이 사실이다. 하지만 현재 중남미에서 높아진 한국에 대한 관심으로 인해 멕시코-쿠바의 에네켄 한인 이주는 각광을 받고 있으며, 더불어 현재까지 생존해 있는 이주민 후손의 삶 역시 상당히 중요한 연구 주제로 떠오른 것이 사실이다.

본 연구에서는 멕시코-쿠바 한인 후손들이 어떠한 기제 및 요인을 통해 모국 연계 활동을 하고 있는가에 대해 분석하였다. 멕시코-쿠바 한인 후손(4-5세대)들은 다양한 SNS 매체를 통해 모국과 연계하고 있었으며, 부모 세대(이주 2-3세대)가 추구하는 '가족사의 회복'이 모국 연계를 추진하는 주요인이 될 수도 있지만, 그것보다는 오히려 에네켄 한인 후손의 '독립운동 담론'과 '초청 연수 프로그램' 등을 통한 모국 연계가 주를 이루었다. 즉 젊은 한인 후손들은 감상적 측면으로 모국을 바라보기도 하지만, 멕시코인 혹은 쿠바인으로의 정체성을 가진 자신들에게 좀 더 많은 기회를 제공해 줄 수 있는 곳으로서의 모국을 원하는 것이다.

본 연구에서는 38명 이상의 설문조사와 10여 명이 넘는 심층 인터뷰 조사가 실시되었다. 하지만 아직까지 설문조사와 심층 인터뷰 분석은 진행 중에 있으며, 이 자료에 대한 분석이 끝날 경우 좀 더 다양한 한인 후손의 생활사를 기록할 수 있을 것이라 보며, 이 과제는 차후 과업으로 넘기고자 한다.

[표 3] 설문조사 참여자 개요 및 특성 분석표

성명	국적	나이	한인 세대	거주지	인터뷰 실시 여부	특이사항
Alfonso soo Pineda	멕시코	78	3	바하 칼리포르니아		
Cindy Yarirza Perez Chong	멕시코	26	5	캄페체		− 1세대 이름: CHONG IN BUK. − 미디어를 통해 한국 정보 공유. − 한류에 관심 많음.
Yesvi pech lee	멕시코	39	4	메리다		− 1세대 이름: 이준도, 공기순. − 자녀들에게 한국 음식 전수. − 한국 방문 경험 있음. − 김치 레시피 전해짐.
Mirley Ramirez Guerrero	멕시코	33	5	메리다	O	− 한국에서 미용 코스 교육받음(강남대).
German Alberto Beltran Lee	멕시코	19	5	메리다		− 1세대 이름: 이준도, 공기순 − 직업: 양철판매점(Hojalateria), 껌 공장(fabri chicle)
Rebeca Atalia Loeza Chable	멕시코	26	3	메리다	O	− 1세대 이름: Manuel Kim − 자신과 멕시코인의 차이점: Rasgos físicos y pensamiento
Wendy Rosely Lee Calderon	멕시코	42	4	메리다	O	− German Alberto Beltran Lee, Yesvi pech lee
Briza Priscila Ku Cisneros	멕시코	35	5	베라크루스		− 1세대 이름: Esperanza Yun, Simón Kong(In Julián Ku − 여형제가 한인후손회를 통해 한국 프로그램
Diana Laura Han Rejón	멕시코	24	2	Mérida		− 할아버지가 쿠바로 이주했다 멕시코로 돌O 아버지부터 멕시코인 2세. − 할아버지는 멕시코에서 요리사를 하였음.
Song Laguna Dafne	멕시코	30	4	멕시코시티		− 1세대: 서춘동(Alfonso Pak) − 어부.
Nidia Lias (Lee)	멕시코	50	없음	메리다 티후아나 샌디 에이고		
Yudiel Alea Davila	쿠바	33	4	마탄사스		− 1세대: Antonio lee − 2018년 한국 방문. 집에서 김치를 먹음.
Maribel Chong Hong	멕시코	54	4	캄페체		− 약간의 한국어 단어를 말할 수 있음. 본인 체성이 아주 높다고 평가.
Carlos Mauro Estrella Park	멕시코	21	3	메리다		− 한인 후손이나 한국 정부 프로그램에 전 없음. 한국 방송을 많이 봄.
María Teresa Lee Cong	멕시코	54		메리다		
Yoslamy Martinez Pack	쿠바	32	4	마탄사스	O	− 한국의 대학(공주대학)에서 한국어 교육을
Ricardo Kin Rodríguez	멕시코	48	4	메리다	O	− 개인적으로 한국 조상과 관련한 족보 제자 − 1세대에 대한 정보가 없지만 찾아가는 중.

성명	국적	나이	한인 세대	거주지	인터뷰 실시 여부	특이사항
rtha Kim Galech	멕시코	75	2	메리다		– 조부모가 오하카에서 유카탄으로 이주. – 1세대 선조의 이름은 모름.
Suylen Beatriz Bermudez Hernandez	쿠바	25	3	올긴		– 선조 이름이 Maxima King 외에 지식이 없음. – 한국에서 3달간 어학 연수.
artha Diaz Kim	멕시코	73	2	Southern California		– En Korea el apellido era Ahn. Lócambiaron a Lizama. Antonio Diaz Lizama(mi papa), Pedro Diaz Lizama(su hermano), Jalmoni Lizama(su mama.) – 자녀에게 한국어와 음식에 대해 가르침.
abriel Diaz(Yi) Luken	멕시코	36	3	서울		– 티후아나가 고향이며, 현재 한국 거주.
nni Song Lara	멕시코	20	3	멕시코시티		– 선조가 베라크루스로 들어와 바로 멕시코시티로 옮겨 감. – OKF 프로그램 참여.
lma Ruth King Park	멕시코	57	3	메리다		– 1세대 조상에 대한 기록을 가지고 있음. – 허명선, 김경신, 허마리아.(Pasajero 986, 984 y 985). 김춘경(pasajero 280) – 한국은 할아버지의 나라, 멕시코는 나의 나라.
andra Contreras Blas	멕시코	23	5	메리다	0	– 한국어를 공부했음.
n Ignacio Durán Cong	멕시코	64	3	메리다		– 선조(Ignacio Cong(Kong) Filman)가 일한 아시엔다 이름 : Hacienda Citincabchén, Chapab, Yucatán. – 한국 정부와 후손회를 통해 한국 관련 활동 경험 있음. – 현재 한국 혈통이라는 것을 대부분 좋게 이야기하지만, 어렸을 때는 다르다는 이유로 괴롭힘을 많이 받음. – 이민사박물관을 통해 한국 정보를 듣고 있고, 그룹 활동이 자신의 정체성을 강하게 하는 데 영향을 줌.
Manuel Alejandro Muñiz Pak	쿠바	25	5	아바나		– 1세대 김세원(Manuel Kim) – 한국 요리와 한국어를 배우고 있음. – 한국에 와서 공부하고 일을 하기를 원함.
Yaimara King Medina	쿠바	31	3	아바나	0	– 1세대(Manuel Kim Ho)가 마탄사스에서 올긴의 'marcane'로 옮겨감.
Ruby Kim	멕시코	61	4	티후아나		– 한국인 정체성은 일을 하는 데 도움이 된다고 함.
a de la Paz Kim Gómez	멕시코	62	2	멕시코시티		– 한국은 기원이고 멕시코는 현재다.
Yuliana Patricia Rosado Kin	멕시코	30	5	메리다		– 증조할머니로부터 한국 문화, 의상, 말, 등에 대해 이야기를 많이 들었음. – 집에서 한국어를 공부함. – 가족들이 한국인과 교류가 많음.
g Lee Gutiérrez	멕시코	42	4	깜페체	0	– 가족 10명이 처음 이주해 옴. – 1세대: 리용손(李用順, 龍淳)/정선희, (鄭) 김하사(金), 장조영삼(張永三), 장영진(張永鎭), 장영기(張永祺)
Maria Martha Whangpo Guerrero	멕시코	73	3	멕시코시티		

[그림 2] 마누엘 헤수스 모레노 멘데스(Manuel Jesús Moreno Méndez)가 수집한 자료들

Inmigrante Coreano, 14 de mayo de 1905
Registro familiar

Manuel Fan (Fang, Pan)

Park Yun-Sik
(Bang Yun-Sik)

Documentos del Archivo General del Estado de Yucatán (AGEY) relativos a la llegada de Coreanos a Progreso, Yuc. 14 de mayo de 1905

Manuel Fan. Registro de un arribo a la Ciudad de Campeche, a la edad de 50 años y acompañado de un familiar. Libro del Registro de Extrangeros 1894-1942

Manuel Fan (Fang, Pan)
Muere en la ciudad de Campeche el 25 de agosto de 1940

Libro: 엑시코한인 이민 100 년사
(Inmigración Coreana a México, 100 años de historia)
Autor: 이 사 경 (Rhee Jangk Kyung)

Página 114
Lista de Coreanos de la Inmigración de 1905, en la que aparece la fecha del fallecimiento de Park Yun-sik (박 윤 식; linea # 388). Dicha fecha es tres días posteriores al registro oficial del fallecimiento de Manuel Fan en Campeche, Camp.

Página 115

En el mismo registro, se encuentra el nombre de **Bang Yun-sik** (방 윤 식; línea # 416) en el que aparece la edad en la que realizó la migración y el lugar de procedencia.

Censo abreviado del Congreso Nacional de Corea
(대한인국민회중앙총회 인구 조사 축약본)

En el mismo libro, página 1392, línea de registro 15 (de arriba hacia abajo): Bang Yungsik

이름	나이	직업	거주지역	동기자	본국주소
방윤식	38	노동	메리다	부인(본토), 딸 마리아	개성
Bang Yungsik	38	Trabaja	Mérida	Esposa (mujer regional), Hija María	Gaeseong, Corea del Norte

María Socorro Fan Perez
(Fang, Pan)
hija única de Manuel Fan

Manuel Fan (Fang, Pan)

María Socorro Fan (Fang, Pan)

María Socorro Fan
con sus hijos Candelario, Pedro y Manuel.

Candelario Moreno Fan

Pedro Moreno Fan

Manuel Moreno Fan

Foto Familiar de María Socorro Fan, dedicada y autografiada en su reverso, para su suegra.

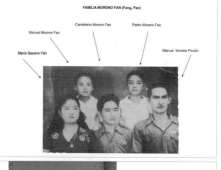

FAMILIA MORENO FAN (Fang, Pan)

Manuel Moreno Fan

Candelario Moreno Fan

Pedro Moreno Fan

Manuel Moreno Pinzón

María Socorro Fan

Eligio Candelario Moreno Fan (Fang, Pan)
Hijo primogénito de María Socorro Fan

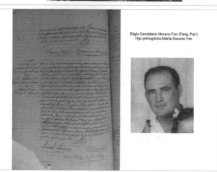

Eligio Candelario Moreno Fan (Fang, Pan)
Hijo primogénito María Socorro Fan

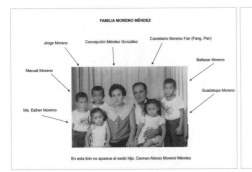

FAMILIA MORENO MÉNDEZ

Jorge Moreno
Concepción Méndez González
Candelario Moreno Fan (Fang, Pan)
Manuel Moreno
Baltazar Moreno
Ma. Esther Moreno
Guadalupe Moreno

En esta foto no aparece el sexto hijo, Carmen Alonso Moreno Méndez

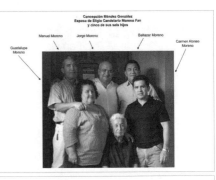

Concepción Méndez González
Esposa de Eligio Candelario Moreno Fan
y cinco de sus seis hijos

Manuel Moreno
Jorge Moreno
Baltazar Moreno
Guadalupe Moreno
Carmen Alonso Moreno

y como Oficial del Estado Civil de Este lugar, hago saber a los que la presente vieren y certifico ser cierto,

Que a fojas 179 Vta. del libro número uno tomo 104 correspondiente al año de 1958/59 que existe en esta oficina a mi cargo, se encuentra una acta al tenor siguiente:

ACTA DE NACIMIENTO

[ilegible]

GENERALES DE LOS PADRES

[ilegible]

DE LOS ABUELOS PATERNOS

[ilegible]

DE LOS ABUELOS MATERNOS

[ilegible]

DATOS DE LOS TESTIGOS

[ilegible]

Manuel Jesús Moreno Méndez
Hijo de Eligio Candelario Moreno Fan
y nieto de María Socorro Fan

Familia Moreno Díaz

Mariana Moreno Díaz (primera hija)
Paulina Moreno Díaz (segunda hija)
Manuel Jesús Moreno Méndez (Padre de familia MD) Nieto de María Socorro Fan
Enriqueta Díaz Montes de Oca (Madre de familia MD)

Acta de nacimiento de Pedro Moreno Fan. Segundo hijo de María Socorro Fan Pérez.

Libro deteriorado y fragmentada el acta de nacimiento de Manuel Moreno Fan en el Registro Civil de Campeche.
Tercer y último hijo de María Socorro Fan Pérez.

Pedro Moreno Fan
Segundo hijo de María Socorro Fan

María Concepción Méndez
Esposa de Candelario Moreno Fan

Manuel Moreno Fan
Tercer hijo de María Socorro Fan

Manuel Moreno Berganza
Hijo de Manuel Moreno Fan
y nieto de María Fan

Manuel Moreno Fan
Hijo menor de María Fan

Manuel Moreno Méndez
Hijo de Candelario Moreno Fan
y nieto de María Fan

Maya Guadalupe Moreno Berganza,
madre de Claudia y Victoria Yah e
Hija de Manuel Moreno Fan

Victoria Zacnite Yah Moreno
Nieta de Manuel Moreno Fan

Manuel Moreno Fan
Hijo menor de María Fan

Claudia Guadalupe Yah Moreno
Nieta de Manuel Moreno Fan

Manuel Moreno Fan
(Fang, Pan)
con el Sr. Ulises Park

En honor de los descendientes Core...

Manuel Moreno
Méndez
con el Sr. Ulises Park

제 4 장

북미자유무역협정하의 미국-멕시코 경제적 개발 격차와 노동 이주

/

현민

/

들어가며

2018년 9월 30일 미국과 캐나다와의 북미자유무역협정(NAFTA, 이하 NAFTA) 재협상이 완료되고 각국의 의회 비준 절차를 거쳐 2020년 7월 1일부로 미국-멕시코-캐나다 협정(United States-Mexico-Canada Agreement, USMCA)이 공식 출범함에 따라 NAFTA는 USMCA로 대체되고 역사 속으로 사라졌다. USMCA는 지역경제통합의 성격을 지닌 NAFTA보다는 양자 관계에 보다 중점을 둔 것으로, 협정 이름을 교체함으로써 기존 NAFTA와의 차별성을 두었지만, 자동차 산업 분야(미국 부품 사용 강화), 투자자국가소송제도 축소 등의 세부적 쟁점을 제외한다면 큰 틀에서는 NAFTA와 유사한 측면이 많다(Hufbauer and Globermnan, 2019; 조문희 · 권혁주 · 강민지, 2018; 미국무역대표부 USMCA 협정문).

2개의 선진국과 1개의 개발도상국이 결합한 북-남 지역경제통합인

NAFTA는 세계화 이후 진행된 '새로운 지역주의'의 대표적 사례이다. '새로운 지역주의'는 지역경제통합을 통해 해외 투자와 수출 시장 확보를 위한 협상력 증대를 목적으로 하였다(Kraphol, 2017). NAFTA는 국가 주도의 협력 및 집합적 행위의 공식적 제도화를 특징으로 하는 '지역주의'보다는 무역 및 투자의 자유화를 우선시하는 기업과 이에 따른 상품과 인구의 활발한 이동을 동반하는 민간 중심의 '지역화'를 기반으로 지역적(regional) 단위의 경제적 공간을 창출하였다. 그 과정에서 자유무역협정에 기반한 NAFTA는 지역경제통합 과정에서 필연적으로 나타나는 개발 격차(특히 미국과 멕시코 사이의 경제적 격차)의 문제를 전적으로 시장 기제에 일임한다.

본고는 NAFTA 1차 자료 및 2차 문헌에 대한 검토를 통해 NAFTA의 지역경제통합의 역사적·지역적 배경과 특성은 무엇이며 지역경제통합 이후 시장 기제에 의해 해소되리라 기대된 개발 격차(특히 멕시코와 미국 사이의 소득 격차)의 양상은 어떠하였는지 고찰한다. 또한 시장 기제에 위임된 국가 간 개발 격차가 시장에서의 개인의 소득 격차로 환원되기 때문에 발생하는 노동력 이동과 그 지리적 배경이 되는 국경 지대의 노동 이주의 문제와 이주 협력을 살펴보고자 한다. NAFTA가 USMCA로 대체되었음에도 큰 틀에서는 유사하기에 NAFTA의 개발 격차 및 노동 이주를 살펴보는 것은 다양한 형태의 자유무역협정 기반 지역경제통합에서의 개발 격차와 이에 따른 노동 이주 협력을 고찰하는 데 시사점을 줄 것이다.

NAFTA의 성립 배경과 특성

NAFTA 성립의 역사적 · 지역적 배경

1980년대 멕시코 외채 위기 이후 등장한 워싱턴 컨센서스의 확산 속에 자유무역협정에 기반한 지역화가 광범위하게 수용되었다. 북미 지역에서는 1990년 살리나스와 부시가 추진한 자유무역지대 형성에 캐나다가 합류함으로써 1994년 세계 최대 규모의 자유무역협정인 NAFTA가 발효되었다. NAFTA 이전에도 이들 국가 간에는 상당히 높은 수준의 경제적 상호 의존이 존재하였으나 NAFTA는 이러한 경향을 가속화시켰다(Hufbauer & Schott, 2005).

미국의 입장에서 NAFTA는 세계적 수준의 다자주의 협상에서 해결할 수 없는 문제들을 지역적 수준에서 해결하고자 한 세계 전략의 일환이었다. 세계 헤게모니 국가이자 북미의 지역 헤게모니 국가였던 미국은 세계적 차원에서는 WTO 설립을 추진하는 동시에 상대적으로 자유무역에 관심이 있는 이웃 국가들과 자유무역협정에 기초한 지역적 경제통합을 추진하였다(Destler, 2005). 이 과정에서 NAFTA는 유럽과 일본에 대항하여 미국 리더십을 보호하는 동시에 미국 주도의 무역 질서를 강화하고자 하는 자유무역 모델의 전범(典範)이 되었다. 따라서 NAFTA는 지역경제통합의 기제인 동시에 미국의 세계-전략적 고려의 산물이었다.

또한 미국에 있어 NAFTA는 중남미 수출 시장 및 자본 투자 기회의 확보 계기로 인식되었으며 국경을 접한 멕시코의 정치적 안정과 시장경제에 기반한 민주주의 신장이 미국의 국익에 부합한다고 여겨졌다.

특히 이는 미국 남부 국경 지역의 안정과 관련되었다. 국경 지역은 1910년 멕시코 혁명 이래 미국의 대멕시코 정책의 토대였고 멕시코인의 월경 문제, 즉 이민 문제는 NAFTA 추진의 중요 고려 사항이었다. 미국 시장에 대한 접근이 가장 중요했던 캐나다와 멕시코의 경우 우선 캐나다가 미국-멕시코 양자의 자유무역협정에서 소외되는 위험을 줄이기 위해 NAFTA에 수동적으로 참여하였다. 멕시코의 경우 국내 정치적으로는 외채 위기 이후 신자유주의적 경제 개혁에 대한 반대 등을 무효화시킬 수 있는 정치적 수단을 NAFTA에서 구하는 한편 당시 증가하는 젊은 인구층을 위한 새로운 성장 기회와 세계 최대의 소비 시장에 대한 접근성 및 해외 자본 유치를 NAFTA에서 구하고자 하였다(이성형, 1998; Hufbauer & Schott, 2005).

NAFTA의 대미 의존성과 구속성

경제적 측면에서 볼 때 NAFTA는 강력한 중심 국가와 이에 의존적인 2개 국가의 결합이다. 무역 측면에서 대미 의존성이 높았던 캐나다와 멕시코의 경우 NAFTA로 인해 비대칭적인 경제적 상호 의존성은 더욱 증대되었다.

[그림 1], [그림 2]에서 보듯이 1980년 미국은 캐나다 수출의 65.2%를 차지하였으며, NAFTA가 정식 발효한 1994년에는 82.6%로 이후 80%대를 유지하다가 2007년 78.9%, 2017년 76.4%(4,188억 달러)를 차지한다. 멕시코의 경우, 미국에 대한 수출 비중이 1980년대 50-60% 수준에서 1989년 70%를 넘기 시작하여 2010년(80.1%)까지 80%대를 유지하였으며, 2017년 80%(4,088억 달러)에 달하고 있다. 수입의 경우에는

[그림 1] 미국의 수출입 비중(출처: IMF, Direction of Trade Statistics, http://data.imf.org)

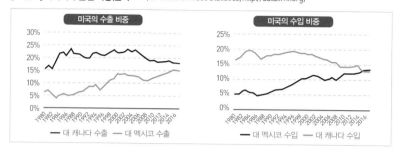

[그림 2] 캐나다의 수출입 비중(출처: IMF, Direction of Trade Statistics, http://data.imf.org)

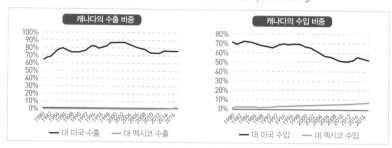

[그림 3] 멕시코의 수출입 비중(출처: IMF, Direction of Trade Statistics, http://data.imf.org)

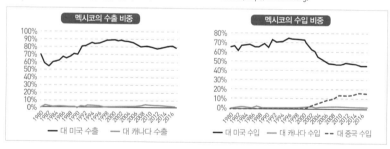

[그림 4] 멕시코와 캐나다에 대한 해외 직접 투자 중 미국에 의한 투자 비율
(출처: UNCTAD의 통계(왼쪽), Global Affairs Canada의 통계(www.international.ca)

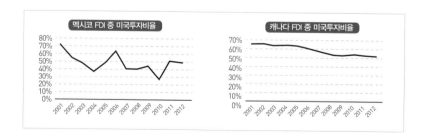

2000년대 초반 이후 캐나다와 멕시코 모두 미국으로부터의 수입이 감소하고 있지만, 여전히 높은 수준이다.[1] 반면 미국의 대 캐나다 수출입과 대 멕시코 수출입은 20%대 수준이다.

또한 미국은 해외 직접 투자 측면에서도 멕시코와 캐나다 양국의 주요한 원천 중의 하나이다. 1994년에서 2004년까지 멕시코에 대한 미국의 해외 직접 투자는 전체 해외 직접 투자의 62.2%에 달한다(Hufbauer&Schott, 2005, 31). [그림 4]에서 나타나듯이 2001년 이후 점차 감소하지만, 여전히 멕시코 직접투자의 약 50%를 미국이 차지하고 있다. 캐나다의 경우 1995년 미국의 비중이 67%였다가 2006년 이래 감소하지만, 여전히 미국의 비중이 50%를 상회한다.[2]

따라서 NAFTA 내부의 경제적 교환 관계에 있어 미국 시장은 지배적 위치를 차지하고 있기에 캐나다와 멕시코에 있어 NAFTA 시장의 어떠한 균열도 이들 국가에는 큰 충격을 줄 수 있다. 미국 정부는 이러한 비대칭성을 충분히 활용하여 정치적 영역에서도 경제적 영역의 지렛대를 이용한 '이슈 연계'를 실행해 왔다(Knight et al., 2014). 또한 NAFTA는 '자유무역협정'에 따른 시장의 규칙을 확립하는 데 역점을 두었으며, 이러한 시장-기업-민간의 자율성을 제도화한 지역화의 흐름은 역설적으

---

1   멕시코의 미국에 대한 수입의 급속한 감소는 대중국 수입의 급증에 기인하는 것으로 보인다.

2   그림 4의 멕시코의 경우 유량(inflow) 수치를, 캐나다의 경우 저량(instock) 수치를 활용했다.(http://unctad.org/en/Pages/DIAE/FDI%20Statistics/FDI-Statistics-Bilateral. aspx), 1995년 캐나다에 대한 미국 투자의 통계치는 다음을 참고하였다. http://www. international.gc.ca/economist-economiste/performance/state-point/2007. aspx?lang=eng.

로 미국 기업의 지배력을 강화하였다. 특히 자유무역보다는 '자유 투자'가 중요하였기에 NAFTA 협정에는 투자, 지식재산권, 서비스 무역, 금융 서비스 등에 대한 포괄적인 자유화의 영역이 포함되었다. NAFTA의 핵심 조항들이 외국인 투자자들에 대한 권리를 허용한 이유도 여기에 있다. 이 과정에서 NAFTA는 개별 국가들의 입법에 대한 '구속 효과'를 발휘하며 3개국의 정책적 수렴을 낳았다. 이는 NAFTA가 단순한 무역 체제가 아니라 미국이 주도하는 일종의 지역적 규율 체제로 기능할 수 있었다(Morales, 2008).

NAFTA 이후 미국과 멕시코의 개발 격차: 개발 격차의 시장 기제로의 환원

미국-멕시코의 개발 격차

NAFTA는 선진국과 개도국 간에 체결된 최초의 자유무역협정으로서 의미가 컸다. 1987년 미-캐나다 자유무역협정 체결 이후 미국과 캐나다는 상대적으로 비슷한 경제 발전 수준을 향유하고 있었고, 상호 보완적인 관계가 있었다. 그러나 대조적으로 멕시코는 1980년대가 되어서야 수입 대체 공업화 모형에서 개방 경제로 이행했을 뿐만 아니라 '잃어버린 10년' 동안 외채를 재협상하는 상황이었다. 멕시코, 미국, 캐나다가 1994년 NAFTA를 체결하였을 때 많은 이들은 이러한 지역경제통합이 특히 멕시코 경제를 성장시키고 북미의 선진국과의 경제적 수렴을 이끄는 대륙적 규모의 경제통합으로 발전해 갈 수 있으리라 생각하였다.

자유무역의 옹호자에 따르면, 미국의 자본과 기술, 캐나다의 천연자원, 멕시코의 값싼 노동력 등 각국의 비교우위 요소가 결합하여 국제 시장에서의 경쟁력이 제고될 수 있을 것으로 예상되었다. 그리고 NAFTA 회원국 간의 개발 격차는 지역 내에서 자유무역의 조건들이 확산함으로써 해소될 수 있다고 생각되었다. 이런 관점은 민족적 차원의 새로운 발전 정책의 형성을 통해 국가별 발전을 꾀하는 것이 아니라 민간의 자유로운 투자와 기업 활동을 통해 개별 구성원의 소득을 증대시키는 것에 초점을 맞추었다.

NAFTA 체결 당시 멕시코 살리나스 정부는 NAFTA가 단순히 미국, 캐나다 시장으로의 수출을 증대시킬 뿐만 아니라 해외 직접 투자 유치의 증대, 새로운 일자리, 그리고 지지부진한 경기 회복을 앞당기리라 기대했다. 살리나스는 NAFTA가 멕시코로 하여금 "사람이 아닌 상품을 수출"하게 하고, 멕시코가 "제1세계"로 진입하는 계기가 될 것이라 예견하였다. 미국에서는 NAFTA 지지자들은 NAFTA로 인해 미국의 고용 또한 증대될 것이며, 미국 소비자들은 싼 수입품의 혜택을 누릴 것이라고 보았다. 심지어 NAFTA 비판자들조차 미국의 산업과 일자리가 멕시코로 이전될 것이라는 예상을 크게 벗어나지 않았다(Blecker and Equivel, 2010; 2013).

그러나 NAFTA가 발효된 1994년 이후 멕시코는 심각한 페소 위기에 빠져들었던 반면 미국과 캐나다는 상당 기간 지속된 호황을 향유하였다. 결과적으로 페소 위기는 멕시코의 해외 수출 경쟁력을 상승시켰지만 멕시코 공용 문제를 해결하지도, 실질임금의 인상을 이끌지도 못했으며, 이민의 흐름도 줄이지 못했고, 장기적인 성장률을 향상시키지도 못했다. 물론 NAFTA는 멕시코가 미국 시장에 힘입어 1994-1995년, 2008-2009년 경제 위기를 회복하는 데 기여했으며, 1996-2000년에는 미국 '신경제'에 기대어 잠깐의 호황도 있었다. 그러나 'NAFTA 이후' 상대적으로 저발전인 멕시코와 발전된 미국·캐나다의 격차는 축소되지 않았다. 또한 NAFTA 회원국 내에서 임금과 소득 분배의 차이도 심화되었다는 논쟁이 잇따랐다(Blecker and Equivel, 2013; Hussain and Dominguez, 2015).

논쟁에도 불구하고 적어도 통계적인 측면에서 볼 때, 멕시코와 미국 사이에 개발 격차 해소의 개선 또는 경제적 수렴은 발견되지 않는다. [그림 5]는 미국과 멕시코 사이의 1인당 GDP, 고용인구당 GDP, 근로시간당 GDP 비율을 보여 주는 것으로 어느 것도 NAFTA 체결 이후 개선되

[그림 5] 미국 대비 멕시코 GDP 비율

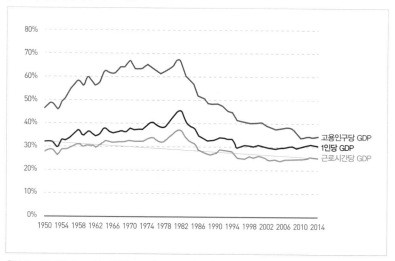

출처: Penn World Table ver.9.0. 재구성. https://www.rug.nl/ggdc/productivity/pwt

지 않았다. 오히려 1980년대 이후 모든 수치들은 점진적으로 하락하여 30% 수준에서 안정화되었다.

GDP 비율의 하락 안정화는 절대적 기준에서의 소득 격차는 더욱 커졌음을 의미한다. 미국 대비 멕시코의 1인당 GDP가 가장 높았던 1981년 기준으로 볼 때 미국 1인당 GDP는 29,467.2달러였으며, 멕시코의 1인당 GDP는 13,291달러로 약 16,176달러의 차이를 보였는데, 2014년에는 미국 1인당 GDP는 51,620달러, 멕시코는 15,746달러로 약 35,784달러의 현격한 차이를 보인다. 또한 [그림 6]에서 보듯이, NAFTA 체결 이후 멕시코 제조업 분야 수출에서 큰 비중을 차지하는 마킬라도라 제조업과 미국 제조업의 실질임금 차이는 현격하다.

무역·투자 확대와 멕시코 국내의 소득 불평등

NAFTA 역내의 경제적 수렴이 결여되었다는 사실이 NAFTA 이후

[그림 6] 멕시코 마킬라도라와 미국 제조업의 시간당 실질임금

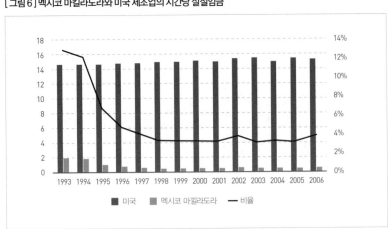

출처: Mendoza(2010, 60), 저자 재구성.

미국과 멕시코 사이의 무역 또는 투자가 증가하지 않았다는 것을 의미하는 것은 아니다. 무역 측면에서 원유 이외 미국 수입품 중 멕시코 상품의 비중은 1987년 4.5%, 1993년 6.7%에서 2000년에는 11.4%, 2010년에는 12.8%로 늘어났다. 1987-1993년까지 13.9%, NAFTA 이후 1993-2000년 동안 19.5%의 성장률을 보인 것이다. 2000-2010년 사이 무역 성장률은 4.9%로 둔화하였는데, 이는 중국의 등장으로 인한 것이다(Blecker & Esquivel, 2013). 또한 [그림 7]에서 보듯이 멕시코에 대한 미국 투자 비중은 다소 줄어들었으나 멕시코로 유입되는 전체 해외 직접투자는 지속적으로 늘어났다.

그러나 NAFTA를 통한 무역과 투자의 확대가 멕시코 경제에 활력을 제공하였음에도 불구하고 빈곤과 소득 불평등의 해소에는 큰 도움을 주지 못했다. 도시와 농촌에서 일일 생계비 2달러와 1.5달러 미만의 극 빈곤층은 NAFTA 직전 멕시코 전체 인구의 24%를 차지하였으며 1995년

[그림 7] 멕시코 FDI 유입 추이(단위: 백만 달러)

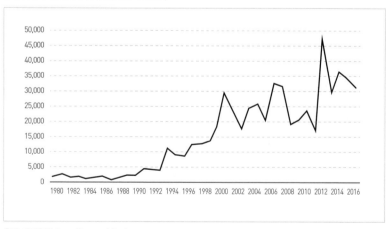

출처: 세계은행, https://data.worldbank.org

에는 경제 위기로 인해 40% 수준까지 상승하기도 했다. 이후 개선되어 그 비중이 2006년 14%, 2008년 18%로 하락했지만(배찬권 외, 2012) [그림 8]에서 보듯이 국가 빈곤선을 기준으로 할 때 여전히 인구의 40% 이상이 빈곤층을 차지한다. 숙련·비숙련 노동의 임금 격차는 멕시코 전역에서 발생하고 있으며, 북부와 남부의 소득격차는 오히려 확대되었다. 전체적으로 볼 때, NAFTA의 경제적 혜택은 상대적으로 부유한 지역과 교육 수준이 높은 이들에게 집중되었고 NAFTA의 잠재적·장기적 혜택을 실현하는 데는 실패한 것으로 보인다.

NAFTA가 투자의 증대와 멕시코 제조업의 향상 및 수출의 증대를 가져왔지만, 이러한 역동성이 멕시코 경제 자체를 생산적 경제로 만들지는 못하였으며 소득 불평등을 개선하지 못하였던 것이다. 수입 중간재와 원료에 대한 의존도가 증가했지만 후방 연계산업은 쇠퇴하여 제조업 수출이 국내 부가가치에 영향을 주지 못하였고 개방의 이익이 특정 지역에 집중되어 남부 농촌 지역은 소외되고 멕시코와 미국 사이의 소득 수렴도 발생하지 않았다. 전체적으로 볼 때, NAFTA의 경제적 혜택은 상대적으로 부유한 지역과 교육 수준이 높은 이들에게 집중되었고 NAFTA의 잠재적·장기적 혜택을 실현하는 데는 실패한 것으로 보인다(배찬권 외, 2012; Blecker & Esquivel, 2013).

NAFTA는 지역통합 기제로서 인적 자본의 개발, 산업 정책 공조, 지역협력을 위한 인프라의 투자 등 역내 균등 성장을 위한 지역 협력을 추진하지 않았으며(Blecker & Esquivel, 2013), 지역경제통합이 달성해야할 회원국 사이의 경제적 개발 격차 해소라는 숙제를 풀지 못하였다. 물론 이는 NAFTA의 기본적 성격에서 기인하는 것인데 자유무역협정으

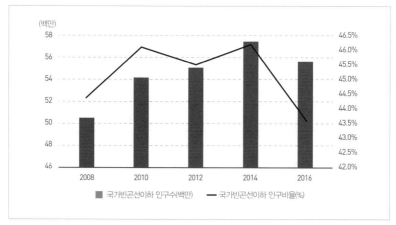

[그림 8] 멕시코의 빈곤 추이(국가빈곤선 기준)

출처: World Bank

로서 NAFTA는 별도의 제도적 장치를 통해 역내 개발 격차를 해소하는 것이 아니라 회원국 간 개발 격차를 개인의 소득 문제로 환원하고 이를 시장의 효율적 자원 분배를 통해 해소하고자 했기 때문이다.

노동 이주 증대와 이주 협력의 상대적 취약성

시장 기제가 창출한 미국-멕시코 노동 이주

NAFTA 출범 당시 미국은 NAFTA를 멕시코 불법 이주를 감소시킬 수 있는 수단으로 간주하였다. 1993년 법무부 장관 재닛 리노(Janet Reno)는 "불법 이민자들이 멕시코에서 제대로 된 임금을 받는 근사한 일자리를 얻지 못한다면, 우리는 이 이민자들의 행렬을 줄일 수 없다. 불법 이민자를 줄일 수 있는 가장 좋은 기회는 멕시코의 강력한 경제 성장

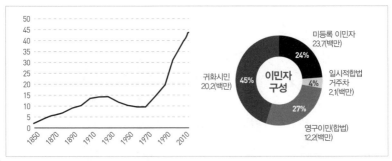

출처: 퓨리서치센터(Pew Research Center) 온라인 (검색일 : 2019.01.05.)

이다. NAFTA는 …… 미국으로 불법 이주할 멕시코 노동자를 위한 일자리를 만들어 낼 것이다"라고 주장하였다(Papademetriou, 2003 재인용). 그러나 NAFTA 출범 이후에도 멕시코에서 미국으로 이주하는 미등록 노동자와 기타 이민자의 수는 줄지 않았다. NAFTA 이후 지속된 미국-멕시코 양국 간의 개발 격차와 마킬라도라 산업으로 대표되는 저임금 노동의 창출은 보다 나은 소득과 양질의 일자리를 찾는 멕시코인의 미국 이주의 원인이 되었다. 개발 격차 해소를 위한 지역적 장치 또는 회원국의 독자적인 발전 전략이 부재한 상황에서 시장 기제에 맡겨진 지역 경제통합이 노동 이주를 창출한 것이다.

2016년 현재 미국 이민자(외국에서 태어난 사람)의 수는 4,370만 명이며 이중 미등록 이민자는 미국 총인구의 3.3%(이민자 중에는 23.7%)인 1,070만 명이다. 이 중 멕시코 미등록 이민자는 총 미등록 이민자의 51%인 540만 명을 차지한다. 전체 이민자 중에 멕시코 태생은 36%를 차지하고 있다. 2007년에 정점에 이르렀던 미국 내 미등록 이민자 수는 타 지역에 비해 이후 감소 추세(또는 정체)에 있으며 이는 멕시코 미등록

[그림 10] 미등록 이민자 추이(우측) 및 멕시코와 기타 국가의 이민자 추이

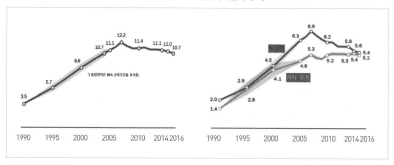

출처: 퓨리서치센터

[표 1] 미국 내 지역별 이민자 수의 비율

년도	유럽/ 캐나다	남아시아 동아시아	기타 라틴아메리카	멕시코	2016년 현재 상위 5개국 지역별 이민자 수(단위: 백만)		
1960	84%	4%	4%	6%			
1970	68%	7%	11%	8%			
1980	42%	15%	16%	16%			
1990	26%	22%	21%	22%	Mexico		11.6
2000	19%	23%	22%	29%	China	2.7	
2010	15%	25%	24%	29%	India	2.4	
2011	15%	25%	24%	29%	Philippines	1.9	
2012	14%	26%	24%	28%	El Salvador	1.4	
2013	14%	26%	24%	28%			
2014	14%	26%	24%	28%			
2015	14%	27%	24%	27%			
2016	13%	27%	25%	26%			

이민자의 감소를 반영하고 있다([그림 9], [그림 10], [그림 11] 참고).

한편 2000년을 정점으로 멕시코에서 미국으로 유입되는 이민자 수는 점차 감소하였으며 멕시코의 2008-2009년 글로벌 경제 위기 이후 멕시코로부터 미국으로 유입되는 이주민의 순증가는 실제로는 감소하였다. 2005-2010년에는 미국에서 멕시코로 돌아가는 수가 2만 명, 2009-2014년에는 14만 명으로 순유입이 줄어든 것이다. 이는 멕시코

[그림 11] 시기별 멕시코-미국 간 이민자 수(좌측) 및 미국으로의 멕시코 이민자 추이(우측), 단위: 천 명

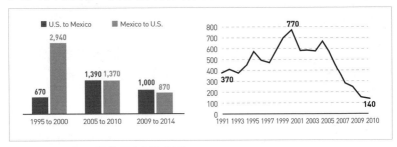

출처: Passel&Cohn(2012:8)(우측), 퓨리서치센터(좌측)
http://www.pewresearch.org/fact-tank/2016/02/11/mexico-and-immigration-to-us(검색일: 2019.01.06.).

이민자 다수가 종사하던 주택 경기의 붕괴와 아울러 멕시코 인구 구조의 변화, 즉 출산율 하락에도 기인한다(Passel&Cohn, 2012).

이러한 (미등록) 이민의 증가 특히 멕시코로부터의 증가가 NAFTA와 관련이 있다고 말하기는 어렵다. 다시 말해 NAFTA라는 자유무역협정과 일자리의 증가, 회원국 내(특히 미국) 이민자들에 의한 일자리의 대체, NAFTA와 이주의 관계, NAFTA와 마킬라도라의 성장, 그리고 이 모든 것들이 교차하는 지점, 즉 마킬라도라 산업이 집중된 국경 지대의 지리적 특성이 멕시코인들의 미국 이주의 주요 통로가 되는지는 불투명하다(Hufauer&Schott, 2005; Papadetriou, 2003). 그러나 우리는 마킬라도라 산업의 성장, 국경 지대의 몇 가지 인구 추이 등으로 이들 관계에 대한 소묘를 그릴 수는 있다.

국경의 안과 밖: 마킬라도라와 노동 이주

NAFTA 이후 멕시코의 일자리는 1980년대부터 성장하기 시작한 수

출 지향의 소위 '마킬라도라 산업'[3]과 이들 산업이 집중된 국경 지대의 '마킬라도라 지역'에서 창출되었다. 마킬라도라의 일자리는 조립 위주의 중간재 산업에서 창출되는 것으로 열악한 노동 조건 및 보건 상황으로 악명이 높아 멕시코 노동자를 위한 양질의 일자리와는 거리가 멀었다.

마킬라도라로 상징되는 미국과 멕시코 접경 지역의 산업화는 1961년 국경프로그램, 1965년 멕시코 국경산업화계획(Border Industrialization Program, BIP)으로 거슬러 올라간다. 이 계획을 통해 외국 기업의 투자를 유치할 수 있는 국경 지역의 수출자유지역(export-processing zone, EPZ)이 만들어졌다. 마킬라도라 계획하에서 외국 회사들은 멕시코에 공장 단지를 건설하고, 부품과 원료를 무관세로 수입하여, 단지 증가된 가치만큼의 수출세를 지불한다. 1980년대 말에서 1990년대 초, 거의 대부분이 미국 소유인 초국적 기업들은 멕시코에 새로운 마킬라도라를 건설하였으며 1994년 NAFTA 체결 이후 마킬라도라 지역은 5년 사이에 그 이전 30년 동안 성장한 만큼 급격하게 성장하였다. 1998년까지,

---

3   마킬라도라(maquiladora) 또는 마킬라(maquila)는 수출입 관세 면제를 허용받은 외국인 소유 공장 또는 그것을 보유한 기업을 의미한다. 이들 공장은 원료를 수입해서 그것을 조립·제조·가공한 후 완제품을 수출한다. 이런 공장은 멕시코, 니카라과, 엘살바도르 등을 포함해서 라틴아메리카 전역에 존재한다. 그러나 NAFTA의 체결과 결합된 특별 프로그램 덕택으로 멕시코의 마킬라도라 산업이 특히 급속하게 성장했다 (Sklair, 2011). 멕시코 마킬라도라 산업은 주로 하청에 특화되어 있으며 2014년 현재 멕시코 수출의 50%, 노동력 고용의 10% 이상을 담당하고 있다. Dorocki, Slawomir & Brzegowy, Pawel, "The maquiladora industry impact on the social and economic situation in Mexico in the era of globalization", *Environmental and socio-economic transformations in developing areas as the effect of globalization*, Wydawnictwo Naukowe UP, 2014.

멕시코 경제는 국가 경제의 다른 부문이 침체하거나 나빠졌을 때도 마킬라도라 성장의 추진력이 되었다. 2000년대 초의 경기 침체로 마킬라도라 산업은 침체를 겪었지만, 2004년에 마킬라도라들은 미국-멕시코 교역의 54%를 차지했고, 2005년까지 마킬라도라 수출품은 멕시코 전체 수출의 절반을 담당했다. 또한 1990년대 후반까지 멕시코에서 마킬라도라 산업보다 이윤율이 높은 것은 석유산업밖에 없었다. NAFTA 출범 이후 2005년까지 멕시코 공식 부문 일자리는 마킬라도라 산업에서 발생하였는데, 이 분야는 멕시코 최종재 생산의 10-20%를 차지하였고 마킬라도라 노동자 수는 120만 명까지 가파르게 증가하였으며 2012년에는 200만 명에 달한다([표 2], [그림 12] 참고).(Vietor, and Veytsman, 2007, 6; Hufauer&Schott, 2005, 453~463; Doroki&Brzegowy, 2014).

1964년 계절 농업 노동자를 위한 브라세로 프로그램의 종료 이후 마킬라도라의 건설은 미국과 멕시코 국경 지대의 일자리 흡수의 일환이었다. 그러나 마킬라도라는 결코 브라세로 이후의 일자리 창출이라는 목적을 달성할 수 없었는데, 브라세로는 주로 젊은 남성이었으며, 마킬라도라에서 요구하는 노동력은 대다수 젊은 여성들이었다. 달리 말하면 이상적 마킬라도라 노동자들은 16-25세 사이의 아이가 없는 미혼 여성으로 적게 교육받은 하층 출신이었다. 1983년 이후 남성 노동자들이 증가하였지만, 자동차 부품산업 등에서는 여전히 70% 이상 여성이 차지하고 있다. 그리고 이러한 여성들은 각종 작업장의 위험과 보건 위험에 노출되어 있다(Hufauer&Schott, 2005, 453-463; Doroki&Brzegowy, 2014). 또한 마킬라도라 산업은 노동자들의 교체 주기가 높아 1년에 60-150%에 달한다. 즉 1년에 일자리 하나에 2명이 필요한 것이다

[표 2] 마킬라도라 공장 수 및 고용자 수

	1965	1970	1980	1990	1995	2000	2005	2012
마킬라도라 (공장 수)	12	120	620	1920	2130	3590	2816	5055
고용자 수(명)	3,000	20,327	119,546	460,258	648,300	1,291,232	1,166,250	2,000,247

출처: Hufauer&Schott(2005:50), Doroki&Brzegowy(2014:102)를 재구성.

[그림 12] 2007-2012년 마킬라도라 및 고용자 수 추이

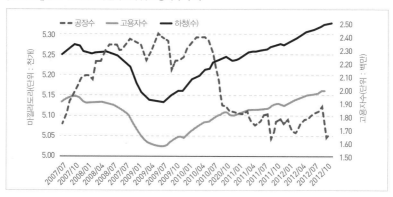

출처: Doroki&Brzegowy(2014:102)에서 재인용.

[그림 13] 마킬라도라 산업의 지역별 분포(2012)

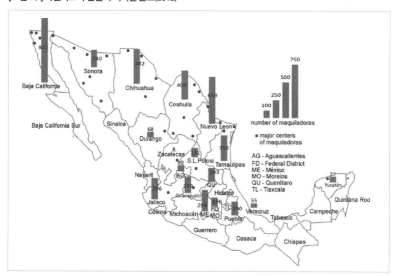

출처: Doroki&Brzegowy(2014:102)에서 재인용.

(Fernandez&Carson, 2002). 마킬라도라의 확장과 함께 많은 멕시코인들이 북쪽으로 이동하였다. 그러나 멕시코 내 이동이 미국 내 이동으로 이어지는지는 불투명하다. 다만 1980-1990년대 멕시코 남부의 원주민, 믹텍스, 오악사카의 노동자들이 시나로아와 바하칼리포르니아의 계절 농업 노동자로 일하고 미국의 농업 노동자로 다시 이동하였다. 한 조사에 따르면 1980년대 미국 내 믹텍 노동자의 3분의 2는 미국에 도착하기 전 멕시코 북부의 수출 농업에 종사하였다(Zabin et al., 1993).

(지리적) 마킬라도라가 미국 이주의 디딤돌은 아니지만, 국경 지대가 가장 이주가 활발한 곳임은 확실하다. 멕시코 미등록 이민자들은 뉴멕시코(91%), 아이다호(79%), 애리조나(78%), 오클라호마(78%), 와이오밍(77%) 등 5개 주에서 75% 이상을 차지한다. 캘리포니아의 경우 멕시코 출신은 미등록 이민자의 69%를 차지하며 총 150만이 거주함으로써 다른 주보다 숫자 면에서 가장 많다(Passel&Cohn, 2018).[4]

물론 마킬라도라로 상징되는 NAFTA가 모든 불법 이민 현상의 배경은 아니다. 불법 이민의 구조적 배경은 멕시코 인구 구조에서 1980년대 젊은 층의 노동 시장 유입이 크게 늘어난 데에서도 찾을 수 있다. 이와 더불어 미국의 한계산업, 남서부의 농장 노동, 건설업, 각종 서비스업(호텔, 청소업)의 꾸준한 수요의 증가가 존재했다. 국경 양쪽에 (불법) 노동력의 배출과 유인이 함께 존재하였다. 이와 함께 앞에서 살펴본 개발 격차, 즉 양국의 임금 격차가 양국의 노동 시장을 매개하고 있다. 또한 멕시코 내의 신자유주의 개혁과 생계 영농의 위기 또한 이러한 멕시코

---

4 텍사스 주의 경우 미등록 이민자의 71%가 멕시코인들이다.

[그림 14] 미국 주별 미등록 이민자 중 멕시코 출신의 비율(2016)

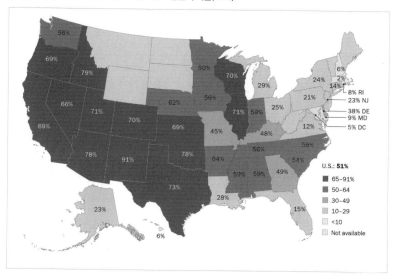

출처: Passel&Cohn, 2018:58 재인용.

의 이민 배출의 원인이 될 것으로 추정된다. 그리하여 전통적인 중서부의 과나후아토, 사카테카스, 미초아칸, 할리스코뿐 아니라 이전에는 이주가 없었던 남부의 게레로, 오악사카, 치아파스에서도 미국으로의 월경이 이루어졌다(이성형, 2007). 또한 [그림 14]에서 보듯이 멕시코 전체의 '마낄라제이션'(그로 인한 노동 조건의 악화) 또한 간과할 수 없다. 결국 NAFTA가 모든 이민 현상의 원인은 아니지만, NAFTA 그리고 마낄라도라로 상징되는 신자유주의적 자유무역은 NAFTA 하의 노동, 이주의 많은 배경을 이룬다.

국경 지대 교류 증대와 노동 이주 협력의 상대적 취약성

미국과 멕시코 간의 이주(특히 멕시코의 미국으로의 미등록 이민)는 단순한 인간들의 이동만을 뜻하는 것이 아니라 양측의 활발한 '지역화'의 모습을 보여 주는 것이기도 하다. 그리고 이를 통해 국경 지대 도시 성장과 더불어 다양한 협력이 이루어진다.

예를 들어 미등록 멕시코 이민자들이 가장 집중된 캘리포니아의 샌디에이고는 바하칼리포르니아의 티후아나 시와 국경을 접하고 있다. 2010년 현재 서던캘리포니아 샌디에이고 카운티의 인구는 3,095,313명, 바하칼리포르니아는 3,155,070명이다. 티후아나 시[5]는 NAFTA 이후 급속하게 성장하였으며, 젊은 멕시코인들이 매일 국경을 넘어 샌디에이고의 서비스업과 건설업에 종사하고 있다. 샌디에이고는 고부가가치 산업들이 집중되어 있으며, 티후아나는 마킬라도라 산업, 서비스업과 관광으로 특성화되어 있다. 샌디에이고 카운티의 GDP는 2010년 현재 220,573(백만 달러)이며, 바하칼리포르니아는 25,074(백만 달러)로 약 8.7배의 차이를 보인다. 이러한 양 지역의 소득 격차는 바하칼리포르니아에서 샌디에이고 카운티(특히 샌디에이고 시)로의 인구 이동의 원인이 된다. 또한 미국의 대멕시코 수출의 16%가 캘리포니아에서 발생하며, 캘리포니아 수출의 70%가 바하칼리포르니아를 통과하기 때문에 이러한 교역의 흐름은 티후아나와 샌디에이고의 경제적 통합의 큰 부분을 차지한다. 2004년 자동차를 이용한 월경이 10,577,148명, 항구를 이용한 인구가 21,116,089명에서 각각 2014년에는 12,040,318명, 43,733,555명으로 증가하였으며 도보를 이용하는 사람의 수도 7,925,371명에서 12,486,850명으로 증가된 데에서 양 도시

---

5 물론 티후아나는 멕시코 마약 카르텔의 주요 공급 통로이기도 하다.

의 활발한 '지역화'는 단적으로 확인된다. 9·11 이후 국경 강화 속에 양 도시 간 협력이 약화되기도 하였으나 NAFTA 이후 이러한 상호 교류의 확대와 함께 생겨난 소득 격차, 인프라 건설, 이민, 환경 이슈 등의 새로운 의제들에 대해 정치인과 사업가 중심의 단체, 인권 및 여타 시민 단체, 문화 관련 단체 등 민관 단체들이 국경을 넘어 협력하고 있다(Mendoza&Dupeyron, 2019).

한편 미국-멕시코 접경 지대의 인구 이동과 지역화가 NAFTA 이후 전례 없이 활발해졌음에도 미국과 멕시코 양국 간은 1980-1990년대 정치적으로 민감한 이민 문제에 대해 '무대책이 상책(policy of no policy)', '합의된 방기', '세심한 비개입'을 취해 왔다. 양국은 미등록 멕시코 이민자들에 대해 논의하는 것을 금기시했으며, 일종의 자유방임 정책이 모두를 위해 좋다는 입장을 견지하였다. 또한 여기에 멕시코의 미국에 대한 오랜 역사적 불신(1846-1848년 멕시코-미국 전쟁, 멕시코 외채 위기, 미국의 중앙아메리카에 대한 군사주의, 미국의 마약과의 전쟁) 등이 기여하였다(Domínguez & Castro, 2001; Kunz, 2011)

NAFTA 체결 이후 양국은 각종 협상에 이민에 대한 양자 간 대화를 포함하였는데, 예를 들면, 이민에 대한 실무 그룹과 양국 간 영사업무위원회 등이 포함되어 있었다. 또한 1997년 클린턴과 세디요는 '이민 관리에 있어서 양자 간 협력 증진 책무'에 관한 합의 서명을 하기도 하였다. 2001년 부시와 팍스는 '이민 허니문'의 시기라 할 만큼, 이민 협력에 우호적으로 임하였는데, 미등록 이민의 합법화, 임시노동자와 관련된 프로그램, 멕시코의 이민 배출지에 대한 발전 구상 등을 협의하였다.

그러나 9·11 사태는 모든 것을 무효화하였으며, 미국의 국경 문제는 안보 문제화되었다. 이후 국경 파트너십 협정을 체결하였으며 캐나다와도 동일한 파트너십을 체결하였지만, 멕시코와 미국의 이민(migration) 문제는 양자적 관계가 아닌 미국의 일방적 '이민(immigration)' 문제가 되었다. 멕시코 칼데롱 행정부 또한 이민 문제에서 안보와 멕시코 내 일자리 창출, 그리고 조직범죄와의 싸움으로 의제를 옮겨갔다. 미국 부시 행정부는 메리다 구상을 통해 이러한 멕시코의 정책을 지지한다고 밝혔다. 오바마 행정부 이후 미성년자 입국자추방유예(Deferred Action for Childhood Arrivals, DACA) 등을 통해 이민에 대한 우호적 입장과 양국 간의 협력 관계를 기대하게 하였으나 트럼프 행정부 출범 이후 이민과 관련해서는 모든 것이 역전되고 있다. 9·11 사태가 양국 간 이민 문제에 난관을 제시한 것 또한 사실이지만, NAFTA 이후 미국과 멕시코는 파트너십이란 방식으로 이민 문제를 탈정치화하고 이를 기술적으로 해결하고자 하는 경향을 지속적으로 보여 왔다는 것을 지적해 두어야 한다. 1990년대 이후 국제 협력에 있어 파트너십이라는 용어로 대표되는 담론들, 즉 '공동의 책임' '상호번영과 호혜' 등의 원칙들은 양국 간의 불공정한 관계 또는 경제적 비대칭성에 대해 미국이 외면하게 하는 효과를 가진다(Kunz, 2011). 그리고 "크고 아름다운 벽"을 건설하겠다고 공약한 트럼프 행정부하에서는 반이민 정책이 본격화된 바 있다. 다만 바이든 행정부는 트럼프의 무관용 이민 정책 폐지 등의 행정명령을 통해 이를 역전시키고자 하고 있다.

맺음말

　'새로운 지역주의'라는 흐름 속에서 NAFTA는 자유무역협정에 기초한 지역경제통합을 추구하였다. 따라서 NAFTA에서는 자유무역협정에 따른 시장의 규칙을 확립하는 것이 중요하였으며 이러한 시장-기업-민간의 자율성을 제도화한 지역화의 흐름은 미국 기업의 지배력을 강화하였다. 또한 NAFTA는 표면상 2개의 선진국과 1개의 개발도상국으로 구성되어 있었지만, 미국 시장의 지배적 위상으로 인해 NAFTA는 단순한 무역 체제가 아니라 미국이 주도하는 일종의 지역적 규율 체제로 기능하였다.

　자유무역협정에 기반한 시장 중심의 NAFTA는 회원국 간의 개발 격차(특히 미국과 멕시코)를 전적으로 시장 기제에 일임하였으며 여타 지역경제통합에서 나타난 개발 격차 해소 방안 즉 산업 정책의 공조, 역내 인적 자본 개발, 회원국 간 재분배 기제 등의 제도적 노력은 부재하였다. 대신 NAFTA는 양국 간 개발 격차 해소를 시장 기제를 통한 개인별 소득 향상으로 해소하고자 하였다. NAFTA 지지자들은 NAFTA가 진전될수록 경제 성장을 통해 개발 격차가 줄어들 것이라고 기대하였으나 NAFTA 이후 개인 소득 차이로 환원된 개발 격차는 줄어들지 않았다. 또한 멕시코의 경우 무역과 투자 모두 증대되었음에도 국내 불평등과 지역 간 차이는 오히려 확대되었다. 시장 속에서 자유로운 개인들의 소득격차를 배경으로 하여 멕시코에서 미국으로의 이민 특히 미등록 이민은 NAFTA 출범 이후 급격히 증대되었다. 또한 마킬라도라 산업이 집중된 양국의 국경 지대를 중심으로 활발한 인적·물적 교류가 이루어졌다. 그러나 자유로운 시장에서 '사람들의 이동', 즉 노동력 상품의 이동에는 제한이 있기 때문에 이를 위해서는 미국-멕시코 사이의 이주에 대한 지역 개발 협력이 이루어져야 한다. 그럼에도 불구하고, 9·11 이후 이민과 국경 문제는 안보 문제화되었으며 미국과 멕시코 사이의 이주에 대한 협력은 부족하다. 미국과 멕시코 사이의 개발 격차로 인한 이민(migration) 문제는 여전히 양자간 지역 개발 협력의 문제가 아닌 미국에 의한 일방적 '이민(immigration)' 정책의 문제로 환원되고 있다. 향후 NAFTA는 USMCA 협정으로 대체되겠으나 NAFTA의 경제적 공간이 지역 통합의 공간으로 거듭나기 위해서는 회원국 간 개발 격차 해소를 위한 협력 방안의 모색과 더불어 노동 이주를 포함한 이민 정책의 개선이 필요할 것이다.

제 5 장

중남미에서 비롯된 사헬지대의 구조적 문제와 불안 요소

/

임기대

/

들어가며

　많은 아프리카 국가들이 신흥 지역으로 부상하고 있는 반면 서아프리카 국가들은 어려움을 겪고 있다. 서아프리카는 지리적으로 대서양에 인접해 있어 중남미와 직간접적으로 관계를 맺으며, 실제 스페인어와 포르투갈어를 사용하는 국가들이 있다.[1] 그런 지역적 특색 덕분에 중남미의 마약 밀매 등이 다량으로 이어져 사헬지대를 거쳐 지중해와 유럽으로 향하는 밀매와 난민이 대폭 증가하고 있다. 특히 사헬지대는 밀매를 비롯하여 기후 온난화, 테러 등이 혼재하며 지역의 불안을 가중시키고 있다.

1　스페인어를 사용하는 국가는 적도기니, 포르투갈어를 사용하는 서아프리카 국가는 기니비사우를 비롯하여 카보베르데, 상투메 프린시페가 있다. 적도기니는 스페인어, 프랑스어와 더불어 포르투갈어를 공용어로 채택하고 있다.

사헬지대(Sahel Belt)[2]는 사막화의 가속화, 지속적인 가뭄 등의 기후 변화로 어려움을 겪는 지역이다. 1970년대부터 강수량이 떨어지면서 건조 현상이 발생하고, 이에 따라 토양이 갈라지고 자연 강수량에 의존하여[3] 농사짓는 지역 주민들의 경제는 큰 타격을 입었다. 1980년대에는 강수량이 조금 회복되었다고는 하지만 지구 온난화의 문제가 사헬지대를 괴롭혔다. 이로 인해 사헬 초목 지역 경계가 크게 이동하고 삼림이 파괴되어 사막화가 진행되었다. 사헬지대에서 나무는 건기 동안 곡식에 그늘을 드리우고 토양이 바람에 날아가는 것을 막아 주는 역할을 하고 연료와 원자재로 사용되는 중요한 자원이다. 하지만 1970-1980년대를 겪으면서 그 수가 6분의 1이 감소하였고, 전체 나무 가운데 5분의 1이 완전히 사라졌다. 주 자원이 나무인 지역민들에게 엄청난 피해를 가져다주었음은 두말할 필요가 없을 것이다. 또한, 세계에서 가장 큰 호수 중 하나였던 차드, 니제르의 차드 호(Lake Chad) 크기가 줄어들었고, 이는 농부와 어부들의 식량 감소로 이어져 생활난을 가중시켰다.[4] 식량 감소

---

2 사헬지대란 일반적으로 사하라 남쪽의 '주변 지대'를 말하며, 해당 국가로는 모리타니, 말리, 부르키나파소, 니제르, 차드와 같은 프랑스어권 국가가 대부분을 차지하지만, 그 이외의 국가를 합쳐 약 10개 정도가 있다. 여기서 논의하는 사헬지대 국가는 앞서 언급한 5개 국가 중심의 지역이다.

3 사헬지대에서 전통적인 방식의 농업은 관개 시설이 없이 자연 강수량에 의존하여 진행되었다. 따라서 가뭄과 홍수, 지구 온난화에 그 어떤 지역보다 직접적인 영향을 받을 수밖에 없는 구조이다. 농작물이 자라지 못하고 가축을 사육할 수 없는 식량 부족의 악순환 고리가 형성되는 것이다. 유일하게 자라는 것이 사바나 풀과 관목 정도에 지나지 않는다.

4 많은 사람들은 차드 호 문제가 지역민들의 생존 문제가 걸려 있는 중요한 문제로, 환경 시스템과 경제 개발, 그리고 지역 안정을 종합적으로 고려한 프로그램을 마련할 때 보존의 희망을 엿볼 수 있다고 말한다.

로 인해 아이들은 만성적인 영양실조에 시달리고, 열악한 환경에서 보건·위생 문제가 심각한 수준에 달하게 되었다. 영양실조를 겪는 사람들이 대개 빈곤층이기 때문이다. 빈곤층 사람들은 예방접종 등을 맞지 못하고 지역을 떠나거나 난민이 되었다. 다른 지역으로의 대규모 피난 혹은 이민은 또다시 질병 등을 유발해 상황을 악화시키고, 지역민을 빠져나올 수 없는 빈민으로 전락시키는 악순환이 되는 것이다.[5] 게다가 지역의 불안을 가속화하는 밀매와 각종 분쟁, 그로 인한 이슬람 극단 테러 집단의 활동은 지역민을 더 없이 난민으로 몰아내며 지역 간의 불평등을 가중시키고 있다.

주민들은 생계를 위해 마약을 비롯하여 각종 밀매를 활성화하였다. 특히 중남미에서 유입되는 마약 등의 밀매는 사헬지대 국가들의 경제 활동을 붕괴시키고 지역 공동체 파괴의 주범이 되고 있다. 테러 집단은 마약 등의 밀매를 통해 자금 조달을 하며, 지역민은 생존을 위해 마약 밀매를 하는 악순환인 것이다. 기후·환경 등의 구조적 문제에 중남미에서 유입되는 마약이 더해지고 테러 집단의 활동까지 지구촌 시대의 모든 문제를 안고 있는 곳이 사헬지대이다. 대체 사헬지대가 어떤 곳이기에 이와 같이 난민과 밀매, 테러 등의 불안정이 지속적으로 발생하고 지역민을 생계의 어려움 속에 빠트리는지, 그 지역 속으로 가보도록 하겠다.

---

5 *Africa Insight*, "기후 변화 속의 아프리카", http://blog.naver.com/PostView.nhn?blogId=hubafrica&logNo=220878334154 2016.12.05.,

사헬지대, 불평등과 난민의 지역

아프리카의 사헬지대와 난민

2011년 10월 리비아의 무아마르 카다피(Muammar Qaddafi, 1942-2011) 정권이 붕괴하면서 사헬지대는 전 세계에서 가장 위험한 지역이 되고 있다. 환경 파괴나 가난이라는 기존의 익숙한 이미지 이외에도 중남미에서 유입된 마약과 인질 납치, 난민, 테러, 불평등이라는 지구촌 시대의 문제를 가장 극단적으로 보여 주고 있는 곳이다. 이 지역은 북아프리카를 비롯하여 지중해, 나아가 유럽을 위협하는 불안 요소가 되고 있어 프랑스를 비롯한 유럽의 군사 개입까지 증가되고 있다. 중남미에서 유입된 마약 문제와 기존의 구조적인 문제에 더해 외세의 개입까지 악재가 더해지는 공간인 셈이다.

• 사헬지대와 식량 위기

모리타니, 말리, 니제르, 차드, 부르키나파소의 5개 사헬지대 국가는 프랑스의 5배에 달하는 면적을 갖고 있고, 인구는 약 7,112만 명(2016 기준) 정도를 헤아린다. 아랍어로 '경계'라는 의미의 사헬지대는 사하라 사막과 더불어 '사하라-사헬지대(Sahara-Sahel Belt)'[6]로 일컫기도 한다. 강수량이 매우 적어 건조한 날씨를 보이고 무엇보다 세계에서 가장 '사막화'[7]가 빠르게 진행되고 있다. 1968-1973년 사이 사헬지대는 극심한

---

6 https://en.wikipedia.org/wiki/Sahel

7 '사막화'는 토지의 생물적 잠재력의 감소 혹은 파괴로 인해 최종적으로는 사막처럼 되는 현상을 말한다. 역사교육자협의회, 채정자 옮김, 『숨겨진 비밀의 역사 중동 아프리

가뭄에 시달렸다. 이 가뭄으로 인해 풀과 나무가 시들고 사료와 곡물을 재배하지 못하면서 가축과 인간이 죽어 갔다. 이 당시부터 처음으로 인류에게 '사막화'라는 용어가 본격 등장하기 시작했다. 1977년 처음으로 사막화가 지구 환경의 문제라는 점을 인식하여 유엔 사막화방지협약(UNCCD)이 출범했고, 이후 아프리카의 사헬지대를 보다 보호해야 한다는 차원에서 다각도의 방안을 모색했다. 협약은 8개 항목의 권고를 포함하는 사막화방지행동계획(PACD)을 채택했다. 이후 국제 사회는 심각한 가뭄 및 사막화, 토지 황폐화 현상을 겪고 있는 개발도상국에 경제와 기술 지원을 하겠다고 했지만 상황은 여전히 나아지질 않고 있다. 만성적인 빈곤 문제를 비롯하여 테러와 분쟁, 마약 밀매 등이 판을 치며 난민 등 그야말로 불안 요소들이 첩첩이 쌓이고 있는 것이다.

사헬지대 북부는 전통적으로 반유목 생활을 하고 남부는 농경 생활을 하는 공간이었다. 사람들의 살아가는 방식은 가족 단위의 목축이며, 상대적으로 오랜 문화 습관을 유지하고 있는 편이다. 이슬람이 들어왔지만 자신들의 오랜 토착 종교와 더불어 혼성 종교의 모습을 보인다. 식민 지배를 통해서 사하라 이남 아프리카 주민의 이동으로 사헬지대 인구가 급증하기 시작했다는 것은 잘 알려진 사실이다. 열악한 자연 조건에 아프리카의 다양한 종족이 들어오다 보니 사람들 간의 충돌이 빈번해질 수밖에 없었다. 한정된 공간에 사람이 몰려드니 삶의 거주 공간이 피폐하고 생계 수단이 서로 치열해질 수밖에 없었다. 게다가 반유목 생활[8]과

카』, 예신, 2002, 288쪽.

8 사헬지대는 원래 투아레그 족이나 풀라니 족 등이 유목 생활을 했지만 이들이 정주 혹은 반유목적 삶을 살아가고 있다. 이들이 우물을 판 지역에서는 목초량이 가축 수에

소규모 목축업은 오랜 가뭄으로 치명적인 타격을 입기까지 했다. 남부의 농경 생활을 하는 지역뿐만 아니라 북부 지역까지 피해를 보면서 사막화가 가속화되었고 자연히 생태계는 파괴되었다. 그렇게 하여 사헬지대는 사하라 사막과 더불어 세계화 문제의 중심에 있게 된다(Bruno Lecoquierre, 2017). 그나마도 남아 있던 삼림 벌채가 심각해지고 인구 유입이 발생하면서 가뜩이나 좁은 농경지를 확대해야 하지만 여의치가 않았다. 자연 생태계가 파괴될 수밖에 없고, 어떤 동물은 멸종하기도 했으며, 경작지 감소로 인해 식량난 문제가 심각한 수준에 달했다.

사헬지대의 식량 위기는 새삼스러운 일이 아니다. 여러 구조적인 문제의 중첩, 게다가 아주 심각한 가뭄을 수차례나 겪은 곳이 사헬지대이다. 이미 우리가 겪고, 전 지구가 기온 상승으로 겪고 있는 현상을 사헬지대에서는 수십 년 전부터 겪어 왔던 터이다. 앞서 언급했듯이 1970년대 강수량이 현저히 줄어드는 건조 현상(desiccation)이 일었다. 비가 내리지 않으면서 지역민의 주 음식인 콩, 수수, 땅콩 농사를 제대로 지을 수 없었고 당연히 가격이 폭등하였다. 특히 땅콩과 면화 같은 수출 작물의 수확량 감소는 주민들의 식량 구매력 하락으로 이어졌다. 1980년대에는 증발산 현상(evapotranspiration)[9]이 생기면서 사헬지대의 경계가 붕괴되고 삼림 파괴가 일면서 사막화가 가속화되었다. 사헬지대의 나무는 원료와 원자재의 중요 요소였는데, 6분의 1이 사라졌다. 게다가 증

미치지 못해 우물 주변이 사막으로 변하기도 한다. 정주화와 우물 파기가 사막화의 요인이기도 한 것이다.

9 땅과 물 등의 지표면에서 수분이 대기로 이동하는 '증발'과 수분이 초목과 같은 식물로부터 대기 중으로 이동하는 '발산'이 합성되어 형성된 용어(위키백과 '증발산' 참조).

발산 현상으로 차드 호의 크기가 줄어들고 이는 결국 인접한 차드와 니제르, 나이지리아 주민의 식량 감소로 이어졌다. 크게 보면 사람이 몰려들고 사막화가 된 데다 과잉 경작, 과잉 방목, 삼림 벌채가 이어지면서 경제적 위기의 심화, 기상 이상 등의 현상을 겪게 된 사헬지대가 위기 상황에 내몰린 것은 어쩌면 당연한 수순인 것으로 보인다.

• 사헬지대의 난민

10년 전인 2012년 여름 사헬지대에서 초유의 식량 위기가 있었다. 이 시기는 말리 내전(Mali war)[10]이 발생하면서 지역의 불안 요소가 급증한데다 지역민의 이동이 본격화하는 시점이기도 했다. 2012년 이전의 가뭄이 주로 니제르와 차드, 말리 등에 나타난 현상이었다면 2012년 가뭄은 사헬지대 전 지역에 걸쳐 나타나며 식량위기로 이어졌다. 당연히 부족한 식량에다 더 많은 사람들이 이동하며 이 지역으로 오자 가격은 폭등하였다. 어린아이들의 출생률이 증가했지만 아이들은 만성 영양실조 상태에 있고, 회복력을 기대할 수가 없었다. 아프리카 전형의 빈곤 문제가 이 지역에서 급증하고, 게다가 말리 내전이 발생하면서 경계와 경계 지대의 난민이 대폭 증가하게 되었다.

이 문제는 이후로도 사헬지대를 괴롭히는 요소로 자리하게 된다. 사헬지대 주민은 대부분 농업과 목축업에 의존한다. 관개 시설이 없는 이

---

10 2012년 1월부터 말리 일대의 여러 불안 요소가 일면서 이슬람 무장 단체와 투아레그 반군 등이 참여하고 말리 정부군과 대결하여 벌어진 전쟁이다. 현재는 프랑스 등의 다국적군 개입이 증가하면서 더 복잡한 현상이 벌어지고 있어 여전히 세계의 분쟁 지역이 되고 있다.

지역에서 유일하게 기댈 수 있는 것이 강수량이었다. 가뭄과 홍수, 지구 온난화 등의 기후 변화에 직접적인 영향을 받는 건 당연해 보이지 않겠는가. 농작물이 잘 자랄 수가 없고 가축을 제대로 방목할 수 없는 상황이다 보니 가장 최근인 2012년 사헬지대 가뭄으로 현재까지 사헬 지역민이 겪는 식량 부족난은 더욱 심각해졌다. 그 결과 만성적인 영양실조가 이어지니 건강을 회복할 수가 없는 상황이다. 부의 불평등으로 빈민층은 예방접종이나 의료보건 시설 등을 제대로 누리지 못하고 자연재해와 기후 변화는 상황을 더욱 악화시켰다. 식량 부족은 영양실조, 식수 부족은 말라리아 등의 질병을 주민들이 지속적으로 안고 살아갈 수밖에 없게 하였다. 교육의 기회가 자연히 박탈당하면서 이 지역의 인간개발지수는 전 세계 최하위권에 속한다.

유엔개발계획(UNDP)이 발표하는 「인간개발보고서(HDR)」 중의 인간의 삶과 관련된 지표 중 사헬지대 5개 국가의 지표를 보면 이들의 삶의 조건이 얼마나 열악한지를 알 수가 있다.

이런 상황에서 난민이 발생하고 이들이 이동하며 다른 지역에서 질병을 전파하는 악순환이 반복되고 있는 것이다. 먹고살 수 없어 이웃 지역으로 떠나는 사람들은 식량을 구하기 위해 열악한 재산을 팔기도 하고, 아이들 교육은 당연히 시킬 수가 없다. 학교에 보내느니 구걸을 하면 조금이라도 생계를 임시 처방할 수 있는 길을 찾을 수 있다고 생각한 것이다. 학교도 그만두니 당연히 주변 다른 지역으로 새로운 돈벌이를 찾아 이동한다. 사헬지대의 국경과 국경 지대에 난민이 넘쳐나는 이유이다. 식량 위기가 지속되는 빈곤, 난민 확산 등의 반복되는 문제를 양산하는 것이다. 사회 안전망이 부족한 이런 상황에서 빈곤 퇴치가 과연 가능할 것인지 쉽게 짐작되지 않는다. 게다가 지역 불안을 가속화하는 테러 집단의 활동을 감안한다면 지역 내 불평등과 불안 문제가 언제까지 이어질지 가늠할 수조차 없다. 아래 사진은 사헬지대 국가 간 경계 지대와 사헬지대의 최대 강 나이저 강을 건너는 난민의 모습이다.

[표 1] 사헬지대 5개국의 인간개발지수

순위	국가	인간개발지수
		2012년
155	모리타니	0.467
182	말리	0.344
183	부르키나파소	0.343
184	차드	0.340
187	니제르	0.304

출처: Liste des pays par IDH [11]

[그림 1] 사하라-사헬지대 여러 난민들[12]

| 니제르 난민 | 나이저 강의 난민 | 말리 난민 |

11   https://fr.wikipedia.org/wiki/Liste_des_pays_par_IDH
12   본 사진은 연구자가 직접 찍은 것으로 저작권과 무관함을 밝힌다.

구조적 문제와 여러 불안 요소

• 사헬지대의 종족

사헬지대에는 풀라니 족(Fulani), 자그하와 족(Zaghawa), 투아레그 족(Touareg), 송가이 족(Songhai), 밤바라 족(Bambara) 등 여러 종족이 살고 있다. 특히 사하라뿐만 아니라 사헬지대와의 접경 지대에서는 북아프리카와 사하라 일대의 베르베르어 지명도 쉽게 발견할 수 있다. 이는 이 지역이 아프리카의 북부 지역을 비롯한 여러 부족과 '교차와 혼성'을 한 지역임을 알 수 있게 한다. 실제로 사헬지대와 사하라 사막 접경의 고유 명사에서는 Adrar(산), Barkhane(초승달 모양의 사구 지역), Erg(사구 모양의 산), Imouhar(사헬지대 베르베르인이 자신들을 칭하는 용어), Imrad(가신 부족), razzia(약탈), Ikran(노예) 등과 같이 지명과 일반 문화에 스며들어 있는 여러 베르베르어 용어를 어렵지 않게 볼 수 있다. 특히 계급 서열을 나타내는 투아레그 족 용어들은 사헬지대에 걸쳐 있는 국가에 여전히 존재한다.[13]

이 지역은 과거 사하라 대상들이 서아프리카와 북아프리카를 잇는 중요한 교차로로 사용해왔다. 당시 사하라 대상들은 과거 말리 왕국의 투아레그 족이 대표적이었다(김상훈, 2011). 말리 왕국(1235-1645)은 흑아프리카와 북아프리카를 잇는 데 있어서 중요한 역할을 했다. 말리왕국의 중심에 있던 투아레그 족은 이슬람을 수용하긴 했지만, 토착 문화

---

13 투아레그 족의 계급 서열은 지역에 따라 조금씩 다르지만 크게 7가지로 분류한다. Imajeghen(부족장), Imrad(가신 부족), Ineslemen(마라부, 주술사), Inaden(흑인 대장장이), Iraouellan(노예가 된 투아레그족), Iklan(흑인 노예), Bellas(송가이권 노예), Bouzous(하우사권 노예)로 분류된다. 이들 계급의 형성 과정에 대해서는 임기대(2016)를 참조할 수 있다.

속에 녹여 내거나 자신들의 고유 문화를 잘 보존해 가며 이슬람을 믿는다. 예를 들어 여성이 상대적으로 히잡을 착용하지 않는다거나, 자신들의 문자인 티피나그(Tifinagh)를 그 어떤 베르베르어권 지역보다 잘 보존하여 사용한다. 이슬람이 일부다처제를 고수하고 남성과 여성에 대한 차별적 종교로 알려졌지만, 투아레그 족의 결혼 문화는 여타 이슬람 문화권과는 남성과 여성을 보는 점이 사뭇 다르다. 가장 쉬운 예는 결혼에 대한 승낙권이 여자에 있다는 것이다. 종교적 관습에서 빼 놓을 수 없는 것이 여성들의 장신구이다. 예를 들어 투아레그 족의 전통 수공예품인 목걸이는 멋진 십자가 모양으로 신체 등의 장신구로 사용한다. 이전 기독교의 흔적과 사헬 지역 흑아프리카(차드나 부르키나파소 등)의 기독교 문화 일부가 공존함을 보여 주는 사례이다(Camps, Gabriel, 2007).

투아레그 족의 계급에는 'Iklan'이 있다. 사하라–사헬지대에서 대상들과 여러 부족 간 무역을 중개하는 상황에서 생겨난 노예 계급이다. 북부와 사헬지대의 흑인 혹은 사헬 이남의 흑아프리카인과의 혼혈로 태어난 투아레그 족이라 불리는 계급이다. 하지만 'Iklan'은 노예 계급이면서도 계급 차별을 받지 않고 가족 구성원의 일부로 생활하고 있다. 이들은 과거 사헬지대에서 황금과 상아, 소금 등을 가지고 무역을 했다. 사헬지대 이남의 하우사 족(Hausa)[14] 일부가 투아레그 족이 된 것도 이런 연유 때문이다.

이렇듯 사헬지대는 여러 의미에서 광범위한 문화의 '교차와 혼성'이

---

14 하우사 족은 주로 나이지리아와 니제르 남부에 사는 거대 종족이다. 이들이 사용하는 언어는 서아프리카 최대 언어 사용자를 이루고, 베르베르어와 같은 함셈어족으로 분류되고 있다. 아랍어의 영향으로 베르베르어 사용자와 비슷한 방식의 언어 사용을 한다.

이루어진 곳이다. 대표적인 사례로 투아레그 족의 경우를 꼽았지만, 송가이 족, 플라니 족, 밤바라 족[15] 등은 이 지역 혹은 주변 지역을 공간으로 삼아 교차와 교류를 해온 대표적인 종족이다. 이들이 주로 활동한 대표 도시로는 말리의 팀북투(Timbuktu)와 가오(Gao), 나이지리아 북부의 카노(Kano)가 있다. 밤바라 족처럼 말리를 이끄는 핵심 주체이거나 서아프리카 일대에 걸쳐 살고 있다. 이들이 살고 있는 공간의 특성은 사하라-사헬지대와 북아프리카를 잇는 중요한 거점 지역이었다(Olivier, Hanne & Guillaume Larabi, 2015). 이런 여러 종족이 공존하고 있지만, 워낙 열악한 지대에서 서로 살 수밖에 없고, 삶의 공간을 확보하지 않으면 부족의 생존력이 떨어질 수밖에 없다. 중앙정부에 요구하는 것에 역량 등의 한계가 있다 보니 종족 간 연대, 종족 간 대립 등의 문제가 발생하면서 가뜩이나 사막화로 어려운 사헬지대를 곤경 속에 빠트린다. 서아프리카 유엔 특별대표단의 이사 파카보 시소코(Issa Fakabo Sisssoko)는 언론과의 인터뷰에서 말리 내전, 그중에서도 말리 북부의 투아레그 부족 간의 협상이 결렬되는 이유가 부족 간의 경쟁심에서 비롯된다고 설명하고 있다. 밀매와 관련된 여러 이권들이 자신들의 생존과 재정 확보를 위해 중요하기 때문임은 두말할 나위가 없다.[16] 니제르의 경우도 말

---

15 밤바라 족은 말리 인구의 40% 정도를 구성하고, 플라니족은 아프리카에 가장 많이 걸쳐 있는 유목 부족이다. 기니에 특히 많이 거주하고 있으며, 이들이 정주민 생활을 하다 보니 사헬지대의 경우 더 종족 간 대립이 격화할 수밖에 없는 상황이다.

16 "분명히 오늘날 말리 북부의 평화는 임가드와 이포가스의 두 가문 공동체의 화해를 통해 이루어진다. 이 두 가문 공동체 간의 경쟁은 근본적으로 키달 지역의 긴장을 높이는 이유 중 하나이다." 이사 파카보 시소코는 협정을 맺고 나면 이에 동의하지 않는 또 다른 부족 구성원의 반발이 생기면서 협정이 복잡한 상황에 빠진다고 덧붙인다. 이를 이해하기 위해서는 지역의 특성을 잘 이해하는 국가나 부족의 중재, 부족 간 협의 시 가급

리와 비슷한 상황인데, 투아레그 반군과 정부군 간의 불신으로 투아레그 반군이 오래전 맺은 협정에 반기를 들고, 결국 자신들이 영토를 직접 관리하겠다고 주장하고 있다. 자원으로 인해 이해관계가 상충한 부분으로 결국 중앙정부의 기능을 약화하고 지역 혹은 부족 패권주의적 경향을 보이는 것이다.[17] 이런 상황에서 지역에서 활동하는 기구들은 협상하더라도 상황과 협상 대상에 따라 내용이 수시로 바뀌어 어려움을 겪고 있으며, 애꿎은 지역민들의 피해만 가중되고 있다.

• 중남미의 밀매 루트로서 사헬지대의 불안 요소들

과거 대상들의 횡단 길이었던 사헬지대가 중남미의 마약과 무기 밀매 지역이 되었다는 사실은 각종 테러 집단의 활동과 관련하여 주의 깊게 볼 필요가 있다. 특히 알제리에서 태동한 '알카에다 이슬람마그레브 지부(AQIM)'가 알제리를 비롯한 사하라 일대 보다 사헬지대에서 훨씬 광범위한 활동을 보인다는 것은 사헬지대가 테러 집단에게는 활동하는

적이면 많은 사람들이 참여하고 동의할 수 있는 과정이 필요하다고 설명하고 있다. 이사 파카보 시소코 인터뷰 내용은 *El Watan*, "Depuis la signature de l'accord de paix, l'insécurité s'élargit à d'autres localités du Mali", 2017.07.25. 국제면 12-13쪽.

17　다른 여러 나라와는 달리 니제르의 상황은 국제 사회에 그리 많이 알려지지 않았다. 1995년 중앙정부와 니제르 반군인 투아레그족 간에 평화협정이 맺어졌지만, 중앙정부가 협정 내용을 준수하지 않았다는 구실을 핑계 삼아 2007년 정부를 공격하였고, 이때 니제르에서는 '니제르 정의운동(Mouvement Nigerien pour la Justice, MNJ)' 단체가 생기기도 했다. 그런데 프랑스와 리비아가 자국의 이익 혹은 이해관계를 빌미로 반군을 지원하면서 지역 문제를 더욱 복잡하게 만들었다. 니제르에서 투아레그족 반란과 관련해서는 다음의 인터넷 사이트를 참조할 수 있다. https://fr.wikipedia.org/wiki/R%C3%A9bellion_touar%C3%A8gue_de_2007-2009

데 있어 여러 매력적인 부분이 있기 때문이다.[18] 무엇보다 사헬지대 국가들의 영향력이 감소하면서 이권을 챙길 수 있는 여러 종류의 밀매 환경이 가능해졌다.

[그림 2] 아프리카 내 이주민 경로 및 전 세계 코카인 유입 경로[19]

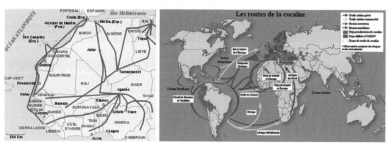

사헬지대의 밀매는 담배, 마약, 무기의 단계로 진행되었다는 것이 이 지역에서 비정부기구(NGO) 활동을 하며 오랫동안 지켜본 키아티(Mostéfa Khiati, 2017) 교수의 증언이다. 담배 밀매는 사헬지대에서 1970년대부터 기승을 부리기 시작했다. 연간 수백억 원의 수익을 얻는 밀매는 정상적인 활동으로 생산 효과를 내려는 사람들을 모두 참여하게 하고 있다. 담배는 나이지리아나 니제르에서 제작된 배나 불법 공장에서 만들어져 음성적으로 판매되고, 북아프리카 지역과 중동 지역으로까지 판매

---

18   알카에다 이슬람마그레브지부(AQIM)의 창립자인 압델말렉 드룩델(Abdelmalek Droukdel, 1970-2000)을 2000년 7월 사살하긴 했지만, 그의 휘하에 있던 사헬 지역 출신 지하디스트들이 세력을 더 확대해 이전 활동 무대인 북아프리카에서 오히려 전선을 사헬지대로 확대해 지역 불안을 가중시키고 있다(임기대, 2020).

19   아프리카 내 이주민 경로 https://en.wikipedia.org/wiki/Migrants%27_African_routes; 코카인 유입 경로 https://www.leconomiste.com/article/911728-trafic-de-drogue-dure-le-maroc-nouveau-hub-africain

된다. 심지어 이들 판매상에는 여성들도 참여하고 있다.[20] 이렇게 해서 번 돈은 테러 집단의 자금으로 활용되기도 한다. 담배 밀매로만 대략 20%의 자금을 확보하고 있다. 사하라-사헬지대에서 가장 흉악한 테러리스트 모크타르 벨목타르(Mokhtar Belmokhtar, 1972-)[21] 또한 담배를 통해 자신의 테러조직을 성장시키며 지역 내 최대 테러 지도자가 되기도 했다.

1990년대 알제리 내전(1992-2000) 또한 사헬지대에서의 마약 밀매를 증가시키는 역할을 했다. 알제리 정부에 끝까지 투항하지 않은 테러리스트 상당 부분이 알제리 내 사막지대나 사하라-사헬지대로 흘러 들어갔기 때문이다.[22] 같은 시기 중남미에서는 마약 밀매 조직과 관련된 멕시코 카르텔을 콜롬비아의 카르텔이 이어받는다. 이들 마약 카르텔은 유럽 시장과 중동 시장을 겨냥하기 시작했다. 이 두 시장에 들어오기 위해 중남미의 카르텔은 아프리카의 사헬지대를 이용했다. 가나와 기니, 토고, 베냉, 나이지리아를 거쳐 사헬지대로 들어온 마약은 알제리 남

---

20 사헬 지대에서 올라온 거래상들이 북아프리카 일대로 올라오다 사하라 일대에서 대거 체포되는 경우도 왕왕 발생하고 있다. 심지어 니제르에서 알제리 국경 지대를 넘어 알코올이 든 마약을 밀거래하는 여성이 대거 검거되기도 했다. *El Watan*, "Trafic de spiritueux : Arrestation d'une jeune femme à Tamanrasset", 2017.10.14.

21 '미스터 말보로'라는 별칭을 가진 벨목타르는 2013년 알제리인아메네스(In Amenes) 가스전 인질 사건을 주도했고, 말리, 니제르, 부르키나파소, 세네갈에 걸쳐 엄청난 영향력을 키우고 있다. 여러 번에 걸쳐 살해되었다는 보도가 서구 언론에서 흘러나오지만, 최근까지 이에 대한 명확한 근거는 없다. 임기대(2013, 2016) 참조.

22 알제리 정부는 퇴진한 부테플리카 대통령이 당선된 1999년과 이후 2005년에 걸쳐 두 번의 '국민 화합 정책(Concorde Civile)'을 실시하여 자국 내 이슬람 극단주의의 투항을 받았다. 이때까지 투항하지 않은 세력들은 알제리의 산악 혹은 사막지대에서 활동하였으나 주로 인접국인 말리, 니제르, 부르키나파소 등지로 나아가 자신들의 활동 영역을 확장해 갔다(P. Vermeren, 2010).

부나 튀니지, 리비아를 넘어 유럽으로 건너간다. 마약은 테러 집단의 자금으로도 사용되어 지역 불안을 가중시키고 먹고 살기 힘든 지역민은 마약 밀매를 통해 경제 활동을 영위한다.

중남미의 카르텔만이 아니라 아프가니스탄의 코카인이나 마약 또한 사헬지대를 통해 들어와 유럽으로 들어간다. 이 지역의 상품은 대개 동아프리카의 소말리아를 통해 들어와 차드, 내전으로 혼란한 리비아를 거쳐 유럽으로 들어간다. 그야말로 불법이 난장판을 이루는 장면이 횡행함을 상상할 수 있을 것이다.[23] 아래 사진은 북아프리카 사하라 일대 불법 난민이 경계 지대에서 일을 하며 돈을 버는 모습이다.

[그림 3] 사하라와 지중해 국경 지대

| 사하라의 말리 난민 | 사하라의 말리 난민 | 모로코 난민과 밀매 |

인도산 대마초 또한 말리와 알제리의 사하라 일대에서 유통되다가 육로를 통해 모로코로 들어가 유럽 시장에 판매된다. 모로코, 튀니지, 리비아의 해안 지대는 이들 제품이 유럽에 들어가기 전 도착하는 국가들인데, 이들 국가의 공통점은 마약 등의 판매가 곳곳에서 공개적으로 이루어지거나 혹은 내전으로 혼란한 지역들이다. 모로코의 상황이 조금

---

23 http://www.ladocumentationfrancaise.fr/dossiers/

은 다르다고 하지만 적어도 대마초가 합법적인 상품으로 오랫동안 취급되고 있다는 점은 국경지대를 비롯하여 늘 지역의 불안을 야기한다. 모로코의 국경 검문소나 인근 도시들에는 곳곳에 대마초와 마약 거래를 하는 상인들이 있음을 쉽게 볼 수 있다.[24] 브라질과 베네수엘라 등에서 넘어오는 마약이 공항과 도심 주변 등에서 발견되는 장면을 현지에서는 쉽게 목격할 수 있다.

여기에 더해 무기 밀매는 지역의 안보를 해치는 가장 불안한 요소이다. 특히 리비아 내전으로 인해 북아프리카 지역도 그렇지만 사헬지대는 무기 밀매로 긴장감이 더하다. 무기 밀매 시장에서는 오늘날 북아프리카와 사헬지대에서 테러 집단이 사용하는 온갖 종류의 무기가 거래된다. 특히나 러시아제 카라슈니코프 자동소총과 같은 무기는 알제리의 산악 지대에서 테러 집단이 일상적으로 지니고 다니는 무기인데, 사헬지대에서도 아주 쉽게 거래가 된다. 말리나 리비아의 군병 참고에서 직접 조달받기도 할 정도로 부패한 군과 테러 집단 간의 거래도 있으며, 서아프리카 코트디부아르의 군병 참고에서 받아 판매하기도 한다. 영국의 비정부기구인 분쟁군비연구소(Conflict Armament Research)의 자문위원인 클로디오 그라미치(Claudio Gramizzi)는 RFI와의 인터뷰에서 "카라슈니코프 자동소총 5정 중 한 정은 코트디부아르에서 온다"[25]고

---

24 모로코 북부 도시 테투안(Tétouan)은 마약 유통도시로 유명한 곳이다. 이 도시의 전통 시장은 마약 밀매를 하는 것이 암묵적으로 인정될 정도로 많은 거래가 이루어진다. 테투안에서 거래된 마약 등의 밀매품은 스페인령 세우타(Ceuta)와 탕헤르(Tanger) 등을 거쳐 유럽으로 흘러 들어간다.

25 *"Près d'une Kalachnikov sur cinq provenait de Côte d'Ivoire"*, (Olivier Fourt, 2016)

말하기까지 했다. 그의 말에 따르면 사헬지대에서의 무기 공급이 생각보다 체계적이고, 지역을 상시 긴장 지역으로 만들고 있음을 주목할 수 있다.

무기 밀매는 소규모 형태의 테러 집단들이 외국인을 인질 삼아 쉽게 돈을 벌 수 있도록 해준다. 앞서 벨목타르를 언급한 것에서도 알 수 있듯이, 그가 오늘날 북아프리카 및 사하라-사헬지대에서 가장 주목받는 지하디스트가 된 데에는 사하라 일대에서 외국인을 인질 삼아 자신의 존재감을 알리고 자금을 확보해 왔기 때문이다. 외국인 인질이 사헬지대 테러 집단의 주요 활동이 되다 보니 NGO 활동을 하는 소수를 제외하고는 대개의 외국인이 사헬지대를 회피한다. 외국인들의 기피는 기업을 통한 생산 활동을 위축시키고 젊은이들의 일자리를 앗아가, 이들이 난민이 되는 악순환의 고리를 만들었다. 희망을 잃은 젊은이들은 중남미에서 유입된 마약 밀매, 그도 안 되면 테러 집단에 가입하기도 하지만 상당수가 유럽행을 결심하고, 사헬지대 지역민은 물론 흑아프리카 이민자들이 반드시 거쳐 가야 하는 곳이 되었다. 튀니지 국경 지대는 물론 알제리 동부 지역, 서부 지역, 사하라 일대, 모로코 북부 대도시 탕헤르나 테투안 등에 마약 밀매 행위자와 불법 이주자가 넘쳐나는 이유이다. 게다가 알제리의 경우 중동의 시리아 난민까지 겹쳐 이주 문제는 지역 내 불안을 극대화시키고 있다.[26] 리비아와 튀니지의 경우는 정치 불안으로

---

26 현지 조사를 하다 보면 알제리 동부 쪽은 유독 시리아 난민이 많다. 시리아 난민이 다른 나라에 비해 많은 이유는 알제리-시리아 간 무비자 협정으로 자유롭게 이동할 수 있기 때문이다. 알제리에 시리아 난민이 많이 오는 또 다른 이유는 다른 이슬람 국가에 비해 인권 문제를 중시하여 난민들을 강제 추방하는 일이 별로 없기 때문이다. 하지만 이민자의 규모를 파악하지도 못하는 알제리 정부 입장에서는 테러 집단을 활성화시키

인해 유럽으로 가려는 불법 이주자들이 극성하고 있다. 이미 2010년부터 해마다 지중해를 넘다 사망하는 수가 3,000명 이상이 된다는 통계 조사도 있다.

오늘날 사헬지대는 이런 다양한 밀매를 통해 여러 불안 요소들이 중첩되며 이주자를 양산하고 있다. 필립 레이마리(2015)는 아프리카를 위협하는 요소는 테러보다 각종 형태의 밀매가 더 심각한 수준에 있다고 지적한다. 특히 중남미의 마약 밀매는 사헬지대를 그 어느 때보다 황폐화시키고 위협 요인을 증가시키고 있다. 그만큼 중남미에서 유입된 마약 밀매가 사헬지대를 비롯하여 유럽의 안보를 위협할 만한 수준에 이르렀음을 알려주는 것이다. 특히 오랫동안 이 지역의 안정에 심혈을 기울여 온 프랑스의 입장에서는 이 지역의 불안정이 결국 지중해, 나아가 자국 영토를 위협할 수 있음을 인식하여 다각도의 개입을 고려하고 있다.

지속되는 불안 요소 증가와 대안

코로나-19 이후 증가되는 불안 요소들과 테러 집단

아프리카의 사헬지대는 오랜 기간 테러와 중남미의 마약과 같은 각종 밀매 등으로 몸살을 앓아 왔다. 지역의 안정을 위해 다각도로 노력하

지 않을까 불안해하고 있다. 특히 이슬람국가 '다에시(Daech)'와의 연계는 또 다른 사회문제를 파생시켜 국가 안보를 위협할 수 있다.

는 프랑스의 입장에서 이 지역의 안정은 프랑스가 오랜 기간 공들여 온 외교 정책의 중요한 성과이다. 이 지역의 안정을 위해 프랑스는 마크롱 대통령의 취임과 더불어 2017년 사헬연합군(Sahel G5)[27]을 창설하게 된다. 이후 여러 번의 테러 집단에 의한 테러가 자행되고 프랑스 등의 다국적군이 개입하면서 지역 상황이 호전되었다고 하지만 체감되는 안정세는 두드러져 보이지 않는다. 오히려 코로나-19가 발생하면서 지역민의 삶은 최악으로 치닫고 지역의 안정 또한 프랑스의 발표와는 달리 여전히 사상 최악의 테러와 불법 거래 등을 기록하고 있다. 이는 곧바로 민간인에 대한 폭력으로 이어지며 각종 형태의 이주 현상을 부추긴다.

다음 [그림 4]는 지난 2년간 사헬지대 폭력 추이를 잘 보여 주고 있다.

[그림 4] 최근 2년간 사헬지대 폭력 사태 추이

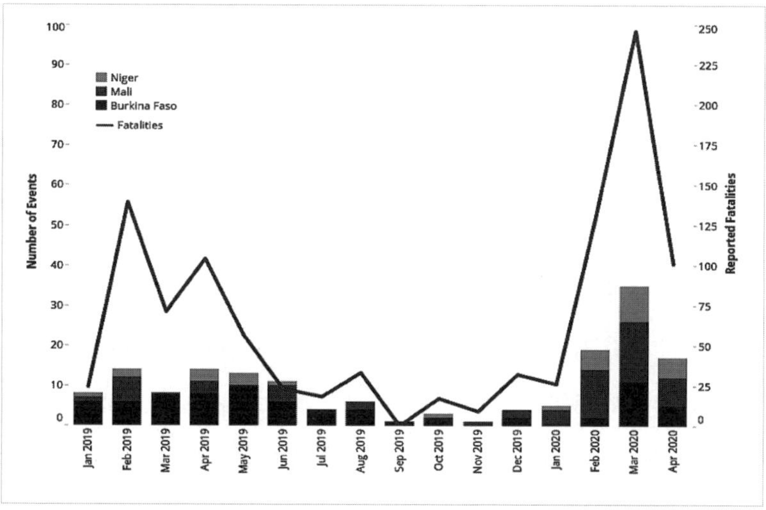

출처: 2020 Armed Conflict Location & Event Data Project(ACLED)

27　해당 국가는 본고에서 언급하는 사헬지대 5개국, 모리타니, 말리, 부르키나파소, 니제르, 차드가 해당된다.

코로나-19의 여파는 가뜩이나 허약한 중앙정부가 민간 영역에 손을 댈 수 없는 상황을 만들었다. 그러다 보니 테러 집단이 더 기승을 부리고, 오히려 해안가, 즉 중남미와 가장 인접한 기니만 일대까지 테러 집단이 진출하는 것으로 포착되고 있다. 이는 지역의 기반과 구조적 문제가 해결되지 못하고 갈수록 허약한 상황이 되고 있기 때문이다(임기대 외 2020b).

기니 만은 한국과도 꽤나 깊은 관계가 있다. 우리의 식탁 위에 올라오는 생선과 선원 납치 등으로 뉴스에 등장하곤 한다. 국제적으로 이 지역의 위험도는 소말리아에 비해서도 훨씬 높다. 한국에서는 2020년 총 6명의 선원이 해적에 납치되면서 국가적 관심 사안이 된 곳이다. 기니 만은 우리 선원은 물론 세계 선원의 90%가 납치되는 곳이다. 이 지역에서 해적이 이렇게 활개 치는 데는 소말리아에 비해 국제 공조 능력이 떨어지고 연안국들의 해상 안보 능력이 떨어지기 때문이다. 게다가 나이지리아의 '니제르-델타(Niger-Delta)'[28]를 중심으로 하는 해적 인질까지 판치고 있어 지역민의 생계가 위협받고 있다. 어장과 석유 등으로 삶을 이어가고 혜택 받아야 할 주민들이 해적과 테러, 과잉 조업 등으로 생계 위협을 받자 중남미의 마약 밀매, 부패 등이 이어지고, 그도 되지 않을 경우 테러 집단 가입과 이주를 통해 난민의 길을 선택한다. 각종 불평등의 구조 속에서 난민이 되는 전형적인 경우가 더 확장되고 있다. 그야말

---

28 나이지리아의 대표적 석유 생산 지역. 이 지역에서 해적이 수면 위로 등장한 것은 1990년대부터이다. 대부분의 지역에서 석유가 생산되지만, 생산된 석유 수익이 지역민에게 배분되지 않는 데다 환경오염까지 더해져 지역민의 불만이 가중되기 시작하였다. 아프리카에서 부의 불평등과 난민이 가장 많이 발생하는 곳이다. 임기대(2020b), 「기니만의 구조적 문제와 안보 정세 분석」, 『2020년 외교부정책연구용역과제』.

로 악순환이 꼬리에 꼬리를 물고 이어지고 있다.

또한, 이 지역은 프랑스와 영국의 오랜 식민 지배를 받으면서 형성된 종족 간 갈등, 독립은 했지만 기득권 종족의 차별과 부의 불평등 배분 등이 뿌리 깊게 자리하고 있다. 이런 식의 구조적인 문제가 뿌리 깊은데, 이 문제가 해결되지 않는 한 사헬지대부터 서아프리카의 기니 만 일대까지의 구조적 문제 해결은 요원해 보인다. 게다가 사헬지대의 테러 집단은 기니 만으로 내려와 활동하면서 나이지리아의 보코하람과 대립하거나 연대하며 부르키나파소, 가나, 토고, 베냉까지 위협하고 있는 형국이다.

지역 내 지속적인 불평등과 난민, 밀매 등의 불법 거래를 부추기는 테러 집단의 현황을 정리해 보면 [표 2]와 같다.

[표 2] 지역 내 불안을 야기하는 테러 집단[29]

테러 집단명	창립자 (연도)	주 활동 지역	주요 목표	각종 밀매 활동 여부
안사르딘 (Ansar dine)	이야드 아그 갈리 (2012)	말리 북부	이슬람 율법의 신정국가	리비아 등 외부 재원. 마약 등 밀매
서아프리카 지하드 통일운동(MUJAO)	모하메드 케이루 (2011)	말리 북부와 사헬지대	이슬람 율법의 신정국가	마약 밀매
알무라비툰 (Al Mourabitun)	모크타르 벨목타르 (2013)	마그레브, 서아프리카	베르베르 이슬람 제국	담배, 마약 밀매. 인질 협상
아자와드 민족해방전선 (MNLA)	집단체제 (2011)	말리 북부	투아레그족 국가 건설	무기 밀매 (가다피 휘하 용병)

29 [표 2]에는 알카에다 이슬람마그레브지부(AQMI)는 나타내지 않았다. AQMI는 테러 집단의 구심점이 되어 온 건 사실이지만 현재 통일된 세력이 아니라 표2와 같이 분산된 테러 집단으로 각기 활동하고 있기 때문이다. 게다가 AQMI의 창시자 압델말렉 드룩델이 지난 2020년 6월 3일 프랑스군에 의해 사살되면서 현재로서는 뚜렷한 활동을 알 수 없다.

테러 집단명	창립자 (연도)	주 활동 지역	주요 목표	각종 밀매 활동 여부
마시나 해방전선 (FLM)	아마두 쿠바 등 (2015)	말리 중부	이슬람 율법의 말리 건설	확인 안됨
이슬람무슬림 지지그룹 (GSIM)	이야드 아그 갈리, 벨 목타르 등 (2017)	말리, 니제르, 부르키나파소, 리비아	이슬람 율법의 신 정국가	금 채굴권, 마약 및 밀매
안사룰 이슬람 (Ansarul Islam)	이브라힘 말람 디코 (2016)	말리, 부르키나 파소	사회계급의 평등 주장. 종교 권력의 독점 금지	확인 안됨
그랑사하라 이슬람국가 (EIGS)	아드난 아부 왈리드 알−사라위(2015)	말리, 니제르, 부르키나파소,	사헬지대에서 이 슬람국가 건설	금 채굴권, 마약 및 밀매
보코하람 (Boko Haram)	모함메드 유숩(2002)	나이지리아, 니 제르, 차드, 말 리	나이지리아 북부 이슬람국가 건설. 서구식 교육 척결	담배, 마약 밀매, 인신매매 및 납치

이와 같이 테러 집단은 마약 밀매를 필두로 금, 무기 등의 불법 밀매를 일상적으로 행하며 재원 조달을 하고 있다. 그 결과 사헬지대는 각종 밀매, 가난, 이주, 불평등의 문제로 지속적인 몸살을 앓고 있는 곳이 되었다. 게다가 지역 내 불안을 야기하는 테러 집단의 활동은 악순환의 고리를 반복케 하는 주원인이다. 과거와는 달리 젊은이들이 오히려 테러 집단에 환호하는 것도 이 지역의 특이한 현상이다. 교육 기회와 일자리 등이 사라진 마당에 공권력이 희망을 주지 못하자 젊은이들이 대거 테러 집단에 가입하거나 각종 밀매, 혹은 지중해로의 이주를 택하면서 지역 문제는 더욱 어려움을 겪게 된다(Lim Gi-dae & Kim Kwang-su, 2017).

사헬지대 인구는 젊은 층 비율이 상당히 높다. 45-55% 정도가 14세 미만이고, 평균 기대 수명은 55-60세로 다른 아프리카 국가들의 평균(60세)에 비해 다소 낮은 편이다. 차드의 경우는 49세로 기대 수명이 더욱 낮다. 이 지역의 출생률은 여전히 높고 여성당 평균 5-6명의 아이를 출산한다. 2050년경 사헬지대의 5개국 인구는 현재보다 약 3배 정도 가 증가하는 2억여 명을 예상한다(John F. May, Jean-Pierre Guengant et Thomas R. Brooke, 2015). 이와 같은 인구 증가는 한정된 농경 지역 인구 를 도시로 빠르게 이동시킬 것이다. 도시에서의 일자리 부족은 실업률 과 도시의 불안정을 가속화시킬 것이다. 게다가 문맹률의 증가는 다른 아프리카 지역에 비해서도 더 나아질 기미가 보이지 않는다. 테러 집단 의 등장과 치안 불안이 지역 내 불평등의 문제를 얼마나 더 확장해 갈지, 그로 인해 지역민이 이주의 길을 선택하는 과정이 얼마나 이어질지 모 를 일이다. 게다가 프랑스 등의 외부 개입까지 이어지고 있는 상황이 아 니던가.

프랑스와 다국적군 개입

지역 내의 불평등과 각종 밀매, 불안 요소를 척결하기 위해 끝임 없 이 군을 개입하고 있는 국가는 프랑스이다. 프랑스는 2013년 세르발 (Serval) 작전을 시작으로, 2017년 '사헬연합군'을 창설하였다. 특히 현 마크롱 대통령의 취임 이후 프랑스의 군 개입은 다른 어떤 지역보다 사 헬지대에서 확연히 눈에 띈다. 마크롱 대통령의 취임 이후 사헬지대 및 북아프리카 방문 일지를 보면 프랑스가 얼마나 이곳에 공을 들이고 있 는지 알 수 있다.

[표 3] 프랑스 마크롱 대통령의 서·북부 아프리카 방문 일지[30]

시기	방문국가	내용	비고
2017.05.14	말리	말리 북부 가오(Gao) 방문. 대통령 취임 후 첫 방문지로 분쟁지역 말리를 선택	
2017.07.02	말리	사헬연합군 정상회담. 지역 내 테러 격퇴 의지 피력	
2017.11.28	부르키나파소	세파프랑(CFA)의 논쟁 및 분쟁을 야기하는 독재자 지원 종결 등 논의	
2017.11.29	코트디부아르	유럽연합(EU)과 아프리카연합(AU) 간의 정상회담 개최. 사헬지대의 테러리즘에 대한 유럽과 아프리카 국가들의 공조 방안 역설	
2017.11.30	가나	프랑스 대통령으로 사상 첫 방문. 가나에서 프랑스어의 보급 확산 역설	영어권 국가
2017.12.22	니제르	테러 척결을 위한 군사 협력 강화와 이주 문제 대책	
2017.12.06	알제리	알제리 식민 지배에 대한 과거사보다 새로운 파트너십 강화 문제 논의, 사헬지대와 리비아 문제 논의	
2018.01.31	튀니지	튀니지에 대한 경제 지원 및 안보, 불법 이주민, 밀매 문제 논의	
2018.02.01	세네갈	4개 분야에서 경제 협력 방안 논의. 세계 교육 정상회담 참여. 니제르, 부르키나파소, 중앙아프리카공화국 정상 참여	
2018.07.02	모리타니아	AU 정상회의 참가. 사헬 지역에서 프랑스-모리타니 간 협력 공조 재확인	
2018.07.04	나이지리아	보코하람에 대한 대응 방안과 비즈니스(석유, 가스, 시멘트, 전기 등) 포럼 개최, 알리앙스 프랑세즈 개원 등	영어권 국가
2018.11.15	모로코	모로코 TGV(탕헤르-카사블랑카 개통식 참석. 불법 이민자 및 사헬지대 상황 공조 확인	
2019.01.27	이집트	대규모 경제문화사절단, 4명의 장관과 4일 동안 공식 방문. 경제 및 인권 문제, 리비아 안보 문제 등 논의	
2019.12.20	코트디부아르	사헬지대 안정과 2020년 대선을 앞둔 코트디부아르에서 양국 관계 확인. 세파프랑의 개혁 논의 등	
2020.02.12	모로코	양국 관계 강화 및 TGV 연장선 논의	밀매 논의
2020.06.30	모리타니아	사헬지대의 테러리즘 척결을 위한 대응 방안 논의	
2021.02.	차드	사헬지대 특수부대 타쿠바(Takuba) 발족 및 다국적 군 결성	

30 [표 3]의 방문 일지는 마크롱 대통령의 서북부 아프리카 순방과만 관련된다. 위에 언급한 아프리카 국가들 지도자의 프랑스 순방도 거의 비슷하게 이루어진 점을 고려하면 아프리카와 프랑스의 관계가 얼마나 밀착되어 있는지를 쉽게 알 수 있다.

앞서도 언급했듯이 프랑스는 일명 '세르발 작전(Serval operation)'이라는 명분으로 말리 내전에 개입하였다. 말리 정부를 지지한 프랑스는 총 4,000여 명의 프랑스군을 파견하였고, 프랑스 공군의 상징인 라파엘과 미라주 2000이 있는 차드의 수도 은자메나를 거점으로 말리 정부군을 지원하기 시작했다. 국제 사회도 프랑스의 개입을 적극 환영하였다. 특히 아프리카연합(AU)은 회원국 차원에서 프랑스를 적극 지원했다. 알제리는 사상 처음으로 자국의 영해를 개방하기도 했다. 서방 국가들도 프랑스의 개입을 환영했지만, 이슬람 테러 집단의 반발은 그 어느 때보다 심해졌다.

마크롱 대통령의 수시 방문[31]과 프랑스의 적극적인 군 개입으로 인해 말리의 상황은 호전되는 듯했지만, 이후 상황은 쉽게 가라앉지 않았다. 오히려 기존의 테러 집단에 새로운 테러 집단까지 가세하면서 불안감이 더욱 증폭되었다. 2000년대 초만 해도 그다지 만연하지 않은 사헬지대 불안 요소가 프랑스의 군 개입 이후 오히려 최악의 상황으로 빠져든 것이다. 테러 집단의 활동은 이제 단순히 북부에만 국한되지 않고 말리를 중심으로 사헬지대 전역으로 확장하는 추세이다, 특히 이슬람무슬림지지그룹(GSIM)이나 대사하라이슬람국가(État islamique au Grand Sahara, EIGS)의 활동은 지역 불안을 더욱 증폭시키고 있다. 이들은 때로는 협조 관계이기도 하지만 상호 경쟁 관계에서 지역의 패권을 겨루고 있다.[32]

---

31 프랑스의 대통령 방문에다 외무장관, 국방장관, 경찰청장 등의 방문까지 더하면 이 지역에 얼마나 프랑스가 공을 들이는지를 알 수가 있다.

32 *The National Interest*, "Why is terrorism rising in West Africa?", 2020.03.16.

2017년 창설된 사헬연합군의 목적은 사헬지대 5개국의 국경 지대 치안 유지 활동에 주력하고 테러 집단 퇴치, 마약과 각종 밀매 등의 효과적인 차단을 위한 것이었다. 적어도 아프리카에서 프랑스의 영향력을 지속시키기 위한 것이 아닌가 하는 의심을 낳기도 했지만, 워낙 지역 상황이 좋지 않고 국제 사회 또한 이 문제를 누군가는 해결해야 한다고 보았기 때문에 사헬연합군의 활동에 적극 공조하는 분위기이다. 사헬연합군이 창설되자 유럽연합은 곧바로 5억 유로를 공동군 창설을 위해 지원하기로 결의했다. 프랑스 또한 사헬지대 주둔군(Barkhane)을 철수시키지 않고 주둔군을 통해 사헬연합군에 군사 고문, 공동 작전 수행 및 장비 지원 등을 강화하겠다고 했다. 유엔 안전보장이사회 또한 같은 해 말리주둔유엔평화유지군(MINUSMA)[33]의 활동을 1년 더 연장하기로 만장일치 의견을 모았다(안전보장이사회 결의안 2364). 아프리카연합 또한 프랑스를 중심으로 하는 군 파병에 동의하였고, 프랑스는 현재 총 5,000명 정도를 파병해 놓은 상태이다. 2020년 1월 프랑스의 포(Pau)[34] 정상회담 이후에는 600명을 추가 파병했다. 2021년 2월 차드에서 개최된 사헬연합군 정상회담에서도 프랑스는 자신들의 개입이 국제 사회와의 전폭적인 공조하에 진행되는 것이라 했다. 그 결과 유럽연합국을 사헬지대에서 정치, 군사적으로 참여시키고자 했다. 그 결과 바르칸 작전은 이제 프

33　유엔의 가장 중요한 임무 중 하나인 말리주둔유엔평화유지군(minusma)은 1만 5,000명의 직원으로 되어 있다. 구성은 군인 1만 2,169명, 경찰 1,741명, 민간인 1,180명이다.

34　스페인과 국경을 맞대고 있는 아키텐 지역의 읍(commune)이다. 약 8만 명의 인구가 있다.

랑스 단독이 아닌 에스토니아, 체코, 스웨덴 등의 7개국이 참여하는 새로운 특수 부대 '타쿠바(Takuba)'를 발족시켰다.[35] 이와 같은 적극적인 참여가 사헬지대에서 테러 집단을 궤멸할 수 있는 나름의 성과를 거두었다고 평가했기 때문이다. 실제 프랑스는 2020년 6월 3일 알카에다 이슬람마그레브지부 창시자인 압델말렉 드룩델과 군사 행동 지도자 말리 안바 아그 무사를 살해했다고 발표했다. 실제 2021년 들어 100명 이상의 테러리스트를 사살했고 수십 명의 테러리스트를 체포하기도 했다는 평가를 했다. 2021년 전까지 말리 군부대가 기습을 당하기도 하였지만 아직은 이런 일련의 강한 진압 작전 덕분에 테러 집단의 군부대 공격은 없다고 주장하고 있다. 하지만 테러 집단이 장갑차를 사용하고 있는 것을 보면 반드시 성공한 전략이라고 보기는 어려워 보인다. 게다가 가장 최근 말리 군부대를 테러 집단이 급습하여 군인 31명 이상이 사망하는 사건이 발생했고,[36] 니제르에서는 말리와의 국경 지대 마을에서 이슬람 무장 단체의 급습으로 주민 60명이 사망하기도 했다.[37] 불과 1주일 사이

---

35 이와 같은 파병에 대해 많은 사람들은 결국 프랑스가 '트로이의 목마'가 될 것이라 비판했다. 독일, 영국, 스페인은 파병에 반대하였다.

36 2021년 3월 17일 말리와 니제르, 부르키나파소 접경 지역인 안송고(Ansongo)에서 31명 이상의 군인이 이슬람 테러 집단에 의해 살해되었다. 이 시점에서 테러 집단의 공격으로 다시 한번 프랑스와 사헬연합군의 공조가 도마에 올려졌다. 특히 안송고는 알카에다와 IS가 서로 주도권 확보를 위해 격렬하게 대립하고 있는 곳이다. AFP, "Mali: Plus de 30 soldats maliens tués dans l'attaque présumée djhadiste la plus meurtrière en 2021", 2021.03.17.

37 2021년 3월 15일 66명이 살해되고, 3월 22일 60명 이상이 사망하면서 이제 말리와 니제르, 부르키나파소의 접경 지대는 가장 불안한 지역이 되었고, 난민의 이주가 더욱 확산되고 있다. RFI, "Death toll from raids on Niger-Mali border area rises to over 150", 2021.03.22.

니제르와 말리, 부르키나파소 접경 사이에서 59명이 사망하면서 여전히 지역 내 불안은 가라앉지 않고 있다. 게다가 프랑스 내에서 연이은 프랑스인 사망 사건에 대한 비판이 일면서 군 철수론까지 대두되고 있다.

지역 기구들과 거버넌스의 문제

이런 열악한 사헬지대에도 여러 비정부 국제 원조 기구들과 지역 기구들이 존재한다. 하지만 이 지역의 문제를 두고 여러 협의체가 구성되었음에도 갈수록 지원액은 줄고 있다. 예를 들어 '융합과연대연합(Unité de Fusion et de Liaison, UFL)'[38]은 2010년 4월 알제리, 말리, 모리타니, 니제르, 부르키나파소, 리비아, 차드 외무장관이 모여 결성한 기구이다. 사헬지대의 테러 집단과 중남미에서 들어온 마약 등의 밀매 방지를 위해 7개 국가가 공조 체제를 갖추자는 의도에서 결성되었다. 같은 해 '공동작전참모본부위원회(comité d'état-major opérationnel conjoint, CEMOC)' 또한 알제리, 말리, 모리타니, 니제르를 중심으로 결성되었고, 알제리가 주도적 역할을 하고 있다.[39] UFL이 외무부 장관을 중심으로 결성한 데 반해 CEMOC은 국방장관 중심으로 결성하여 지역 안보의 실질적 행동을 결의하고자 만든 조직체이다. 지역 기구를 언급할 때 가장 큰 기구는 단연 '사헬-사하라국가공동체(Communauté des États sahélo-sahariens, CEN-SAD)'이다. 이 기구는 아프리카 29개 국가가 참여하는 국제기구의 성격을 띠며 1998년 리비아의 카다피 주도로 결성되었다.

---

38 http://www.djazairess.com/fr/letemps/64567

39 http://www.recherches-sur-le-terrorisme.com/Documentsterrorisme/lutte-anti-terrorisme-sahel-cemoc-algerie.html

테러 및 마약 퇴치에만 그치지 않고 해당 국가들의 경제 및 인적 교류를 활성화하기 위해 만들었다(권유경 외, 2016). 각종 불법이 되는 요인들을 척결하려는 것이 주요 기구의 목표인 셈이다. 가장 최근에는 앞서 언급했듯이 사헬연합군이 결성되었고 모리타니에 본부를 두고 있다.

어쨌든 사헬지대 국가들은 위급한 상황이 있으면 이와 같은 기구들을 통해 문제를 해결하려고 하지만 잘 해결되지는 않고 있다. 오히려 상황이 극단적인 경우에 이르면 해당 지역 내의 국가들은 서구 국가들의 개입을 원한다. 하지만 서구 국가들의 개입은 잠시 지역의 안정에 도움이 될 수는 있어도 항구적 안정장치는 될 수 없다. 우리는 이미 말리내전에서 이런 현상을 많이 보아 왔다. 말리 내전은 프랑스 군을 개입시키면서 테러 집단을 박멸하기보다 권력자들이 프랑스 군 개입을 정권 유지에 활용한 측면이 있다. 실제로 말리에서 테러 집단의 활동을 보면 안정을 회복하기보다 더 복잡한 양상으로 전개되지만, 정권은 여전히 견고하다. 지역 단위의 권력 또한 자신들의 기득권을 놓지 않으려고 하다 보니 매번 체결한 휴전 협정은 무용지물이 되곤 한다. 이곳에서 평화를 정착시키기 위해 유엔 평화유지군 '유엔 말리 다각적 통합 안정화 임무(Mission Multidimensionnelle Intégrée des Nations Unies pour la Stabilisation au Mali, MINUSMA)'가 활동하고 있지만, 생각만큼의 성과를 거두지 못하고 테러 집단의 공격에 오히려 피해를 보는 경우도 발생하고 있다.[40] 이와 같은 테러 활동으로 국제 사회가 지탄을 하고 군을 개입

---

40   예를 들어 2016년 2월 MINUSMA 대원 6명이 테러 집단에 사망하고 30여 명이 부상당한 사건이 발생했다. 이 사건 발생 일주일 전에도 5명이 테러 집단에 의해 살해되었고, 2015년 11월에는 로켓포 테러로 3명이 사망하기도 했다. 테러 활동이 가장 활발

시키지만, 테러 활동은 위축되지 않고 권력자들은 자신들만의 틀 속에서 주도권을 쥐고 나가려는 역설적인 현상이 지속되고 있다. 그러다 보니 중앙정부의 통제 능력은 상실되고 여러 평화협정을 무용지물로 만들었다.

흔히 아프리카, 특히 사하라 이남 아프리카를 언급할 때 경제 성장을 주목하면서도 늘 하나로 묶는 공통분모가 있다. 가난과 부패, 질병 발생률, 공공 기반시설 부족, 기복이 심한 경제 지표, 정치적 불안정, 내전, 젠더의 불평등 등이다(Dambisa Moyo, 2009). 정도의 차이가 있지만, 대부분의 사하라 이남 아프리카에서 보이는 현상들이지만 유독 사헬 지대가 심해 보인다. 그것은 앞서도 언급했듯이 중앙정부와 거버넌스(Governance)가 그 어떤 지역보다 존재감을 드러내지 못하기 때문이다. 그렇다 보니 내전과 마찬가지로 마약 등의 밀매가 지역의 경제를 지탱해 주고 있으며 이는 다른 외부 기구의 개입 효과를 원천적으로 차단시키고 있다.

아프리카 국가들이 국제기구나 자원봉사 단체 등의 지원을 받았지만 결국 독재자를 지원하는 사례로 전락하고 말았다는 비판이 일고 있는 것이다. 공적개발원조(Official Development Assistance, ODA)는 하나의 사례지만, 실제로 혜택을 받아야 할 주민이 아닌 장기 집권 독재자의 배만 불렸다는 사실은 어제오늘의 이야기가 아니다. 장기 집권으로 인한 부패로 독재자들은 자신들이 가진 권한이나 공적 서비스 기능을 이

했던 2013년과 2014년은 더 많은 희생자가 있었다. 말리의 투아레그 반란과 관련한 내용에 대해서는 https://fr.wikipedia.org/wiki/R%C3%A9bellion_touar%C3%A8gue_de_2006 참조.

용해 부당한 이득을 추구하고, 소득 분배를 약화시켜서 경제 발전을 약화시켰다. 급기야 아프리카연합[41]을 비롯한 국제 감시 기구 등이 원조 지원금에 대한 감시 체제를 이루면서 어느 정도 부패를 줄여 가고 있다고 하지만 사헬지대의 경우는 원조도, 부패도 크게 달라지지 않았다. 오히려 과거 식민 지배국인 프랑스의 영향력이 배가되면서 기득권층의 독점이 커지거나, 부족 간 이해관계로 인한 족벌 체제가 더 강화되는 경향을 보인다. 그래서인지 테러 집단의 분화 양상 등이 부족의 영향력과 지역 토호 세력의 영향력에 따라서 이합집산하는 경향을 보인다. 기니만 일대의 경우에는 어장 파괴와 기득권층이 정부 혹은 외국 회사와 결탁하여 부를 독점하고 지역민에 수익을 배분하지 않음에 따라 해적들이 난무하고 있다. 이는 해당 지역 정부가 허약한 데다 부패하여 법이나 안전과 같은 아주 민감한 문제에 소홀하기 때문이다. 조금 더 큰 지역은 부족적인 정체성이 강하여 중앙정부에 불신을 갖고 오히려 대립하는 경향을 보인다. 중앙정부에 대한 불신도 그렇지만 부족의 권한과 권위를 인정해 줄 것을 다양하게 요청하는 것이다.[42] 극단 테러 집단의 경우

---

41 아프리카연합은 개발 원조를 위한 선행 조건으로 굿거버넌스(Good Governance)를 유엔과 보조를 맞춰 강조하고, 원조를 받는 수원국들은 재정의 투명성, 법치주의, 부패 방지 달성을 위해 노력하고 빈곤 탈피와 경제 성장을 위한 기반을 마련하기 위해 포괄적 발전 전략인 'Agenda 2063'에 부패가 개발을 저해하는 요소임을 반영하였다. UHIC, "모두가 주체가 되기 위한 노력, 거버넌스란?". 2017.04.28. http://uhic.tistory.com/459

42 연구자가 현지(알제리와 니제르 국경 지대 타만라세트)에서 인터뷰한 투아레그 족의 부족장은 자신들의 문화와 지역 내의 문제 해결은 알제리 내 행정법보다 대통령 직속 기구인 '문화재보호기구'를 통해 직접 논의되고 전달된다고 한다. 즉 알제리 내 투아레그 족에게 문제가 발생 시에는 직접 중앙정부와의 논의 속에서 해결을 모색할 정도로 중앙정부의 배려가 있기에 큰 문제와 갈등이 없다고 한다.

프랑스와 같은 외세의 개입을 확연하게 거부하고 있어 끝없는 대립 양상을 보인다. 심지어 NGO 차원의 교육과 식량, 환경 지원 등의 일에서도 손을 뗄 것을 주장한다. 이런 상황은 거버넌스의 존재감을 전혀 드러내지 못하게 하는 요소들이다. 상황이 이렇다 보니 지역민은 생존을 위해 각종 불법 행위에 가담하고 마약 밀매 등의 행위가 자연스럽게 이어지며 지역의 구조적인 요소와 더불어 불안을 가중시키고 있다.

맺음말

중남미에서 들어온 마약 밀매 등으로 지역 경제가 붕괴되고 말리 내전까지 겹치며 사헬지대에는 프랑스의 군 개입이 줄지 않고 있다. 기존의 구조적 문제에 마약 등의 밀매, 각종 내전 등으로 인해 지역이 황폐화해 가고 있다. 거버넌스 활성화를 통해 지역의 황폐화를 막아야 하지만 밀매와 테러 집단의 확산은 오히려 이 지역의 안정화라는 명분하에 프랑스의 또 다른 개입을 가능케 하였다. 프랑스는 마크롱 대통령 당선 후인 2017년 7월 사헬연합군을 창설하여 이 지역에서 프랑스의 입지를 더욱 공고히 하고자 했다. 2021년 2월에는 다국적군 '타쿠바'를 창설하여 지역에서의 군 개입을 강화하고 있다. 그렇다고 기후와 사막화의 가속화, 중남미에서 들어온 마약, 게다가 테러와 분쟁, 불평등과 난민 등의 문제가 줄어들고 있는 것 같지는 않다.

프랑스의 군 개입은 과거 프랑사프리카(Françafrica)[43]의 명성을 되찾게 해줄 것으로 기대하지만 힘에 의한 개입은 또 다른 분쟁을 낳고, 그나마 있는 거버넌스의 존재감을 더욱 위축시킬 가능성이 커 보인다. 그 어느 때보다 종족 간 대화와 타협과 심지어 테러 집단과의 대화. 군사 개입 자제, 거버넌스의 활성화 모색 등이 아프리카 사헬지대에 절실한 것들이 아닐 듯싶다. 게다가 지역 경제의 토양을 붕괴시킬 마약 등의 밀매를 근절시키기 위한 교육과 경제 복원 등이 이뤄지지 않는 한 중남미에서 들어오는 마약 밀매는 줄어들 것으로 보이지 않는다. 지역민의 경제 활동과 테러 집단의 자금줄로 사용되는 중요 재원이기 때문이다. 이런 구조적인 문제가 해결되지 않는 한 사헬지대 내의 불안 요소는 지속될 것이며, 지역의 불평등 문제는 더욱 심화될 것이다.

---

43 프랑스가 아프리카를 식민 지배했을 때 프랑스의 정치 · 경제적 영향력을 일컫는 용어이다.

제 2 부

남미 지역의
이주와 불평등

제 6 장

브라질 난민 정책의 변화

/

임두빈

/

"우리는 점점 더 연결되고 있지만 동시에 더 분열하고 있다."

— 매슈 O. 잭슨(2021)

들어가며

세계화 시대를 맞아 국경을 넘는 이주와 정주는 흔한 일이 되어 가고 있다. 그러나 우리에게 난민이란 주로 해외에서 일어나는 불행한 일로 우리와는 상관없다는 인식이 지배적이다. 그러나 '난민'은 우리와 상관 없는 단어로만 존재하는 일이 아니다. 세월에 가려졌지만 지금은 전국에서 손꼽히는 고층 건물과 고급 백화점이 들어선 부산의 해운대 센텀시티 자리에 16년간(1977-1993) 베트남 난민수용소가 운영된 역사가 있다.

법적으로 우리나라는 1992년 12월 3일 '1951년 난민협약'과 '1967년「난민의정서」'에 대한 비준서를 기탁,「난민의정서」가 1992년 12월 3일에, 난민협약이 1993년 3월 3일에 각각 발효되면서 협약상의 난민보호 의무를 부담하게 되었다. 2005년 9월 난민법제·개정위원회를 만들어 난민법을 만들었고, 2009년에 '난민 등의 지위와 처우에 관한 법률안'이 국회에 발의되어 난민협약에 가입한 아시아 국가 중 최초로 2012년 2월 10일 독립된 인권법으로서의 난민법이 제정되었다(난민인권센터, 2019). 그리고 난민법 시행 5주년을 맞은 2018년 7월에 예멘 난민 제주 입국을 계기로 부산의 베트남 난민수용소 역사 이후 오랜만에 다시 '난민'이 우리 사회에 이슈화된 바 있다.

인류는 오랜 시간 정착과 이주를 걸쳐 자신의 역사를 만들어 왔다. 오늘날에도 전 세계 인구의 3%가 결혼, 노동과 교육 이주의 형태로 국경을 넘어 낯선 곳으로 이주를 하고 정착을 한다. 그러다 보니 사실상 이제 지구상에는 깊은 바다, 산과 땅속 외에는 더 이상 낯선 곳을 찾기가 어렵다. 우주 탐사와 화성 이주 계획이 인류의 관심을 끄는 것도 이주와 정착을 기반으로 한 인류 역사의 연장선에 있다고 볼 수 있다. 게다가 사람이 정착하거나 이주하는 공간이 반드시 현실 세계로 국한되는 것도 아니다. 코로나 19로 인한 강제적인 사회적 거리두기로 촉발되긴 했지만 4차 산업혁명의 일환으로 관심을 끌고 있는 '메타버스(Metaverse)'[1]가 인류가 상상할 수 있는 또 다른 하나의 새로운 이주와 정주 공간의 형태로 주목받고 있듯이, 인류는 본질적으로 '호모 미그란스(homo migrance)'라고 불릴 만한 노마드(Nomade)[2]의 DNA를 내재하고 있는

---

1 1992년 닐 스티븐슨(Neal Stephenson)의 소설 『스노우 크래쉬』에서 유래된 개념으로 메타와 유니버스의 합성어로 정치 · 경제 · 사회 · 문화의 전반적 측면에서 현실과 비현실이 공존하는 3차원 가상세계, 즉 디지털 지구라고 부를 수 있는 공간을 의미한다(김상균, 2020).

2 프랑스 철학자 질 들뢰즈는 『차이와 반복』(1968)에서 존재들의 위계와 분배 문제를 논하면서 처음으로 '노마드(nomad)'라는 개념을 도입했다. 그로부터 35년 뒤 알제리 태생의 프랑스 경제학자 자크 아탈리는 들뢰즈의 노마드 개념을 '정주하는 인간'의 상대 개념으로써 '유목하는 인간'이라는 의미로 받아들여 인류 미래 문명의 모델로 확장한

것처럼 보인다.

지금 우리는 문자만으로 소비되는 것이 아닌, 실제로 일반 개개인의 피부에 체감으로 와 닿는 세계화 시대에 살고 있다. 물론 현재 팬데믹(pandemic)으로 이동이 최소화된 세상을 살고 있지만 21세기 들어 역사상 어느 때보다 국가 간 이동과 여행의 빈도가 높고 규모도 큰 세상을 살아 오고 있고 살아 갈 것이다. 교통과 통신 수단의 발달을 통해 지역 간 고립을 해체시키고 정보 교환을 용이하게 만들어 대량 이주를 가능하게 했다. 그러나 오늘날 세계가 역사상 어느 때보다 개방된 세상이며 초국가적으로 이주가 자유로운지는 다시 한번 생각해 볼 문제이다. 세계는 점차 개방되어 가지만 자유로운 이주의 장벽을 높이는 보이지 않는 손 역시 점점 커지고 넓어지고 있기 때문이다. 국민국가 단위의 법과 제도적 장치들, 국제 안보 위협, 정보의 비대칭, 빈부의 극단적 양극화가 바로 보이지 않는 손의 일부로 작동하고 있다(조일준, 2016). 우리는 여기서 이주에 있어 장벽으로 작동하는 '경계'의 개념에 대한 인식에 주목할 필요가 있다. 경계를 연구 대상뿐만 아니라 '인식'의 관점으로 여기는 것은 포섭과 배제 간 구분선을 흐릿하게 하는 긴장과 갈등에 대한, 그리고 엄청나게 변화하는 현재의 사회 통합 규칙에 대한 생산적인 통찰을 제공한다(산드로 메자드라 · 브렛 닐슨, 2021).

우리가 이 글에서 주목할 이주의 형태는 자본주의 경제의 글로벌화

'호모노마드(homonomad)'를 제시했다. 정주에 연연하지 않는 호모노마드와 구별하여 정착지를 근거로 삼는 인간의 고유 특성을 살리기 위해 '유럽 이주를 위한 정부간위원회(ICEM)' 창립 20주년 기념으로 출간한 카툰 모음집에 호모미그란스(homomigrance)가 등장했다(조준일, 2016)

로 전 지구적 부의 불평등이 심화되면서 초국가주의와 연결되어 발생하는 난민 이주이며, 지역은 라틴아메리카의 베네수엘라와 브라질을 대상으로 한다.

2010년대 '아랍의 봄'을 계기로 난민이 폭증하면서 전 세계적으로 난민 문제가 최대 이슈로 부상하였다. 유엔난민기구(UNHCR)의 「2019 연례보고서」에 따르면 2019년 말 기준 전쟁, 박해, 내전, 자연재해 등으로 삶의 터전을 떠나야 했던 전 세계 강제 실향민 수는 7,950만 명으로 8년 연속 최고치를 기록했다. 2018년 7,080만 명보다 870만 명 늘어난 수치로, 오늘날 전 세계 약 100명 중 1명은 집을 잃고 피난 상태에 놓여 있음을 의미한다. 또한 전 세계 난민의 77%가 장기화된 난민 상황에서 살아가고 있다. 보고서에 따르면, 전 세계 난민의 68%는 시리아(660만 명), 베네수엘라(360만 명), 아프가니스탄(270만 명), 남수단(220만 명), 미얀마(110만 명)의 5개국에서 주로 발생하고 있다.

전통적으로 이민자와 난민에 대해서 관대했던 미국 역시 트럼프가 집권하는 동안 미국-멕시코 국경장벽 건설, 불법 이민자 수색과 처벌, 중남미 이주자의 '카라반' 입국 금지 등 반이민 정책을 표방하고 실행해 왔다(손지혜·윤인지, 2019). 중동과 아프리카에서 난민이 몰려든 유럽 역시 자국 내 난민의 수용과 통합을 거부하는 반난민 정서가 확대되면서 극우 정치 세력의 영향이 강해지고 있다. 이는 영국이 브렉시트(Brexit)를 강행한 배경에도 큰 영향을 미친 사안이다. 이처럼 전 세계는 인권과 난민 보호를 중요하게 생각하는 국제 규범을 준수하는 것보다 자국의 경제와 안보를 우선시하는 신고립주의 경향을 점점 강하게 보이고 있다. 특히 2015년 난민 대란 이후에 미국을 비롯해서 대다수 유럽 국가들이 국경 통제라는 직접적인 수단 이외에 기존 언론매체는 물론이고 SNS 플랫폼을 통한 반이민 캠페인을 출발지와 경유지를 중심으로 벌이고 있다. 불법이든 합법이든 이민을 원하는 사람들이 원하는 정보를 얻기 위해 인터넷에 접속하면 이 이주 예정자의 위치 정보나 프로필을 파악한 후에 그들을 타킷으로 반이민 홍보 캠페인을 벌이고 있다.

인류의 역사가 이동과 정주로 만들어진 것이라면, 세계화의 환경 아래서 '이동'은 국가 간 불평등한 소득이 원인이 되어 생산 요소인 노동력의 이동을 의미한다. 그러나 현대 사회에서 이민과 이주, 특히 난민 문제가 해결되지 않고 사회 문제로 이어지는 이유는 글로벌 가치사슬의 출현 이래 이민 반대자들이 발현하는 억제력 때문이다. 브랑코 밀라노비치(2020)에 따르면, 그들은 노동과 자본을 근본적으로 구분한다. 노동과 자본은 생산 요소라는 점에서 동일하지만 '자본'은 유입될 때 소란스럽지 않게 들어오거나 심지어 환영받고 들어오지만, '노동력'은 사회적 변화를 유발한다는 점에서 근본적으로 다르게 받아들인다. "노동이나 자본이 원래의 위치에서 다른 위치로 이동하면 그 새 위치에서 원래의 노동과 자본을 파괴하거나 대체하거나 더 나쁘게 만들거나, 노동 조건을 악화시킬 수 있다. 이런 문제 요소는 마찰의 주요한 원인이고 아마도 노동의 국제적 이동성이 제한되는 주요 이유 가운데 하나일 것이다. 정치적 관점에서 볼 때, 부유한 나라가 이민을 반대하는 이유가 바로 여기에 있다"(앞의 책, 266쪽).

어떠한 형태로든 한 국가에서 다른 국가로의 이주는 항상 많은 결과를 수반한다. 그 이유는 상기에 밝힌 반대 이유의 근간에 깔려 있는 '국가성에 부합한다고 간주되는 사람들이 누구인가'에 대한 관념의 차이에 있다(주진효, 2019). 정착한 나라에서 그 모습이 쉽게 분간되는 이주자는 도널드 트럼프 전 미국 대통령이 즐겨 썼듯이 '에어리언' 즉 '특이한 외래종'으로 주목받는다. 설상가상으로 2019년 말부터 코로나19가 초래한 팬데믹은 백인 중심 국가 안에서 지속적으로 차별의 대상이었던 아프리카계가 더 소수자인 아시아계를 일종의 '외래종'으로 차별하고 혐오하는 상황이 발생하고 있다.

정상적인 이주 절차를 거쳐 유입된 이주자들조차 국민국가 제도 안에서 제도적으로는 국민성(nationality)을 획득하지만 사회적으로는 외래성(foreigness)[3]을 떨치기 쉽지 않다. 더군다나 난민(refugees)은 자신의 의지로 이주를 선택한 일반적인 이민자들과 다르게 자신의 국가에서 박해와 전쟁 같은 요인으로 인해 신변의 위험에 처하게 되어 본인의 의사와는 무관하게 본국을 떠나 국제적인 보호를 요청하게 된 이주자로 정의내릴 수 있다. 그러나 국제 사회에서 정해진 조건에 따라 난민으로 인정받을 수 있는 상황 외에 국제법상 난민과 유사한 상황에 처해 있다 하더라도 난민으로 인정되지 못하는 경우도 있다. 스스로가 난민이라고 말하지만 난민 신청이 결정적으로 평가되지 않은 사람을 국제 사회는 '비호 신청자(Asylum Seekers)'로 부른다.

2010년에 들어서면서 난민 문제는 주로 선진국에서 주요한 정치적 이슈가 되었다. 대부분의 난민들이 선진국에 수용되는 것 같지만 실제로 부유한 국가로의 난민 이주보다 빈곤한 국가로의 난민 이주가 더 큰

---

3 '외래성 현상'이란 객관적으로 사소한 차이에 불과한 것이 사람 사이에서 엄청난 골을 만들고, 거기서 생겨난 파문이 생태부터 정치에 이르기까지 삶 구석구석으로 퍼져 가는 것을 말한다(마크 모펫. 2020).

비중을 차지하고 있다는 게 현실이란 점을 직시할 필요가 있다. 2016년 유럽은 결과적으로 2015년에 비해 약 3분의 1에 불과한 이민자들을 받아들였다. 2019년 기준으로 카리브 해 남부에 위치한 인구 6만 명의 네덜란드령 아루바(Aruba) 섬이 자국민 6명당 1명, 레바논이 자국민 7명당 1명, 퀴라소(Curaçao) 섬이 10명당 1명의 비율로 난민을 수용하고 있다(유엔난민기구 UNHCR, 2019).

유엔난민기구의 「2019 연례보고서」의 통계에 따르면, 국내 이재민과 기타 유형의 이재민들을 포함한 전 세계 강제 실향민의 총 규모는 전 세계 인구의 1%에 해당하는 7,950만 명으로 추산된다. 이는 세부적으로 유엔난민기구에 등록된 2,040만 명과 팔레스타인 난민구호기구(UNRWA)에 등록된 560만 명을 합산한 난민 2,600만 명, 국내 실향민 4,570만 명, 비호 신청자 420만 명과 해외 거주 베네수엘라 실향민 360만 명으로 나눠 구분한다. 한편 난민의 수가 정확하게 얼마나 되는지를 계산하고자 할 때, 이들에 관한 자료를 수집하는 방법에 따라, 그리고 난민의 정의와 범위에 따라 그 규모가 달라질 수 있다. 실상은 유엔난민기구조차 공식적으로 그 양적 규모를 확인할 수 있는 캠프 수용 난민만을 포함하여 통계치를 밝히고 있는 처지이다. 따라서 실제적으로 정착국의 사회에 섞여 살고 있는 난민에 대해서는 그 실태를 정확하게 파악하기는 어렵다고 볼 수 있다.

대부분의 이주자들에게 이주 동기는 주로 경제적 요인에서 발생한다. 그리고 난민의 발생과 이동은 대부분 특정한 정치적 갈등에 그 원인이 있다. 가장 일반적인 예로 19세기 유럽의 식민지 쟁탈전의 결과로 실제 인종과 민족의 분포와 별개로 외부 세력에 의해 인위적으로 나뉜 아프리카 대륙의 지리적 경계를 들 수 있다. 이는 자연스럽게 난민을 발생시키는 주요 원인으로 작동한다. 이는 아프리카뿐만 아니라 발칸 반도, 팔레스타인, 인도와 파키스탄과 중동 국가들에게서 일어나는 일이다. 종교 갈등으로 빚어지는 경우 역시 그 종교가 신앙 차원을 넘어서 정치적 통합의 근간으로 작동하는 것이기에 결국 정치적 요인으로 봐야 한다(브랑코 밀라노비치, 2020).

국제 사회에서 난민의 지위 인정 여부는 '1951년 난민 지위에 관한 협정'[4]에 근거를 두고, 1967년의 '벨라지오 의례(Bellagio Protocol)'에 의해 전 세계로 확대 적용되었다. 그러나 난민의 발생은 정치적 갈등에서 초래되는 경우가 대부분이기 때문에 난민의 인정 및 수용 역시 수용국의 정치적 관계에 영향을 받을 수밖에 없다. 그렇기 때문에 실제적으로 제네바 협정에서 정의하는 좁은 의미의 난민에 부합하지 않는 '난민' 즉 난민과 같은 처지에 놓인 '난민 미인정자'의 경우도 많다. 실제로 이주의 흐름을 통제하는 경계는 지도 위가 아닌 입국심사대에 있다.

난민은 일반적인 이주자들과는 달리 지원과 보호가 시급한 사람들이다. 강제적으로 추방되어 어쩔 수 없이 이주를 하는 상태이기 때문에 그들 스스로 원하는 정착지를 고르기도 어렵고 정착을 자기 의지만으로 허가 받기도 힘들다. 외부인과 더부살이에 준비되지 않은 수용국 정부들과 국민들은 갑작스럽게 넘어온 다수의 난민들을 보고 공포에 빠

---

4 1951년 제네바에서 제정된 난민협약에 의하면, 모든 국가는 영토나 국경에서 보호 요청을 받았을 경우, 어떤 사람의 요청이라도 검토할 의무가 있다. 또한 강제 송환금 지원칙에 의해 생명이나 자유의 위협을 받을 우려가 있는 영역의 국경으로 추방하거나 송환해서는 안 된다(제33조).

져 마치 인체에 유입되는 바이러스에 대응하는 항체처럼 방어적인 자세를 취하게 된다. 인도적 차원의 재앙을 정치 도구화함으로써 정부의 강압적 개입을 정당화하여 이민자들을 추방하거나 감금함으로써 국가 영토 방위를 우선시하게 된다.

정부가 무능할수록 재정 긴축의 시행, 불안정한 사회보장 제도와 공공 서비스 약화의 원인을 외부에서 유입된 이주민들에게 돌리기 쉽다. 공영주택, 어린이 돌봄 시설, 유치원 자리를 놓고 자국의 빈곤 계층과 외부에서 유입된 더 가난한 자들을 경쟁시키는 정치적 선택을 꾀하게 된다. 이민자나 난민은 국가의 한정된 재원에 추가적인 부담이라는 차원에서 해당국 정부가 취하는 자세에 따라 환영받기는커녕 기피 대상으로 작동하기 쉽다. 최근 외국의 뉴스에서 심심치 않게 등장하는 반이민 정서, 자국 우선주의와 인종차별과 혐오가 발생할 수 있는 환경이 만들어지는 것이다.

유엔난민기구는 2020년을 코로나 19로 인해 약 20년 만에 가장 낮은 난민 재정착률을 보인 해로 기록했다. 유엔난민기구는 연간 5만 명 미만의 난민을 재정착시킬 수 있는 능력을 갖추고 있지만 2019년 1월에서 9월 사이 5만 85명이 재정착한 반면에, 2020년도 같은 기간 동안은 1만 5,425명에 불과했다고 밝혔다. 2020년에 재정착한 가장 많은 수의 난민은 시리아인들이 41%로 가장 많았고, 콩고 사람들이 16%로 그 뒤를 이었다. 나머지는 이라크, 미얀마, 아프가니스탄을 포함한 47개국 출신들이다. 그들 중 대부분은 법적·신체적 보호가 필요한 사람들로 폭력과 고문 생존자이거나 위험에 처한 여성과 아동 등 취약 계층이었다.

이 글은 크게 세 가지 내용으로 짜였다. 먼저 '들어가기'에서 현대 국제 이주의 흐름과 이주의 종류를 살펴보고 주요 현안을 살펴보았다. 그리고 본론에 들어가 라틴아메리카에서 베네수엘라의 난민이 급증하게 된 배경을 살펴보고 집단적 이주를 촉발했거나 결과적으로 큰 영향을 준 사건을 큰 흐름에서 살펴본다. 마지막으로 남미 최대 국가이자 전통적으로 이주에 개방적이었던 브라질의 난민 정책 변화를 베네수엘라 난민 유입 이전과 이후를 통해 살펴본다.

라틴아메리카 난민 사태, 베네수엘라에서 무슨 일이?

라틴아메리카에서는 2010년 대지진으로 인한 아이티 난민 사태의 뒤를 이어, 식료품과 의약품과 같은 기본적인 필수품의 부족, 더불어 치안 부재와 같이 국민국가가 제공하는 기본적인 공공 서비스의 부재로 대규모의 난민이 발생하고 있다.

특히 최근 5년에 걸쳐 약 540만 명이 넘는 베네수엘라인들이 인접 국가들로 이주하는 사태가 발생하고 있다. 2019년 유엔난민기구의 보고서에서 따르면, 난민 9만 3,300명, 난민 신청자 79만 4,500명, 해외 거주 실향민 360만 명을 포함해 약 450만 명이 실향 상태에 놓여 있다.

2013년 베네수엘라 정치 위기로부터 촉발된 대량 난민 사태는 다른 대륙과 달리 상대적으로 상호 언어적·역사적 동질성이 강한 지역임에도 불구하고 서방 세계에서 일어나는 것처럼, 반난민 정서와 정책이 확대되는 현상을 보이고 있다. 주변국인 아르헨티나, 브라질, 칠레, 콜롬비아, 코스타리카, 에콰도르, 멕시코, 파나마, 페루, 남카리브자치구에

흩어져 임시로 거주하고 있는 베네수엘라 난민 문제는 남아메리카 대륙에서 가장 심각한 사회 문제로 떠올랐다.

유엔난민기구 통계(2019)에 따르면, 전 세계 난민과 베네수엘라 실향민의 85%는 저소득·개발도상국에 체류하고 있으며, 이 중 27%가 세계 최빈국의 보호를 받고 있다. 실제로 베네수엘라 출신 난민을 가장 많이 수용하고 있는 국가는 카리브 해 남부에 위치한 인구 6만 명의 네덜란드령 아루바 섬으로 자국민 6명당 1명에 이르는 비율로 받아들이고 있다. 손지혜·윤인진(2019)의 연구에 따르면, 2019년 6월 기준으로 라틴아메리카 역내에서 베네수엘라 난민들을 가장 많이 수용한 국가는 콜롬비아다. 자국민의 거의 3분의 1에 해당하는 130만 명을 받아들였다. 콜롬비아 외에 브라질, 아르헨티나, 우루과이, 파라과이가 결성하여 1995년에 출범시킨 남미공동시장(MERCOSUR) 회원국도 베네수엘라 난민을 수용하고 있다. 라틴아메리카의 최대 국가인 브라질은 전통적으로 개방적인 이민자 정책을 선도적으로 유지해 온 명성에 걸맞지 않은 규모의 베네수엘라 난민을 받아들이고 있다.

베네수엘라는 1998년 우고 차베스가 대통령에 당선된 이후 20번의 선거에서 무려 19번 승리를 거두는 동안, 전 세계적으로 좌파 국가의 아이콘이 되었다. 베네수엘라는 다른 대부분의 의회 민주주의 국가와는 달리 5권 분립 구조를 가지고 있다. 입법, 행정, 사법의 3권에 선거관리위원회와 재정 감독관, 검찰, 중재인이 포함된 시민권력기구가 추가된다. 이처럼 베네수엘라는 3권 분립 구조에 더해 이처럼 다양한 분야의 전문가들이 국회에 입성한다. 물론 이 대부분의 전문가들은 차베스 지지자들로 구성되었다. 그러나 2015년 12월 6일 총선에서 우파가 승리하면서 니콜라스 마두로 대통령과 볼리바리안혁명전선에 균열이 발생하기 시작했다. 내부적인 경제 위기와 미국의 제재로 경제 상황이 좋지 않은 상황에서 국가 차원의 급선무는 바로 엄청난 경제적 혼란을 초래했던 환율 통제 시스템을 손보는 것이었다. 하지만, 이를 마두로 대통령의 세력을 약화시키고 차베스 시절의 흔적을 없앨 수 있는 좋은 기회로 여긴 우파는 강 건너 불구경하는 심정으로 방관했다. 결과적으로 정쟁을 빌미로 국가와 국민을 파탄에 빠뜨린 것이다.

결국 2015년 우리나라의 방송에서도 지구 반대편의 베네수엘라 수도 카라카스의 가게 진열대가 텅 비어 있는 모습이 자주 비쳤으며, 보수 언론들이 해묵은 '남미병'을 다시 거론하는 빌미를 제공하기도 했다. 중남미에 관련된 단독이나 심층 취재가 없고 현지에 대한 이해도 부족한 국내 언론 매체들이 사실 확인도 제대로 되지 않은 외신을 퍼 나르며 전달한 단신들이 전부인지라 우리나라 사람들은 막연하게 저개발된 중남미 국가의 사회주의 포퓰리스트 독재정권의 말로 정도로 인식하였다. 특히 우리에겐 진보 세력이 정권을 잡으면 '그러다가 남미처럼 된다'는 남미병 콤플렉스가 있어서 더 그럴 것이다. 그러나 텔레비전 화면에 등장하는 장면의 뒤에 존재하는 실제적인 이유는 베네수엘라 정부의 무능만이 아니었다. 현지 사정을 잘 들어 보면 상인들은 다양한 상품을 구비하는 대신에 동일한 상품을 몇 미터씩 겹겹이 쌓아 놓고 있었다고 한다. 마두로 정부는 상인과 대규모 수입 업자들이 1970년대 초반 살바도르 아옌데 대통령을 궁지에 몰아넣기 위해 칠레 민영기업들이 취했던 전략과 유사한 전략을 썼다고 비난했다. 반정부 성향의 기업들이 기초 생필품을 적절하게 공급하지 않는 사보타주를 통해 마두로 정부에 대한 민중의 분노를 불러일으키려 한 불순한 의도를 지적한 것이다. 실제로 2015년 2월 니콜라스 마두로 베네수엘라 대통령은 경찰에게 슈퍼마켓 체인 매장 36개소의 경영진을 '민중의 이익에 반하는 식품 전쟁'에 참여한 혐의로 체포하도록 명령했다. 그리고 2016년 4월부터 전국의 마트 판매대를 텅 비게 만든 식료품 빼돌리기와 투기에 맞서 베네수엘라 정부가 지역생산·공급위원회(CLAP)와 같은 여러 기구를 통해, 국민들에게 쌀, 밀가루, 식용유 등 기본 식료품을 공급하는 방식으로 대응해 갔다. 베네수엘라는 대부분의 소비재를 수입에 의존하기 때문에 반정부적인 기업주들이 생산과, 특히 수입을 중단하면서 경제적 혼란을 고의적으로 야기했다고 판단된다. 실제로 급격하게 생산이나 수입이 줄어들지 않았고 생산량과 수입량도 일정했지만 유통과 공급에 농단이 생긴 게 문제였다. 그 결과 마트에서 찾을 수 없는 모든 제품을 거리에서 불법 거래로 살 수 있는 대규모 암시장이 탄생했다. 이는 모든 국민들이 동참했다고 봐야 하는 집단적 경제 활동으로, 사실상 정부의 기능을 암시장에 빼앗겨 버린 셈이 됐다.

그렇지만 이런 기본 생필품의 부족 사태는 기본적으로 석유에만 지나치게 의존하는 바람에 지난 15년간 베네수엘라가 겪은 최대의 경제 위기에서 비롯된 것이기 때문에 국정의 책임을 맡은 정부가 자국 국민인 기업주와 상인들의 부도덕함만을 꾸짖으면서 그 책임을 피해갈 수 없을 것이다. 막대한 석유 판매 수익은 베네수엘라의 수입 능력을 제고시켰지만, 볼리바르화의 환율을 상승시키면서 수출 경쟁력을 약화시켜 왔다. 그러나 경제 상황이 악화된 원인에는 베네수엘라 정부의 억울함이 있긴 하다. 차베스 대통령도 재임 기간(1999-2013) 동안 고쳐 보려고

했던 베네수엘라의 구조적인 병폐 때문이다. 베네수엘라가 경제 위기에 처해지면서 볼리바르화의 가치가 바닥을 칠 때, 30배가 넘게 차이 나는 공식 환율과 비공식 환율 때문에 공식 환율로 달러를 확보해 암시장에서 되팔면 엄청난 수익을 거둘 수 있는 구조가 형성됐다. 당연히 국익을 염두에 두지 않고 손쉽게 이익을 거두려는 기업과 개인들이 머리를 쓰게 되는 환경이 조성된 것이다. 물가는 급등하고 63%에 달하는 세계 최고 수준의 인플레이션은 생필품 부족 현상을 더욱 악화시키는 악순환을 낳았다. 투기꾼들은 암시장을 통해 정부의 통제를 피하고, 정부의 통화 정책도 안정적이지 않고 끊임없이 바뀌는 악순환적 숨바꼭질이 시작되었다. 베네수엘라는 해외여행을 가는 자국민에게 국립대외무역센터(Cencoex)를 통해 일정분의 달러를 할당 지급하는 정책을 썼는데, 이 정책으로 말미암아 여행객들이 귀국할 때 가능한 한 많은 달러를 남겨 돌아와 암시장에서 되파는 구조가 형성되었다. 그 결과 베네수엘라 국민 사이에서 달러 여행이 일상화되어 버리는 병폐가 생겼다. 이런 국민들의 일탈에 더 큰 액수의 달러를 할당받을 수 있는 특권을 가진 기업체와 고위 관리들이 행하는 대규모 일탈과 부정행위까지 겹쳤다. 예를 들어, 석유 수출 대금으로 받은 외화로 정부 기금을 관리하는 공무원이 들어온 달러를 기록할 때, 장부에는 공식 환율로 계산해서 기입하지만 실제로는 비공식 환율을 적용한 환치기를 통해 꽤 큰 차액의 볼리바르화를 착복하는 수법을 쓴다. 이런 방식의 부패는 지위고하를 막론하고 거의 모든 국민들 간에 암묵적인 동조와 결탁에 의해 악순환되면서 베네수엘라 정부를 곤란하게 만들었다. 더군다나 차베스가 누렸던 만큼의 국민적 지지 기반도 없는 마두로 대통령은 부패의 주범들이 그나마 자신의 지지자들이라 처벌할 수도 없는 외통수에 걸려 버렸다. 결국 국민들, 공무원들과 각료들조차 모두 나랏돈을 도둑질하게끔 방관해 버린 꼴이 된 것이다.

2009년 1월 버락 오바마가 미국 대통령에 취임했을 때, '핑크타이드(Pink tide)'의 물결로 인해 대부분의 라틴아메리카 및 카리브 해 국가들에서 중도 좌파 정부가 집권하고 있었지만 오바마의 임기 만료 후에 우파로 급전환되기 시작했다. 이런 정치지형의 변화를 설명하는 시도는 무수히 많지만 영국 이코노미스트인텔리전스유닛(Economist Intelligence Unit, EIU)에서 발표한 '민주주의 지수 2018 (Democracy Index 2018)'에 따르면, '결함 있는 민주주의(flawed democaracy)'로 분류되는 대부분의 중남미 국가들에는 [표 1]처럼 일종의 '사회적 증거(social proof)'로써 한 가지 문법이 작동한다. 여기서 '문법'이란 언어 체계의 문법이 아니라 비합리적인 인간의 형태에 주목하는 행동경제학에서는 말하는, 인간의 감정과 고정관념을 전제로 암묵적으로 작동되는 지식을 말한다(임두빈, 2021, 94쪽).

[표 1] 브라질 정치 지형 변화의 문법

① 보수 우파 정권이 부패와 실정으로 중산층을 무너뜨린다.
② 무너진 중산층이 진보 정권을 선택한다.
③ 진보 좌파 정권이 (신흥) 중산층의 삶을 개선시킨다.
④ 중산층은 이제 자신을 기득권 세력으로 생각하고 좌파 정권을 견제한다.
⑤ 보수 우파가 다시 정권을 잡는다.
⑥ 다시 ①로 돌아간다.
⑦ ①에서 ⑥이 무한 반복된다.

출처: 임두빈(2021)

베네수엘라의 급진 우파 야당은 쿠데타, 공장 폐쇄, 투표 거부 등 차베스 대통령의 뒤를 이은 니콜라스 마두로 대통령을 끌어내리기 위해 온갖 노력을 다해 왔다(줄리아 벅스톤, 2019). 경제 및 사회 혼란이 가중된 덕분에 야당의 여당 흔들기는 비교적 손쉽게 진행돼 왔으나, 정권 교체에 있어 우파 야당은 자신들의 정치적 역량보다 중남미 대부분을 장악한 보수주의 지도자들의 지지를 등에 업은 미국의 개입에 기대를 걸며 목적을 달성하려는 성향이 컸다. 라틴아메리카 지역의 이런 변화는 베네수엘라에 개입하려는 미국에는 이상적이었다. 그러던 중 2019년 1월, 2018년 5월 불법선거 의혹을 받는 마두로 대통령을 축출하고자 베네수엘라의 야당 지도자 후안 과이도(Juan Guaidó)가 본인을 베네수엘라의 임시 대통령으로 선언하는 사태가 발생했다. 야당은 미국의 지지에 의존하여 권력을 잡으려 했지만 스스로 개혁 의지가 부족한 부분은 별반 다를 바 없었다. 이들은 자국민들에게 정권 교체 이후, 볼리바르 혁명을 넘어서는 어떤 국가를 건설할 것인지에 대한 청사진을 제시하지 못했다. 설상가상으로 트럼프가 북한의 김정은에 집중하면서 중남미를 등한시하고 무시하는 태도가 계속되면서 중남미 보수주의 지도자들의 지정학적 입지가 복잡해져 갔다.

미국은 2019년에 치러진 대선 자체를 불법으로 규정하며 전방위적 경제 제재를 통해 마두로 대통령의 퇴진을 압박해 왔다. 마두로 정권의 대화 요청에도 불구하고 자국 석유 기업들에 베네수엘라와의 거래를 중단하도록 명령하고, 베네수엘라와 다른 나라와의 거래도 끊어 버리는 등 다양한 방법으로 마두로 정권을 압박해 왔다. 여기에 석유 부문의 산업 활동 저하와 제조업 및 무역 감소, 전력과 가스 공급 중단까지 겹치면서 경기 위축이 심각한 상황에 이르렀다. 미국의 경제 제재에 더해

코로나 19까지 겹치면서 2020년 3/4분기 베네수엘라 경제가 50% 이상 위축되는 등 경제적 어려움이 날로 가중되었다(이머릭스, 2020).

2013-2019년 기간 동안 베네수엘라의 국내총생산(GDP)은 70퍼센트 감소했고, 물가 상승은 지금까지 계속되고 있다. 또한 베네수엘라 국민의 일평균 소득은 72센트(약 860원)에 불과하고, 국민의 79.3%가 끼니 해결에 어려움을 겪고 있다. 베네수엘라가 미국의 경제 제재를 우회하기 위한 수단으로 민간 기업 및 해외 국가들이 비공개로 베네수엘라와의 새로운 원유 거래를 체결할 수 있도록 하는 '반 봉쇄법(anti-blockade law)'을 활용해 미국과 경쟁을 벌이는 중국에 투자 확대를 요청함으로써 위기 극복을 꾀하고 있지만 현실은 그리 녹록하지 않은 상황이다(이머릭스, 2020).

상기에 언급한 바와 같이 정부의 연이은 실정과 미국의 경제 제재로 2015년부터 경제가 붕괴되면서 최근 몇 년간 베네수엘라를 탈출하는 난민의 수가 기하급수적으로 증가하기 시작했다. 2018년에는 베네수엘라를 떠나는 사람들의 수가 매일 5,000명에 달했으며, 본격적으로 난민이 발생하기 시작한 2014년부터 그 수를 합치면 무려 500만 명 이상이 자기 의사에 반하여 고국을 떠날 수밖에 없는 처지가 되었다고 한다. 대부분의 난민은 남아메리카 내 콜롬비아, 칠레, 브라질 같은 인접국으로 피난을 떠나고 있으며, 이는 최근 중남미 역사상 가장 큰 난민 사태로 기록됐다(유엔난민기구, 2021).

2020년 12월에는 트리니다드토바고로 가던 베네수엘라 배가 침몰해 이민자 약 20명이 숨지는 일이 발생했다. 자국의 생필품 가격이 급등하자 베네수엘라 사람들이 바다를 건너 트리니다드토바고로 넘어가 생필품을 구하려다가 사망한 사건이었다(국제 앰네스티, 2020).

베네수엘라와 국경을 접한 브라질의 호라이마(Roraima) 주는 브라질에서 가장 인구가 적고 가난하고 낙후된 지역이다. 자살률도 높고 여성이 살해당하는 범죄율이 브라질 전국 평균보다 3배나 높은 지역이기도 하다. 베네수엘라에서 호라이마 주 국경 도시로 유입된 난민의 수가 2018년에 호라이마 주 전체 인구의 20% 이상을 차지할 만큼 상황이 심각했다. 코로나 19 상황이 심각해짐에 따라 2020년 3월에 국경이 폐쇄됐지만 여전히 불법 이민자 유입은 계속되고 있다. 베네수엘라 난민의 브라질 유입을 통해 그동안 다른 난민 사태와는 다른 모습들이 발견되고 있다.

브라질의 이주자와 난민 수용 정책의 변화

유럽의 식민지로 역사에 편입된 브라질은 국가의 기원 자체가 난민의 역사라고 볼 수 있다. 이민 정책은 노동력 수요를 중심으로 이루어져서 처음에는 아프리카 흑인들이 노예 신분으로 강제 이주를 당했고, 유럽에서는 21세기 초 팽배했던 진화론에 입각하여 브라질을 백인화하려는 인종차별적인 이민 정책을 폈던 역사가 있다.

[표 2] 유입 인구 및 시기별 브라질 유입 인구

단위(명)

아프리카인 1531–1855	포르투갈인 1500–1991	이탈리아인 1870–1953	스페인인 1880–1960	독일인 1824–1969	일본인 1870–1953	기타 1870–1953
4,009,400	2,256,798	1,565,835	750,000	250,196	190,000	650,000

출처: 이광윤(2019)

군사 독재정권에서는 국가 안보에 위협이 되지 않고 사회 발전에 도움이 되는 외국인만 선별해서 받아들이는 외국인법(1980년)을 제정하기도 했다. 군사정권이 종식되고 제정된 신헌법을 바탕으로 문민정부 들어선 뒤 브라질 정부가 불법 체류자 문제 해결을 위해 취해 온 정책은 크게 두 가지가 있다. 하나는 군사정부 시절과 마찬가지로 일정 기간에 한 번씩 사면령을 내리는 것이고, 다른 하나는 국가이민위원회(CNI)를 통해 수시로 문제를 해결하는 것이었다(조희문, 2019).

라틴아메리카 국가들은 1951년 '난민 지위에 관한 제네바 협정'에 의거한 기본 개념을 채택하여 자체적으로 1984년 카르타헤나(Cartagena) 선언을 했다. 브라질은 남미에서 가장 먼저 난민법을 승인한 국가로 남아메리카의 이민 정책을 선도해 왔다. 브라질의 이주와 난민법은 유엔 차원에서도 가장 현대적이고 포괄적이며 세계에서 가장 관대한 법으로 평가받고 있다. 브라질은 정부 부처에 최초로 인권부[5]를 개설한 페르난두 카르도주(Fernando Cardoso, 1995-2003) 대통령이 집권했던 1997년에 남미에서 최초로 난민법(Lei nº 9.474)을 공포하고 실행하였으며, 인종과 국적에 상관없이 세계 각국의 난민을 받아들여 왔다. 브라질의 난민법을 모델로 삼아 주변의 우루과이, 아르헨티나, 파라과이, 칠레, 콜롬비아, 페루, 볼리비아도 난민법을 만들었다.

브라질의 난민 수용 시스템은 기본적으로 유엔난민기구, 중앙정부, 법무부 산하 난민위원회(CONARE), NGO, 가톨릭 종교 단체를 주축으로 한 기본위원회로 구성되며, 다자간 협력을 통해 민·관이 협력하여

---

5 룰라 정부는 2003년에 인종평등부(Secretaria de igualdade racial)를 설치했다.

난민 수용을 지원하고 정착시켜 사회 통합에 이르는 방식으로 작동한다. 이처럼 전통적으로 이주에 대한 관대한 정책을 펴온 브라질이 최근 베네수엘라 난민 사태를 기점으로 과거와는 다른 배타적이고 폐쇄적인 모습을 보여 주고 있다(손지혜·윤인진, 2019).

브라질 난민 정책의 역사

제2차 세계대전 종전 후 1950년대에 수만 명의 유럽 출신 난민이 브라질로 유입되었는데 대다수가 유대인이었다. 이들은 상파울루와 리우데자네이루와 같은 대도시를 중심으로 상업 지구를 형성하였다. 1945년 브라질의 이민 정책 기조는 '나라의 발전에 기여할 수 있는' 이민자를 선별적으로 받아들이는 것이었다.

냉전 시기의 브라질은 발트 3국(에스토니아, 라트비아, 리투아니아), 폴란드, 우크라이나 등 공산권 국가에서 대략 4만 명의 난민을 받아들였으며, 이들 중 숙련된 고급 인력들은 상파울루의 도시화·산업화와 브라질 산업 발전에 핵심적인 역할을 하였고, 또한 근대화와 다각화 과정을 거치고 있던 농업 분야에 중요한 노동력을 제공했다(손지혜·윤인지, 2019).

우리나라는 1992년에 비로소 비준한 1951년 '난민 지위에 관한 제네바 협정'을 브라질은 1960년에 이미 가입하였고, 유엔난민기구 자문위원회의 설립 멤버 중 한 국가로 선정되었다. 브라질 군부 독재정권(1964-1985)은 1972년에 1967년에 공표된 '난민 지위에 관한 추가 의정서'를 채택하여 1951년 '난민협정'에서 제한을 두었던 체류 기간 제한을 삭제했으나 여전히 유럽 출신의 난민만을 난민으로 인정했다. 반면에 남아메리카 출신의 망명자들은 브라질로 입국해도 임시 난민으로만 인정을 받고, 타국으로 이동해야만 했다. 당시 대부분의 남아메리카 국가들(파라과이, 아르헨티나, 페루, 볼리비아, 우루과이, 에콰도르, 칠레)은 브라질처럼 군부 독재하에 있었지만 가톨릭 교구와 종교 단체들이 군부 정권과의 협상을 통해 난민 지원에 적극적으로 참여하는 역할을 해왔다(손지혜·윤인지, 2019).

이처럼 가톨릭 종교 단체(주로 교황청 산하 직속의 카리타스[Caritas])들은 전 세계적으로 난민을 돕기 위해 적극적으로 개입한 역사를 갖고 있다. 이는 가톨릭교회가 정의, 인권, 자비라는 종교 본연의 목적을 따른 실천적 활동의 일환이었다. 군사정부일지라도 종교 단체에 압력을 넣는 게 쉽지 않았기 때문에 다른 조직보다 난민 지원에 적극적으로 참여하는 모습을 끌어낼 수 있었다. 그 결과 가톨릭교회는 난민들을 자신의 종교로 포용하며 선교의 기회도 갖고 산업사회에서 개신교에 밀려 점점 입지가 약해져 온 자신의 입지를 지켜 내는 효과를 얻었다.

1977년에 브라질 리우데자네이루에 유엔난민기구 지역사무소가 처음 개설되었고, 1976년부터 1982년까지 리우데자네이루 교구는 '콘도르 작전(Condor Operation)'[6]으로부터 탈출하는 남아메리카 출신 망명자들의 망명을 도왔다. 유엔난민기구는 망명자들이 재정착국에 정착할 때까지 재정적 지원을 해왔고 이로써 브라질은 남아메리카에서 유일하게 남아메리카 출신 망명자들이 제3국으로 갈 수 있는 유일한 통로를 제

---

6 냉전시대였던 1970-1980년대에 친미 성향의 칠레, 아르헨티나, 볼리비아, 브라질, 파라과이, 우루과이군사독재정권들이 권력 유지를 위해 좌파와 반체제 인사를 탄압하려고 정보기관들 간 결성한 네트워크.

공하는 나라가 됐다.

이런 역사적 바탕을 지닌 브라질의 난민 정책에서는 유엔난민기구와 가톨릭 종교 단체의 협업이 매우 중요한 행위자였다. 브라질은 1997년 정부 산하 기구인 '국가난민위원회(Comitê Nacional para os Refugiados, CONARE)'를 설립했다. 1980년에 제정한 새로운 이민법(8월 19일)을 통해 브라질의 군사정권은 주변국의 정치적 망명자들을 일시적으로 수용하고 가톨릭교회의 인도적 지원과 리우데자네이루에 설치된 유엔난민기구 지역사무소의 활동에 힘입어 군부 독재 통치에 대한 면죄부를 일부 얻을 수 있었다. 1979년과 1980년 사이에 브라질은 베트남 난민 150명을 예외적으로 난민으로 인정하고 받아들였다.

1982년에 브라질 유엔난민기구 지역사무소는 공식적으로 이들을 난민으로 인정하였고, 브라질 정부를 설득하여 이후에는 세계 각지의 난민들을 받아들일 수 있는 발판을 마련했다. 1980년대 초 군부정권하의 브라질은 군사 독재정권의 벗어나는 과정을 보내고 있었는데, 이 시기에는 난민 문제는 정부가 적극적인 개입을 하는 상시적인 국가 시스템의 일부로 작동하는 게 아니라 난민 문제가 발생할 때마다 유엔난민기구가 정부와 협상을 통해 문제를 해결하는 방식으로 풀어 나갔다. 민주화의 움직임이 가시화되던 1980년대 초반에 베트남 난민뿐만 아니라 앙골라 내전으로 인해 발생한 수천 명의 난민이 브라질에 유입되었다. 앙골라 난민은 1990년대 브라질에 가장 큰 규모로 유입된 난민 집단이었다. 콩고 난민도 1990년대 브라질에 유입되기 시작하였으며, 2002년 내전이 종식된 후에도 지속적으로 소수의 난민이 유입되었다(MigraMundo, 2019). 당시 브라질은 난민 보호를 위해 1,200명의 앙골라 난민을 받아들였고, 1995년까지 망명 신청자의 약 70%(약 2,000명)가 난민 지위를 인정받았다(손지혜·윤인지, 2019).

1985년 민주화가 되면서 새로 제정된 1988년 연방헌법은 이전과 달리 인간의 존엄성과 인권 보호를 가장 큰 헌법적 가치로 명시하였고, 그런 맥락에서 신헌법은 정치적 망명 허용을 구체화하고 난민에게 노동 허가를 부여하는 진일보를 이루었다. 1989년에 유엔난민기구를 리우 데자네이루에서 연방 수도인 브라질리아로 이전하면서 유엔난민기구와 브라질 정부 관련 부처의 관계가 더 긴밀해졌다. 같은 해에 법 개정을 통해 '1951년 협약'에서 유럽인만을 난민으로 인정하는 조항을 삭제함으로써 기원국을 제한하지 않고 난민을 받아들일 수 있는 토대를 마련했다.

전술했던 것처럼 브라질은 카르도주 대통령이 집권했던 1997년에 남미에서 최초로 난민법을 공표하고 실행했다. 카르도주 대통령은 2001년 9·11 테러 직후에 팽배해진 이슬람에 대한 부정적인 인식에도 불구하고 아프가니스탄 난민조차 받아들이는 등 정치적인 논리보다 국제적 차원의 인도적 지원을 더 우선시했다. 룰라 다 시우바(Lula da Silva) 대통령(2003-2010)은 자신의 정적이었음에도 불구하고 전임 카르도주 대통령의 인도적이고 포괄적인 난민 정책을 계승하고 남미 국가들과 강력한 지역 연합을 계승·발전시키면서 브라질을 고립주의에서 벗어나 국제 사회의 책임 있는 국가로 인정받으려는 행보를 확대하여 이어 나갔다.[7] 이후 룰라 대통령의 후계자로 정권을 계승한 지우마 후

---

7 카르도주와 룰라 대통령은 브라질의 유엔 상임이사회 진입을 목표로 글로벌 플레이어로서의 행보를 벌였고, 지우마 호세피 대통령부터 그 움직임이 둔화된 측면이 있다.

세피(Dilma Rousseff)는 본인의 아버지가 불가리아 난민 출신이었던 만큼 브라질을 난민의 나라로 선포하고 인도적이고 포괄적인 난민 정책을 더 확대하여 추진해 나갔다.

2014년에는 브라질의 연방수도 브라질리아에서 카르타헤나 선언 30주년 기념으로 '라틴아메리카와 카리브 해의 난민, 강제 실향민, 무국적자의 국제 보호 강화를 위한 협력 및 지연 연대 체제' 구축을 목적으로 '브라질 선언(Declaração do Brasil)'과 '행동 실행(Plano de ação)'이 선언되었다. 이렇듯 브라질은 민간 주도로 시작됐지만 군사정권 아래에서도 난민에 유화적이었던 성향을 보여 주었고, 향후 문민정부 들어서 국가 주도의 포괄적이고 인도주의적인 난민 정책을 수립하는 데 있어서 라틴아메리카뿐만 아니라 세계적 수준을 보여 주었다(손지혜·윤인진, 2019).

난민 정책의 기조 변화

2016년 지우마 호세피 대통령이 석연치 않은 사유로 정치적 탄핵을 당하면서 우파 성향의 부통령인 미셰우 테메르(Michel Temer)가 임시 대통령직을 수행(2016-2018)하면서 행정부의 정책 기조가 변화하고 난민 인정 건수는 감소되기 시작했다. 브라질은 대도시에서조차 난민의 수용에 있어서 격리나 분리를 하지 않고 이주자들과 동등하게 브라질 사회로의 적응과 동화 정책을 실현하고 있었다. 최근의 베네수엘라 난민의 유입에 앞서 2011-2018년에는 아이티, 시리아 난민들도 대거 브라질로 유입된 바 있다. 2011년에 이미 2,549명이 난민 지위를 얻었고 2013년은 전년에 비해 그 숫자가 3배 이상 증가하였다. 그리고 2014년까지 난민 수는 증가하다가 2016년에는 전년의 4%만 난민으로 인정하였고, 이후 지속적으로 증가하였다. 브라질은 라틴아메리카에서 시리아 출신 난민들에게 가장 많은 난민 지위를 부여하였고 다른 나라와는 다르게 입국과 동시에 일을 할 수 있고, 교육을 받을 수 있으며, 의료 서비스를 받을 수 있었다(손지혜·윤인진, 2019).

그러나 2017년 테메르 대통령령으로 공표된 개정 이민법은 무엇보다 국가 안보를 최우선이라고 명시하는 등 국가 안보에 위협이 되지 않고 사회 발전에 도움이 되는 외국인만 선별해서 받아들인 '1980년 외국인 법'으로 회귀하는 징조를 보였다. 군사정권은 외국인의 유입을 국방과 사회질서를 위협하는 잠재 요소로 간주했다. 따라서 국가이민위원회(Conselho Nacional de Imigração, CNI)를 설치하여 내국인 일자리의 상실 없이 국가 산업 발전에 필요한 외국인 인력만을 선별하여 받아들이는 국가 안보 중심의 이민 정책을 수행했다. 그 후 군사정권의 종식과 더불어 브라질 국민들의 해외여행이 자유화되고, 1994년 남미 공동 시장 결성을 통해 이주를 둘러싼 인권이나 노동 조약에 있어 안보사상 중심의 1980년 외국인 법이 명백한 한계점을 보임으로써 이주민의 인권과 사회 통합에 중점을 두고 발의된 신이민법이 2017년에 비준되었다. 이는 1988년 제정된 신헌법에서 기본권의 주체를 '국민'에서 '사람'으로 확대하면서 외국인에 대한 차별을 철폐한다는 차원에서 비롯됐다.

좌파 대통령의 탄핵으로 말미암아 약 2년 반 동안 우파 성향의 임시 대통령 통치 기간을 거친 후 치른 대선에서 승리를 거두고 2019년에 취임하게 된 보우소나루(Bolsonaro) 대통령은 결국 대선 캠프에서 밝혔던 대로 취임 직후에 유엔이주협약을 탈퇴하였다. 그러나 당시 라틴아메리카 안에서 심각한 문제로 대두되고 있는 베네수엘라의 난민은 수용하기로 했지만, 이전 베트남, 앙골라, 아프가니스탄 등으로부터 난민들을 자발적으로 받아들인 것과는 양상이 분명히 달라졌다.

보우소나루 대통령의 취임 전에 이미 2018년 8월 브라질의 호라이마 주에서 국경을 넘어온 베네수엘라 난민과 브라질 주민과의 갈등으로 작고 큰 폭력 사태가 촉발되고 있었다. 난민과 주민과 사이에 분쟁이 발생한 지역에 브라질 군대가 파견되어 '환영 작전(Operação Acolhida)'을 펼치면서 시민사회 및 국제기구와 함께 난민 원조와 치안을 담당하였고, 국경은 일시적으로 폐쇄되었다. 난민들의 유입을 자신의 보금자리를 침략하는 행위로 인식한 이 지역의 주민들은 난민에 대한 반감이 극에 달했고, 이런 모습은 언론을 통해 일부 과장되어 전국으로 확산되었다. 이 폭력 사태에 브라질 호라이마 지역 주민 2,000명 이상이 폭동에 참가하여 난민 피난처를 파괴하였고, 일부 베네수엘라 난민은 고향으로 다시 돌아갔다. 당시 집권했던 테메르 대통령은 베네수엘라와 맞닿은 국경으로 유입된 통제 불능의 많은 베네수엘라 난민으로 말미암아 사실상 자국민을 위한 공공 서비스조차 마비되고 치안 불안과 범죄율 증가의 이유를 들어 더 이상 많은 수의 난민을 받지 않을 것이라 하였다.

우파 정권이 들어서면서 달라진 반이민 기조는 2013년부터 브라질의 빈민가와 원주민 거주지의 1차 공공 의료를 쿠바 의사들이 지원해 왔던 '마이스 메지쿠스(MAIS MÉDICOS: 더 많은 의사)' 프로그램의 폐지로 이어졌고, 쿠바 의료진 8,000여 명이 브라질을 떠나게 되는 결과도 낳았다. 남미 지역 우파 연대를 강화시키려는 의도를 가진 보우소나루 대통령이 쿠바 의료진 철수를 정치적으로 이용한 것이다. 그는 2018년 11월 대선 승리 직후에 "쿠바 의사의 수입 가운데 25%만 의사에게 돌아가고 나머지는 쿠바 독재정권 유지에 쓰인다"라거나 "쿠바 정부가 일방적으로 파견하는 의사들 중 일부는 아예 진찰 경험이 없다"는 논리로 쿠바 의사들의 파견 정당성에 의문을 제기하며 이 프로그램에 참여하는 의사들을 자국 출신의 의사들로 대체할 것이라 발표하였다. 쿠바 정부는 곧바로 이에 대응하여 선제 철수 방침을 내놨지만 이들 중 귀국을 거부한 약 2,500명의 쿠바 의사들이 난민 지위 신청을 하였다.

브라질 우파 정부는 쿠바에서 파견됐다가 난민 신청을 한 의사들을 본국으로 송환시키고 자국 인력을 신규 채용하여 원주민과 빈민들에 대한 의료 공백을 최소화하겠다고 했지만, 현실적으로 의료 공백을 메울 브라질 의사들의 확보가 불가능해지자 결국 난민 신청을 한 쿠바 의사들에게 한시적 거주 허가를 내릴 수밖에 없었다.

브라질에서 난민 지위를 인정받으면 6년간 거주한 뒤에 영주 비자와 시민권을 신청할 수 있는 자격을 얻지만, 임시 거주 외국인은 2년마다 체류 자격을 연장해야 한다. 또 다른 한편, 쿠바 출신 의사들이 브라질 사회에 공헌한 바가 인정되었고, 이들을 완전히 대체할 수 없기 때문에 브라질 출신의 의사들이 그 자리를 대체할 때까지 이들의 거주를 허가할 것으로 예상하고 있다(손지혜·윤인진, 2019).

전술한 바와 같이 보우소나루 정부는 집권하자마자 국제이주협약을 탈퇴하지만 현안에 있는 베네수엘라 난민은 수용하겠다고 밝혔다. 그러나 이미 그가 대선 이전부터 지속적으로 이주·난민 입국에 대해 부정적인 견해를 밝혀 왔던 것으로 미루어 볼 때, 향후 브라질의 이주·난민 정책은 이전 좌파 정권과는 확실하게 다른 방향으로 진행될 것으로 예상된다.

실제로 제1차, 제2차 세계대전 이후 유입된 많은 유럽 출신 난민들은 브라질 발전에 많은 공헌을 했다. 난민뿐만 아니라 이민자들 또한 브라질에 많은 공헌을 하였고, 지우마 호세피 전 대통령이 천명했듯이 브라질은 그 자체로 사실상 이주자들로 만들어진 나라다. 그럼에도 불구하고 최근 난민들이 대거 발생하자 이전과는 다른 매우 이중적인 태도를 보이고 있다. 쿠바 출신 의사들이 봉사와 인도주의 정신에 입각하여 제출한 난민 신청을 철회하고 단기 거주만을 허가한 사례를 보더라도 사회에 공헌할 수 있는 인력임이 확실하더라도 그 외부인의 정착을 일단 제한함으로써 이주 기회를 통제하는 것으로 볼 수 있다.

브라질 연방경찰자료에 의하면, 육로를 통한 불법 이주로 추방된 수가 2019년에는 36명인 반면 2020년에는 5,708%가 증가한 2,901명에 달했다. 법무부 자료에 따르면, 2020년 한 해 동안 2만 6,810명의 난민 신청을 승인했는데 그중에서 95%(25만 735건)가 베네수엘라 난민이었다. 브라질은 2019년 중반부터 베네수엘라를 '심각하고 광범위하게 인권을 침해당하는 장소'로 분류하여 난민 신청의 긴급 처리를 허용하고 있다. 한편, 4만 1,135건의 난민 신청도 거부했는데, 2019년에 거부된 1만 1,964건보다 244%나 증가한 수치다.

2020년 말 현재 15만 명 이상이 난민 신청을 심사받고 있는 중인데, 브라질 정부는 코로나 19로 인해 2020년 3월부터 국경 지역을 폐쇄하는 조례를 제정했으며, 보류 중인 난민 신청의 수를 줄이기 위한 조치를 시행하고 있다. 난민을 받아들이는 것과 난민의 지위를 부여하는 것은 전혀 의미가 다르다. 브라질 정부는 2020년 8월부터 관광 장려라는 명목으로 항공편으로 들어오는 외국인의 입국 절차에는 유연성을 부여하고 있어 육로로 들어오는 난민의 유입을 막는 조례는 1951년 제네바 협약과 1967년 의정서에 위배되는 차별적인 요소로 작동하고 있다.

조희문(2019)의 연구에 따르면, 1997년 개정된 브라질의 신이민법은 국가 안보 및 국내 노동 시장 보호와 이해관계가 첨예하게 연관되어 있다. 조희문은 이를 '국내 이익론'과 '국가 가치론'으로 나눠 설명을 하고 있다. 외국인 차별을 폐지한 신이민법이 국제 테러 및 신종 범죄 유입에 취약하고 국내 일자리를 위협한다는 게 국내 이익론의 입장이고, 글로벌한 상호 인력의 공급과 창출 그리고 사회적 포용을 통해 국가 안보에도 긍정적인 기여를 한다는 것이 국가 가치론이 가지고 있는 시각이다.

맺음말

앞으로도 전 세계적으로 난민의 발생 흐름은 멈춰지지 않을 것이다. 난민은 국민국가의 기능이 떨어지는 상황에서 누구에게든 언제든지 어디에서든 일어날 수 있는 전 지구적인 현상이기 때문이다. 특히 선진국에서 인구가 줄고 빈곤국에서 인구가 증가하는 구도가 계속되는 한, 난민의 발생을 최소화하자면 규제만 할 게 아니라 국경 개방론자들의 목소리에도 귀를 기울여야 한다. 국제 사회가 난민이 발생할 수밖에 없었던 배경에 관심을 가져야만 향후 난민들이 기원국으로 귀환할 수 있고 같은 상황이 재발되지 않도록 하는 데 도움을 줄 수 있을 것이다.

아프리카의 인구는 2017년 12억 명에서 2050년 25억 명, 2100년에는 44억 명에 달할 것으로 전망된다. 이 동안 아프리카 대륙에서는 대대적으로 경제 발전이 이뤄지고 국민 소득이 증대하면서 점점 많은 사람들이 '더 나은 삶을 꿈꾸며 다른 나라로 가는 데 필요한 수단'을 갖추게 될 것이다. 따라서 30년 후에는 유럽 인구의 20-25%가 아프리카 출신이 될 정도로(2015년에는 1.5-2%에 불과) 아프리카 인구가 대거 이동할 것으로 예상된다(유네스코 뉴스 제733호). 2019년 기준으로 전체 인구 대비 합법적인 이주자의 비율이 0.4% 정도로 집계되는 브라질에서도 그 중 30%가 아프리카 출신 난민들(앙골라, 세네갈, 나이지리아, 콩고민주공화국, 가나)로 구성되어 있다.

사람들은 떠나는 나라와 이주할 국가 간의 경제적 수준이 비슷해지면 자연히 대규모 이주 흐름이 감소할 것으로 생각했다. 빈곤국이 발전하면 사망률, 특히 유아 사망률이 급감하게 된다. 인구가 저령화되고 이주율이 높아진다. 부의 수준이 어느 정도에 도달하면 해외 이주가 감소하고 반대로 점점 더 많은 외국인이 이 나라로 이주해 온다. 과거 많은 이민자를 배출했던 이탈리아, 스페인, 그리스, 아일랜드, 한국, 말레이시아, 타이완은 이제 이민자들을 받아들이는 나라가 됐다. 터키나, 인도, 중국, 모로코 같은 국가들은 향후 몇십 년 내에 이 같은 변화의 대열에 동참할 수 있을 것이다. 이런 상황을 완전히 뒤바꿀 수 있는 예외적 경우는 전쟁이나 경제 붕괴, 정치 위기 등을 들 수 있다.

브라질은 군사 독재 정권 시기에 국가 보안과 사회 질서 유지 차원의 관리 대상으로 외국인을 규정하는 1980년 외국인법을 거쳐 문민정부가 들어선 이후인 1997년에는 라틴아메리카 최초의 포괄적인 난민법인 Lei nº 9.474를 1997년 7월 22일 공표하였다. 이는 난민 문제를 국가 차원에서 인권존엄성의 문제로 인식하고 포괄적이고 체계적인 난민법을 제정한 모범적인 사례였다. 그러나 브라질 정부는 정작 2010년 브라질에서 일어난 가장 큰 규모의 아이티 난민 사태가 일어났을 때, 새로 제정된 난민법의 적극적 적용보다는 오히려 국가 안보와 국내 일자리 보호에 더 신경을 쓰는 모습을 보였다. 2015년에는 국경 지역에서 베네수엘라 난민 문제가 발생하기 시작했다. 그리고 2017년 신이민법이 개정되면서 국가 안보가 아니라 인권의 존엄성에 기초한 국적 개념이 아닌 이주 개념이 적용되는 변화가 있었다.[8] 그러나 좌파에서 우파 정권으로 정치 지형의 변화가 발생하면서 난민 정책에 변화가 발생하고 있다. 더 정확하게 말하자면 이주 정책의 변화라기보다는 이주 정책을 적용하는 정부의 성향에 따라 차이가 발생한다.

이러한 정책 변화의 배경에는 다음 세 가지 원인들이 작동하고 있다. 첫째, 전 세계적인 경기 침체, 빈곤국에서 서구 세계로 지속적으로 유입되는 난민과 그로 인한 혼란, 이슬람 세계에 대한 편견을 통해 복합적으로 빚어진 신고립주의 및 신민족주의의 부상과 그에 따른 반이민 정서가 브라질까지 상륙한 것이다. 실제로 보우소나루 대통령은 미국의 트럼프와 마찬가지로 당선 이전부터 '반이민 국가'를 표방하여 대중들의 지지를 얻고 대통령에 당선되었다.

두 번째로 브라질은 2010년 대지진으로 인한 아이티 난민과 2014년부터 유입된 베네수엘라 난민 등 일부 국경 지역에서 발생하는 난민의

---

8 1980년 외국인법과 2017년 신이민법의 차이에 대한 자세한 내용은 조희문(2019, 17-19쪽)을 참고.

급격한 증가를 경험하였다. 이는 곧 고실업률과 더불어 브라질 경제가 마이너스 성장을 하는 국면에 외집단을 위한 세수 낭비와 기존 사회질서에 야기되는 불안을 상기시켰다. 일시적으로라도 범죄율이 증가하고 난민에 대한 부정적 언론 기사가 만연하면서 전국적으로 반난민 정서가 확산되는 효과를 낳을 수 있다. 그러나 2016-2018년 유입된 베네수엘라 난민의 숫자는 8만 5,000명으로 전체 인구에 비해 브라질 사회에 주는 충격은 아주 미미하다고 볼 수 있다. 문제는 역사적으로 다국적 이민 국가였던 브라질이 포용에서 배타적인 모습을 보인다는 점이다. 그 내면에는 부족해서 수입에 의존했던 노동력이 세계화와 신자유주의 경제 체제 아래서 이제 잉여 노동력으로 변한 것에 있다. 더군다나 코로나 19로 말미암아 자유주의적 세계화가 유발할 수 있는 약점도 드러났다. 자본과 노동의 자유로운 이동을 중심으로 세계화의 혜택을 설파하던 이들도 세계화가 과도하게 진행됐다는 사실을 깨닫고 신고립주의로 방향을 돌리기 시작했다. 불과 2년 전인 1997년에 포괄적이고 체계적인 이민법을 제정·공표했던 브라질도 2019년 1월 보우소나루 대통령이 취임하자마자 유엔이주협약(The Global Compact for Safe, Orderly and Regular Migration: GCM)'을 탈퇴하는 등 이민 정책 전반에 따른 변화 가능성을 드러냈다. '남미의 트럼프'로 불리는 보우소나루는 코로나 19로 인한 보건 위기 상황을 맞아 퇴행적인 민족주의와 외국인 혐오 현상을 은근히 부추기면서, 지배자들이 위기 상황을 이용해 그들의 입맛에 맞게 세계를 재편성하는 '쇼크 독트린(Shock doctrine)'[9]을 이용한다. 난민

---

9   나오미 클라인(Naomi Klein)이 2007년 출간하고 2008년에 국내 번역된 『쇼크 독트

법의 원래 취지에 역행하는 태도를 보이면서도 베네수엘라에서 벌어지는 민주주의 질서의 파괴와 인권 침해를 규탄한다는 정치적 선전 의도를 갖고 베네수엘라 난민을 환영하는 이중성을 보이고 있다.

결론적으로 포용에서 배제로 브라질 난민 정책이 변화한 원인 안에는 전 세계적으로 신고립주의가 부상하면서 인권, 평화, 난민 보호와 같은 국제 규범의 가치가 축소되는 대신 국가 안보와 경제가 우선시되고, 국가 위기 속에서 내부 단결을 도모하고 상실된 국가 자부심을 고취하기 위해 외국인과 난민과 같은 타자에 대한 혐오와 배제가 강화되고, 정부는 폐쇄적이고 배타적인 이민 및 난민 정책으로 대응하는 '규범적 동형화(normative isomorphism)'[10]가 국제적으로 팽배하고 있다는 사실을 알 수 있다(손지혜 · 윤인진, 2019).

역사적으로 브라질은 자의든 타의든 간에 포용력을 국가 형성의 가치로 여긴 이민 국가였다. 19세기 브라질이 포르투갈로부터 독립한 이래 경제 발전을 위해 적극적으로 이민을 받아들였기 때문에 브라질이 다국적 다민족 이민 국가라는 사실에 대한 반론은 거의 없다. 그러나 나오미 클라인이 '재난 자본주의'로 비판하는 오늘날의 세계화는 경계 없는 세계를 만드는 게 아니라 상대가 누구냐에 따라 경계의 확산을 야기

린』에서 '재난 자본주의 복합체'를 고발하면서 등장한 용어. 충격적인 사건이 발생했을 때, 지배 계층이 위기 극복을 위해 개혁을 하기보다는 위기가 초래한 공포를 이용해 기존 지배 체제를 더 공고히 하는 책략을 의미한다.

10 디마지오와 파월(DiMaggio and Powell, 1983)이 구체화시킨 조직 이론 중의 하나. '규범적 동형화'란 전문가 직업사회에서 전문화 과정을 통해 나타나고, 전문직의 작업 조건과 방법을 정의하고, 생산자들의 생산을 통제하고, 직업적 자율성을 취득하기 위해 인지적 기초와 정당화를 확립하기 위한 집합적 노력으로 자기들만의 네트워크로 정교화하는 과정을 뜻한다.

한다. 어떤 이는 전자여권으로 출입국 심사대를 단 몇 초 만에 통과하지만 다른 이에게는 몇 주 혹은 몇 달이 걸리는 밀입국의 시공간으로 늘어나고 내가 이 나라의 일원이 될 수 있느냐 없느냐를 판별 받는 데 몇 년의 시간이 걸리기도 한다. 이런 관점에서 볼 때 우리는 현재 민족국가가 세계에서 재조직화ㆍ재형식화되고 있다는 점은 동의하지만 우리가 사는 실제 세계에는 여전히 경계의 현존이 증가하고 있는, 세계의 질서와 무질서의 형태로 진화하고 있다는 사실을 직시할 필요가 있다.

제 7 장

베네수엘라 난민, 21세기 라틴아메리카 최대의 위험 요인

/

최명호

/

우리는 원주민(原住民)이란 표현을 사용한다. 원주민이란 말이 있다는 것 자체가 이미 '이주'가 있었음을 전제하는 것이며, 이주한 이들의 눈으로 원래 그 지역에 살던 이들을 부르는 용어가 바로 원주민이다. 이주한 종족이 상대적으로 우월한 문화, 예를 들어 청동기를 사용하는 지역에 철기를 사용하는 종족이 이주한다면 그 지역의 주도권을 잡으며 귀족 계층이 될 것이며 그 반대의 경우라면 사회의 하층민이 되기도 한다. 물론 인적 교류가 생긴 이후, 오랜 세월이 흐르게 되면 뚜렷하던 구분도 흐려지고 서로 동화되기 마련이다.[1]

단일민족 이데올로기에 반만년의 유구한 역사를 자랑하는 우리 민족의 입장에서 보면 '원주민'이란 표현 자체가 굉장히 낯설고 어색한 것

---

1   인도의 카스트나 신라의 골품제의 경우가 좋은 예가 될 것이다. 특히 성골과 진골을 구분한 신라의 경우는 왕족 사이의 구분이 있었다는 점, 혈통의 순수성을 강조하여 진골과 성골이 혼인할 경우 진골로 계급이 떨어진다는 것 등으로 지배계급은 적어도 서로 다른 두 집단 이상이 이주했다고 유추할 수 있다.

이다. 하지만 달리 보면 우리 모두가 '원주민'이며 단군 할아버지의 자손이기도 하다. 현재 다문화 체제로 들어갈 수밖에 없는 우리의 현실을 고려하면, 실제 역사에서는 수차례 있었을 수도 있었겠지만, 우리의 인식 차원에서는 처음으로 벌어지는 대규모 이주와 문화적 접변이 일어나고 있는 것이다.[2] 민족문화의 관점에서 보면 한민족의 정통성이 흔들리는 위기일 수도 있으나 문화적 다양성과 새로운 문화의 생성이란 관점에서는 기회일 수도 있다.

환경적으로 격리되어 있거나 혈통의 순수성을 지키고자 하는 종족에서 족내혼(族內婚)은 일반적으로 관찰되는 것이며, 혈통의 순수성이 극단적으로 표현되면 근친상간이 나타나기도 하고 이것 또한 일반적이다. 시조(始祖)가 가장 순수하며 대를 계승하면 할수록 타락할지도 모른다는 생각은 천손(天孫) 혹은 천강신화(天降神話)로 표현되기도 하고 난생신화로 표현되기도 한다.[3] 하지만 역설적으로 이런 믿음이 사실이라면 그 개인, 종족, 민족, 국가, 문화, 문명은 멸망했거나 적어도 도태될 수

---

2 서울 대림동의 대동초등학교의 경우 전교생의 72%가 다문화 학생이다. 대림동의 특수성을 감안한다고 해도 학생 10명 중 7명이 다문화 학생이라는 점이 시사하는 것은 대한민국이란 국가에서 한민족이 압도적 다수였던 시절은 끝이 났으며 다문화는 당위가 아니라 현실이라는 것이다. 교육통계서비스(https://kess.kedi.re.kr/)에 의하면 농촌 지역을 중심으로 다문화 학생의 비율은 보통 20%가 넘는다. 물론 20%는 높아 보이지만 아직 걱정할 만한 수준으로 보이지는 않을 수도 있다. 하지만 군을 기준으로 한 통계이기 때문에 읍/면/동의 상황을 반영하는 지표라고 하기는 어렵다. 10명 미만의 초등학교의 경우 이미 부모가 모두 대한민국 국적인 경우가 소수라고 한다.

3 천강신화의 경우와 난생설화의 경우 모두 부성(父性)이 삭제되어 있다는 점, 하늘에서 내려왔거나 상식적으로 설명되지 않는 알에서의 탄생은 기독교의 처녀 잉태와 비슷한 구조이다. 다시 말하면 일반적인 필부와 존재 자체가 다르며, 그 스스로 하나의 시초(始初)가 된다는 것을 의미한다.

밖에 없을 것이다. 아무리 발달한 문명이나 혈통의 순수성을 강조하는 문명이라 해도 타 문명과의 교류, 즉 새로움이 거세된 상태라면 변화 없이 서서히 화석화되면서 그 수명을 마감할 수밖에 없다. 굳이 에로스와 타나토스를 언급하지 않더라도, 같은 맥락으로 변화가 없는 삶은 그 자체로 죽음을 의미한다는 것은 비단 문명이나 국가 차원만이 아니라 개인 차원에서도 통용될 수 있는 지혜일 것이다. 유전적 다양성이 담보되지 않은 생식의 경우 이와 비슷하게 해석할 수 있을 것이다. 그러므로 인적 교류와 물적 교류는 한 개인이나 문명·문화가 자연적으로 성장하기 위한 필요조건이라 할 수 있다.

역사적으로 급작스러운 대규모 이주의 경우는 그 지역 문화를 전면적으로 교체하기도 하고 아예 새로운 역사·문화를 만들기도 한다. 예를 들어, 게르만족의 대이동의 경우 로마제국의 멸망을 야기했으며 서유럽 토착민들이 동로마 지역으로 이주하게 한 원인이 되었다. 동시에 고트 족, 반달 족, 프랑크 족 등의 이동으로 인해 비단 스페인만이 아니라 현재 서유럽 국가들이 성립하게 된 기반이 된다. 초기 무슬림 정복 전쟁은 그 양상은 조금 다르지만 동로마 일부 지역을 제외한 옛 로마의 영토보다 넓은 영토를 정복했고, 이 지역에 아랍어와 『쿠란』을 중심으로 한 강력한 이슬람교와 그 문화를 성립시켰다. 같은 맥락으로 스페인의 중남미 정복의 경우 또한 가톨릭을 기반으로 한 중세적 종교와 문화가 성립되었고 다양한 원주민 언어가 스페인어로 대체되었다. 주지하듯 그 이전과는 전혀 다른 문화가 성립된 것이다.

물론 대규모 이주의 결과보다 더 중요한 것은 이주의 이유일 것이다. 민족의 대이동의 경우 타민족의 침입 등의 요인에 의한 결과일 수도 있

[그림 1] 5세기 유럽의 민족 분포와 이동 경로

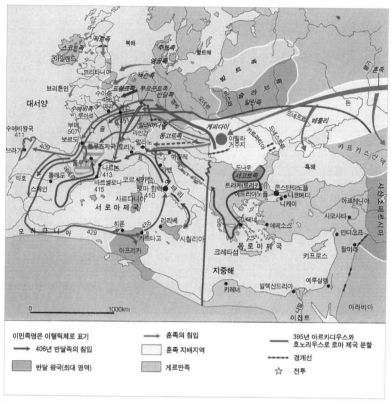

출처: 조르주 뒤비, 2006, p. 37

으나 대규모 기근을 야기한 기후 변화 등의 환경 변화가 그 원인이라 한다면 그것은 인간의 힘으로 막을 수 없는 것이다. 간빙기 이후 엘니뇨, 라니냐 등의 원인으로 인하여 단기적인 재난 상황만이 아니라 평균 온도가 변화하는 장기적 기후 변화로 인해 야기되기도 했고, 그로 인해 대규모 이주가 발생하기도 했다. 원인에 따라 그 양상이 같지는 않지만 생존의 위기 상황에서 일어난 일이라는 점, 다시 말해 아주 절박한 상황에서 이루어진 점이라는 것이 공통점일 것이다. 생존이 위협받는 상황에

서 일어난 여러 행위들을 일반적인 도덕·윤리의 기준으로 판단할 수 있는가 없는가는 그 자체로 논쟁적인 주제이긴 하지만[4] 그 판단을 보류하면, 콩나물시루 같은 노예선에서, 해발고도 4,000미터 이상의 산 정상에 추락해 버린 비행기에서, 섭취할 수 있는 영양분이 전혀 없는 무인도에서 생존자들이 할 수 있는 반인륜적인 행위, 식인 행위 등이 충분히 있을 수 있는 일이라는 것에는 다들 공감할 것이다. 그러므로 대규모 이주 행위가 일어났을 경우 먼저 살펴보아야 하는 것이 바로 그 원인이며, 동시에 그 원인이 어느 정도 해결되었을 경우, 상황이 개선될 가능성일 것이다. 2021년 현재 베네수엘라 상황은 그 원인도 문제이지만 그 원인이 해결될 기미가 없고, 해결되었다고 해도 국외로 빠져나간 이들이 다시 돌아올 가능성이 그리 높지 않다는 점에서 심각한 문제라 할 수 있다.

2021년 3월 현재 베네수엘라 사태를 보는 두 가지 극단적 시각이 있다. 관점에 따라 베네수엘라 사태를 정의하는 것부터 달라지는데, 베네

---

4 한스 로슬링은 자신의 책 『팩트풀니스』에서 인간에게 생존과 진화가 가능케 한 동력으로 부정 본능과 공포 본능을 꼽는다. 쉽게 있을 수 있는 최악의 경우를 피하기 위해 상황을 부정적으로 보는 부정 본능과 있을 수 있는 위험을 염려하는 공포 본능이 인간의 생존 가능성을 높였다는 것이다. 자국에서부터 생존의 문제로 이주를 결심하고 6·25 전쟁의 피난민처럼 도보로 국경을 넘은 이들에게 부정 본능과 공포 본능은 거의 최대 잠재력까지 활성화되어 있다고 봐야 할 것이다. 또한 우리나라의 경우와 비슷하게 수만 명의 불법 이주민, 도시 빈민이 유입된다는 것은 그 지역의 저임금 노동 시장의 붕괴를 의미한다. 결국 사회의 가장 약한 고리에서부터 부정·공포 본능 등 생존본능이 발현되고 역설적으로 합리적이며 이성적인 판단은 어려워지고 모두가 선전·선동에 흔들리기 쉬워진다. 물론 뒤집어 생각할 수도 있다. 가짜 뉴스 등으로 공동체에 비이성적 선전·선동이 횡행한다는 것은 그 공동체의 상황을 단전으로 보여 준다고 판단할 수도 있는 것이다. 한스 로슬링, 이창신 옮김, 『팩트풀니스』, 김영사, 2019.

수엘라 집권 세력을 지지하는 세력에게 베네수엘라 사태란 미국 제국주의가 베네수엘라 마두로 정권을 붕괴시키고 친미 정권을 세우려는 것이며 그 목적은 베네수엘라의 원유 및 기타 자원을 약탈하는 것이라는 상당히 고전적인 관점이 있다. 그 반대쪽에는 현 집권 세력의 독재와 무능, 부정부패와 과도한 포퓰리즘 정책으로 인해 식량, 생필품 그리고 약품 등 필수적 생존 기본품의 부족 현상과 현실적으로 존재하기도 어렵고 상상하기도 어려운 하이퍼 인플레이션 현상과 외환위기적 상황이 야기되었다는 것이다. 하지만 반대쪽 관점에서 이런 모든 상황은 미국의 경제 제재에 의한 것으로 베네수엘라는 순결한 피해자이다. 물론 이와는 다르게 모든 것이 유가 폭락으로 인한 것이란 시각도 존재하지만, 베네수엘라의 현 집권 세력은 20년 이상 집권하고 있으므로 단기간의 유가 폭락으로 정권 붕괴에 가까운 위기가 왔다는 것은 그 자체로 정권 자체가 부실했다는 거나 방만하게 재정을 운영해 왔다는 것을 반증하는 것이다. 특히 2007년 미국발 금융위기 이후 세계 각국이 미국의 공격적인 양적완화 정책 아래서 재정 안정성을 추구해 왔다는 것을 고려하면 베네수엘라 집권 세력의 방만함은 라틴아메리카에 대한 나쁜 선입견의 이미지와 일치한다고 할 수 있다. 서로 모순되는 것으로 보이는 시각 중 어떤 것이 진실일까? 논리적으로 본다면 하나가 참이면 다른 것들은 거짓이어야 한다. 하지만 삶에 대한 경험이 쌓이면 쌓일수록 'yes or no'보다는 'yes and no'가 모순적이지만 삶의 진실처럼 다가오기도 한다. 어쩌면 2019년 베네수엘라의 상황은 우리가 얼마나 냉전적 사고에 영향을 받고 있는지를 알 수 있는 좋은 예가 아닐까?

이런 상황이 상징적으로 표현된 기사가 2019년 3월 30일 《조선일보》의 인터넷 홈페이지인 조선닷컴에 배준용 기자의 「석유 믿고 20년 포퓰리즘… '국민 94% 빈민층'만 남겼다」일 것이다.[5]

유엔(UN)이 최근 베네수엘라 상황에 대한 실사(實査)를 바탕으로 작성한 보고서가 공개됐다. 28일(현지 시각) AFP통신이 입수해 공개한 유엔의 '인도주의적 지원 우선순위 검토'라는 45쪽짜리 보고서에는 마두로 정권하의 처참한 베네수엘라 실상을 전하는 수치들이 가득했다. 한때 '사회주의 지상낙원'으로 알려졌던 베네수엘라 상황은 현재 최빈국 수준을 넘어 '국가 기능의 총체적 실패에 따른 재난의 만성화'로 요약된다. "베네수엘라 국민이 가장 기본적인 치안·의료 서비스는 물론 백신과 의약품, 물, 전기조차 제대로 공급받지 못하는 '인도주의적 대위기'에 처했다"는 게 이 보고서의 결론이다.[6]

「인도주의적 지원 우선순위 검토(Overview of Priority of Humanitarian Needs)」는 다각적인 지원이 필요한 국가들을 대상으로 작성되어 온 보고서이다. 시리아, 이라크 등 국가를 대상으로 만들어진 적이 있으며 인터넷 검색을 통해 확인이 가능하다. 다만 베네수엘라를 대상으로 한 보고서는 아직 확인되지 않으나 '내부 보고서'라는 제목을 쓴 것을 보면 현재는 일반에게 공개되지 않았다는 것을 의미하기 위함이라 추측할 수도 있다. 다만 기자가 인용했다고 밝히는 AFP 통신의 홈페이지(https://www.afp.com)에서 위 내용과 같거나 유사한 기사를 찾을 수는

---

5   배준용, 「석유 믿고 20년 포퓰리즘… '국민 94% 빈민층'만 남겼다」, http://news.chosun.com/site/data/html_dir/2019/03/30/2019033000287.html

6   http://news.chosun.com/site/data/html_dir/2019/03/30/2019033000287.html

없다. 다만 중소 인터넷 미디어를 통해 AFP 기사를 인용한다는 기사, 다시 말해 조선닷컴의 기사와 비슷한 형식의 기사는 찾아볼 수 있다.[7] 마치 라틴아메리카 문학의 특징 중 하나인 '보르헤스적 사실주의', 더 정확히는 '가짜 사실주의(pseudo-realism)적' 상황처럼 보이기도 한다. 아무튼 보고서를 인용한 기사는 적지 않으나 그 유엔 보고서 원본을 확인하는 것은 불가능한 것 같다.

하지만 그렇다고 모든 것이 거짓이라 볼 수는 없다. 「2017년 국민 생활실태조사(Encuesta sobre Condiciones de Vida: ENCOVI)」에 따르면 92%가 빈곤층이고 61%가 극빈층인데 베네수엘라 정부기관이 통계자료를 마지막으로 발표한 2014년에는 48.4%가 빈곤층이었고 23.6%가 극빈층이었다. 다만 '하이퍼 인플레이션(Hyper inflation)' 상태, 다시 말해 베네수엘라 화폐가 완전히 가치를 잃어버린 상태, 가격을 정할 수 없어 현물 거래 혹은 달러 혹은 유로를 통해 거래가 일어나고 거스름돈이 필요할 때 다시 현물로 거스름돈을 주는 현재 베네수엘라의 상황을 고려하면 가구총소득을 계산하는 것도, 그리고 그 가구총소득의 40-50%를 계산하는 것도 큰 의미는 없을 것이다. 현재 베네수엘라 사회가 일반적인 자본주의 혹은 근대적 자유주의 국가라 보기 어렵기 때문에 하루 아침에 붕괴될 것이라 예상하는 것은 무리란 것이다.[8]

---

7 로이터의 기사가 대표적인 예가 될 것이다.
https://www.reuters.com/article/us-venezuela-politics-un/venezuelans-facing-unprecedented-challenges-many-need-aid-internal-u-n-report-idUSKCN1R92AG

8 2020년 후안 과이도로 대표되는 야당 세력이 보이콧한 상황에서 치러진 총선에서 여당은 국회의 3분의 2선 이상을 확보함으로써 모든 권력을 장악하였고, 경찰과 군인 등

전 칠레 대통령이면서 현 유엔인권고등판무관사무소(Office of the United Nations High Commissioner for Human Rights)의 책임자인 미첼 바첼레트(Michele Bachelet)를 비롯하여 조사팀은 2019년 6월 19일부터 21일까지 베네수엘라를 직접 방문하여 베네수엘라의 인권 상황에 대한 광범위한 조사를 한 후 7월 5일 공식 보고서를 발표했다.[9] 미첼 바첼레트는 중도 좌파 혹은 좌파 성향의 정치인이었고 현재도 그 이념적 성향은 변하지 않은 것으로 알려져 있으므로 영미권의 미디어를 통해 언급되는 베네수엘라에 대한 정보와 유럽 등의 좌파 성향 미디어를 통해 알려지고 있는 극단적인 정보 사이에 균형 잡힌 결과물을 제시할 것이라 예상되었다. 미첼 바첼레트와 조사팀은 마두로 대통령을 비롯하여 야당의 지도자이며 국회의장이자 임시 대통령인 과이도 등 다양한 인사들과 공식/비공식 면담을 진행했으며 아르헨티나, 브라질, 칠레, 콜롬비아, 에콰도르, 멕시코, 페루 그리고 스페인의 베네수엘라 난민과 이민자들과도 면담을 진행했다. 총 558건의 인터뷰와 정부 및 여당과 야당 인사들과의 159회의 회담 및 다양한 실사를 거쳐 결과를 발표했는데, 그 결과는 총체적 난국이라는 판단이었다.

보고서에 의하면 2019년 4월 기준 베네수엘라의 최저임금은 한 달

공권력 또한 장악하였기 때문에 한동안 베네수엘라에 어떤 권력 변화도 없을 것이란 평가가 지배적이다. 다만 역설적으로 모든 권력을 장악했기 때문에 곧 붕괴될 것이란 전망도 있는데, 사실 이것은 역사적으로 증명된 것이기도 하다.

9 이후의 내용은 「유엔 인권위 예하 유엔인권고등판무관사무소의 베네수엘라 인권 상황에 대한 보고서(Report of the United Nations High Commissioner for Human Rights on the situation of Human rights in the Bolivarian Republic of Venezuela)」의 요약이다.
https://www.ohchr.org/EN/NewsEvents/Pages/DisplayNews.aspx?NewsID=24788&LangID=E

기준 7달러 수준이며, 이 임금 수준으로는 생계를 위한 기본적인 식량의 4.7%만을 충족할 수 있다. 즉 한 달 기준으로 겨우 4일치의 식량을 살 수 있는 것이다. 국가 자원의 부적절한 분배와 공공 인프라의 투자 및 관리 실패로 인해 대중교통과 전기, 수도, 가스 등 현대 사회에서 기본적 생존을 위한 서비스가 제공되지 못하고 있고, 이로 인해 기본적 생존권이 위협받는 상황이다. 베네수엘라 정부는 2018년 8월까지 이 모든 것을 부정해 왔으나 9월부터 이 모든 것을 인정했다. 베네수엘라의 약 370만 명이 영양실조 상황이며 여기에는 어린이와 임신한 여성들이 다수 포함되어 있다고 한다. 정부는 소위 클랩박스(CLAP boxes)로 알려진 식량 배급 프로그램으로 생존에 필요한 기본적인 영양분을 국민에게 제공하려하는데, 이마저도 효과적이지 못하고 이를 극복하기 위해 국제적 원조를 얻기 위한 노력도 하지 않았다. 2016년 말부터 시행된 '조국의 카르네(carnet de la patria)'는 가정에 직접적으로 금융 서비스를 제공하는 것인데, 중앙정부가 아닌 지역에 기반을 둔 조직이 관리하고 이를 통해 지역 수혜자의 정치적 활동을 감시하는 제도로 악용되고 있다고 한다. 무엇보다 의약품 부족이 심각한데, 중환자들을 위한 주요한 의약품은 카라카스를 비롯한 주요 4개 도시에서 절대적으로 부족한 것으로 나타났고, 2018년 11월부터 2019년 2월까지 1,557명이 의약품 부족에 의하여 사망했다고 한다. 피임에 관련된 물품도 부족하여 원치 않는 임신과 청소년 임신율이 2015년과 비교하여 65% 증가했으며 이와 관련한 다양한 사회 문제 또한 증가하고 있다.

　정치·사회·경제 위기가 심화됨에 따라 2014년 이후 정부에 대한 항의 건수와 강도가 증가했다. 베네수엘라 정부에 따르면 2017년

1만 2,913건, 2018년 7,563건, 2019년 1월 1일부터 5월 12일까지 3,251 건의 시위가 벌어졌다. 하지만 NGO인 베네수엘라 사회적갈등감시 (Observatorio Venezolano de la Conflictividad Social, OVCS)에 의하면 정부 발표를 상회하는 건수로 시위가 발생했다. 2017년 9,787건, 2018년 1만 2,715건, 2019년 1월 1일부터 5월 31일 사이 9,715건의 시위가 있었다. 대부분의 시위에서 경찰과 군은 과격하게 진압하여 시민의 집회결사자유를 침해하였다. 친여적 무장 민병대 조직인 콜렉티보스 (colectivos)는 시위대에 폭력과 테러를 가했으며 경찰과 군대 등과 협조하는 경우도 많았다고 한다. 정부에 따르면, 2018년에는 시위 도중 사망자가 없었으며 2019년 1월과 5월 사이에 29명이 사망했다고 보고했지만, OVCS는 2018년 시위와 관련하여 14명이 사망했으며 유엔 인권위는 2019년 1월과 5월 사이에 66명이 사망했다고 기록했다. 시위에 참가하여 체포되거나 고문당한 경우, 야권 성향 주민들의 자택에 대한 테러 등도 자행되었다. 2014년 1월부터 2019년 5월까지 정치적 이유로 최소 1만 5,045명이 구금되었고 그중 527명이 2018년에 구금되었고 2019년 1월에서 5월 사이에 2,091명이 구금되었다. 2019년 5월 31일까지 793명이 자유를 박탈당했는데, 1,437명이 무조건 석방되었으며 8,598명이 조건부로 석방되었고 피의자로 형사소송 중이다. 체포되어 구금되는 과정에서 정부 기관에 의한 다양한 형태를 고문을 포함하여 비인격적이며 비인도적인 처우가 있었고, 이를 통해 자백을 강요당했다고 한다. 여기에 전 세계적으로 금기시되는 여성에 대한 성폭력 또한 있었다고 한다. 논쟁적이긴 하지만 베네수엘라 정부는 보안작전으로 인해 사망하는 사건을 '권위/공권력에 대한 저항'으로 인한 살인으로 분류하는데, 베네수엘라의 경우 이 건수가 비정상적으로 높다. 2018년 정부는 5,287건이 있다고 했지만 NGO인 베네수엘라 범죄감시(Observatorio Venezolano de la Violencia, OVV)는 이 범주에서 최소 7,523건의 사건이 있다고 밝혔다. 개별적 사건에 대한 분석을 통해 그 원인을 밝히지는 않았지만 현재 베네수엘라의 상황을 단적으로 보여 주는 지표임에는 분명하다. 마두로 대통령과 베네수엘라 정부는 이 보고서가 허위이며 날조라고 주장하였으나 그 근거는 상대적으로 빈약하다. 보고서를 근거로 판단하면 정치적으로 베네수엘라의 현 상황은 계엄령이 내려진 군부 통치 시기와 유사하거나 준군부 통치로 봐도 그리 큰 무리는 없을 것이며, 베네수엘라 국민의 생존권은 여전히 위협받고 있으며 앞으로도 악화될 것이다. 무엇보다 미국의 경제 봉쇄로 인해 원유 수출 중심 경제가 회복할 기미가 없기 때문에 앞으로의 전망은 더 비관적이다. 다만 바이든 현 미국 대통령이 인도주의적인 접근을 통해 경제 봉쇄를 풀어 준다면 약간의 희망이 있다고도 할 수 있으나 이미 수개월 동안 멈춰 버린 원유 시설을 다시 가동하는 것도 그리 쉬운 일은 아닐 것이다.

그러므로 베네수엘라에 대규모 난민이 발생하고 주변국으로 이동하는 것은 당연한 일이며 생존을 위한 선택이라 할 수 있다. 하지만 이것은 주변국에게 상당한 위험요소가 되는데 코로나 19의 대유행 상황이라는 것을 감안하면 더욱 그렇다. 우리나라에서 소수의 예멘 난민들에게 느꼈던 공포심을 기억한다면 수십만 명의 난민이 유입되어 도시 빈민이 되거나 범죄 집단을 형성하거나 유흥가에서 매매춘을 하거나 불법적인 상거래에 투입될 수 있다는 가능성만으로 국가의 기본적인 질서가 흔들릴 수 있다. 특히 100여만 명의 베네수엘라 난민이 유입된 콜롬비아의 경우, 난민 중 단 1%만 불법적인 일에 가담한다고 가정해도 그 수가 1만여 명이 된다. 1만여 명의 범죄자가 순간적으로 증가한다면 그 자체로 엄청난 국가적 위기를 초래할 수 있을 것이다.

실제로 합법적으로 난민캠프에 대기하다 난민의 지위를 인정받은 경우에는 참정권을 제외한 자국민으로서의 모든 권리를 누릴 수 있으나 주변국의 상황이 수십만에서 수백만의 난민 가정에 안정적인 직업을 제공하기 어렵다는 것은 쉽게 예상할 수 있다. 게다가 불법적인 루트를 통해 타국에 입국한 경우 생계를 위해 할 수 있는 일은 그리 많지 않다. 불법 노점상이나 마약, 매춘 등에 직간접적으로 가담하기 쉽다는 것은 부정하기 어렵다. 다행인지 불행인지 인종적으로 크게 구별되지 않으며 스페인어를 사용한다는 동질성에 기타 대중 미디어들을 국가 구분 없이 사용 가능했기 때문에, 말투에 조금만 신경을 쓴다면 출신 지역이 드러나지 않으므로 상황이 악화될수록 주변국으로의 이주는 늘어날 것이다. 특히 무역 봉쇄로 인한 경제적 취약성은 시간이 갈수록 증가할 것이며, 그중 의료 및 기타 생필품에 해당하는 물품의 부족 상황은 생존의 위기를 야기하게 될 정도로 위험하기 때문에 인도주의적으로 베네수엘라를 지원하지 않는다면 난민의 유입은 기하급수적으로 늘어만 갈 것이다. 또 유입된 난민을 철저히 관리하지 못한다면 코로나19 등 전염병의 유행 또한 멈추지 못할 것이다. 다시 말하면 베네수엘라 난민은 현재 라틴아메리카에서 해결해야 할 가장 큰 과제이며 이를 실패할 경우 남아메리카 전체가 위기에 빠질 수도 있을 것이다.

실제로 2020년 유엔난민기구의 베네수엘라 난민 추정치는 650만 명

[그림 2] 유엔난민기구에 의하면 베네수엘라는 2020년 기준 시리아를 넘어선 세계 최대 난민 유출 국가로 약 650만 명이 난민 상태로, 이는 인구의 약 5분의 1 이상이다. (2018년 기준 베네수엘라의 총인구는 약 2900만 명.)

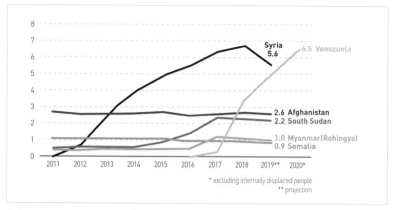

출처: 유엔난민위원회, "https://www.unhcr.org"

으로 세계 최대 규모이다.[10] 유럽 각 국가의 사회적 문제였으며 가끔 브렉시트가 유발된 원인 중 하나로 꼽히는 시리아 난민의 수보다 90만 명이 더 많으며 1만 명이 채 되지 않는 카라반(미국을 향하는 중미 이주민들)과는 비교도 할 수 없는 수준이다. 물론 상황이 여기서 종결되었다면 베네수엘라 난민은 라틴아메리카 각 국가의 변수 혹은 잠재적 위험 등으로 남았을 것이다. 하지만 코로나 19의 대유행으로 상황이 악화되며 새로운 국면이 펼쳐진다. 우리는 코로나 19의 대유행 속에서 사회적 약자들이 상대적으로 공공 의료의 보호 대상이 되지 못한 채 소외되고 있다는 것을 체감할 수 있었다. 검진 키트는 물론이고 바이러스와 비말을 차단할 수 있는 마스크조차 원활하게 공급되지 않던 상황에 라틴아메리

---

10   유엔난민위원회의 수치는 정상적인 이민, 합법적 난민, 불법적 난민과 정치적 이유 등의 망명을 포함한 모든 비합법적 이주를 포함하는 추정치이다. 추정치이기 때문에 실재와는 오차가 존재하며 더 중요한 점은 현재도 계속 증가하고 있다는 것이다.

[그림 3] 베네수엘라 주변국의 난민 현황, 색깔이 짙을수록 그 수가 많은데, 베네수엘라 난민이 많은 콜롬비아, 페루 그리고 브라질 등에서 하루 1만 명 이상의 코로나 확진자가 발생하고 있는 것 또한 사실이다.

출처: 유엔난민위원회, "https://www.unhcr.org"

카 각 국가의 사회적 소수자, 소득분위 최하위층은 바이러스의 위험에 직접적으로 노출될 수밖에 없는 상황이었다. 하지만 이들보다 더 소외된 이들이 바로 불법/합법을 모두 포함한 베네수엘라 난민들이었다.

또한 비말을 통해 호흡기로 전파되는 바이러스의 경우 한 사람의 감염으로 집단감염의 가능성이 높으며, 공공의료 시스템의 보호를 받지 못해 생존이 여의치 않은 난민의 경우 불법 행상, 불법 노점 등을 통해 생계를 유지할 수밖에 없다. 다시 말해 비대면 시대에 대면을 통한 경제 활동을 해야 하는 것이다. 이런 상황 자체가 난민들에게 생존을 위협하는 위험 요인이 되며 동시에 인도주의적 의도로 난민을 받아들이고 보호하는 국가에게 국가 안보의 치명적 위기가 된다. 현재 베네수엘라에서 발표하고 있는 코로나 19 상황은 상당히 양호한 편이나 현재 검진 키트와 백신 등을 러시아와 중국에 의존하고 있으며 그나마 수급 상황이 좋지 않다. 앞에서 언급한 것과 같이 정부의 공식적인 발표를 쉽게 믿을 수 없으므로 베네수엘라의 상황이 2021년 현재 어떠한지는 그 누구도 쉽게 단언하기는 어려울 것이다.

필자는 2020년 2월, 라틴아메리카에 본격적으로 코로나 19가 유행하기 전 베네수엘라의 카라카스에서 일주일 동안 머물며 현지 상황을 관찰한 적이 있었다. 쓰레기통을 뒤져 먹을 것을 찾는다는 외신의 보도는 상당히 과장된 것이었고 군인과 민병대가 지키는 카라카스는 다른 라틴아메리카 대도시보다 안전하다고 할 수 있었다.

2020년 2월 당시에는 하이퍼 인플레이션을 극복하기 위해 미국 달러를 자유롭게 사용할 수 있었으나 미국과의 무역이 불가능한 상황에서 달러를 자국의 화폐로 계속 사용하기는 어려워 보였다. 무엇보다 달러의 사재기와 외부 유출 등으로 인해 새로운 고액권 화폐인 5만 볼리바르 화폐를 발행했고, 2020년 10월 달러의 사용을 금지했다.[11] 하지만 볼

---

11 그럼에도 불구하고 현재 베네수엘라 국내 경제 활동의 60%가 달러로 이루어진다

[그림 4] 카라카스의 명동이라 할 수 있는 사바나그란데(Sabana Grande)의 금요일 오후의 모습. 문 닫은 상점도 없고 사람이 붐빈다고 할 수는 없지만 그렇다고 황량하다고 할 수도 없다.

[그림 5] 카라카스의 제일 부촌이라 할 수 있는 차카오(Chacao) 지역의 대표적인 시장의 모습. 경제 활동이 상당히 위축되었다는 것을 상징적으로 보여 준다.

는 추산도 있다. 달러의 사용보다 현재 더 주목받는 것은 마두로 대통령이 암호화폐 비트코인과 이더리움으로 일정 부분의 외환을 보유하고 있다고 밝힌 점이다. 암호화폐의 가파른 상승이 베네수엘라 경제에 어떤 영향을 미칠지는 앞으로 주의 깊게 지켜보아야 할 것이다.

[그림 6] 2019년 발행일부터 계속 가치가 떨어지고 있는 베네수엘라의 볼리바르 환율

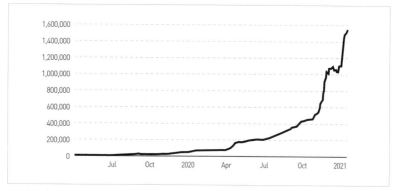

출처: https://ko.tradingeconomics.com

[그림 7] 2007년 기준 GDP 대비 해외 조세도피처 유출 자금 비율, 세계 평균이 9.8%이고 베네수엘라가 64.1%로 세계 2위, 아랍 에미리트가 73.1%로 세계 1위이다.

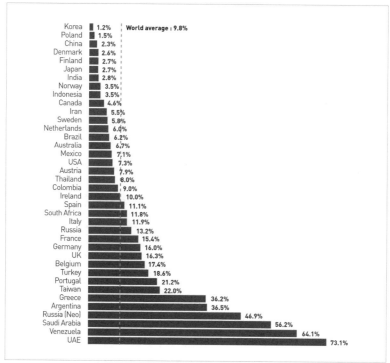

출처: 전중원, 2013, p. 7.

리바르의 가치는 급격히 하락했고 2121년 3월 20만, 50만, 100만 볼리바르 지폐 3종을 새로 발행했으나[12] 하이퍼 인플레이션을 막을 수는 없었다. 현재 최고액인 100만 볼리바르는 원화로 600원 정도이다.

과연 베네수엘라의 문제는 어디서부터 시작된 것일까? 그저 원유 가격의 하락으로 인해 모든 불행이 시작되었다고 보기는 어렵다. 산유국들의 상황이 베네수엘라와는 다르기 때문이다. 이 문제에 대해 힌트를 주는 도표가 있다.

2007년 기준 GDP 대비 해외 조세도피처 유출 자금 비율을 나타내는 [그림 7]에서 베네수엘라는 총 GDP의 64.1%가 해외 조세도피처로 유출되었다. 2007년 베네수엘라의 국내총생산은 대략 230억 달러 정도이므로 147억 달러 이상이 해외로 유출된 것이다. 물론 해외 조세도피처로 유출된 자금의 총량을 정확히 계산하는 것은 불가능하므로 이후 현재까지 이런 경향은 계속되고 있다고 봐야 할 것이다.

2018년 2월 1일 대한민국 외교부는 짧은 성명서를 발표했다.[13, 14] 베네수엘라의 현 상황을 우려하며 모든 주체들이 참여해 민주주의를 회복할 것을 기대한다는 내용이었다. 다만 대한민국 또한 국제 사회에 공조할 것이란 마지막 부분은 직설적으로 밝히지 않았지만 현 집권 세력의 기득권을 모두 인정하기는 어렵다는 의미로 해석해야 할 것이며 이

---

12   http://news.kbs.co.kr/news/view.do?ncd=5141994&ref=A

13   이후 서술된 내용은 필자가 쓴 「베네수엘라 위기와 라틴아메리카의 고독 그 오래된 미래」(2019)에 서술된 내용을 기초로 작성되었다.

14   베네수엘라 위기에 대한 외교부 대변인의 성명 참조. http://www.mofa.go.kr/www/brd/m_4076/view.do?seq=368239 (2019.04.15.).

것이 현 정부의 공식적 입장인 것이다. 일부 과거 냉전 논리에 익숙한 이들은 베네수엘라의 모든 문제가 미국의 경제 제재에 의한 것으로 보기도 한다. 여기에 기본이 되는 것이 현재까지 베네수엘라가 '특별기간(Período especial)'[15] 시기의 쿠바와 비슷한 수준의 경제 제재, 다시 말하면 무역 봉쇄에 가까운 조치가 취해졌다는 데에 근거하고 있다. 하지만 이것은 냉전논리에 익숙한 이들의 상상에 가까운 것이다. 물론 미국이 베네수엘라에 경제 제재 조치를 취하지 않은 것은 아니지만 쿠바와 비교할 수 있는 수준은 아니다. 공식적인 미국의 대베네수엘라 제재는 세 가지로 볼 수 있는데, 그 첫 번째는 오바마 행정부의 행정제재 13692호와 그것의 1년 연장이다. 오바마 대통령은 베네수엘라 정부의 반정부 인사들에 대한 인권 탄압 실태와 대미 적대 정책이 미국의 안보와 외교 정책에 상당한 위협이 된다고 보고, 2015년 3월 8일에 베네수엘라 인권 침해 및 부패 연루 고위 관료 7명(전원 국가정보부 출신)에 대한 미국 내 금융 거래 동결 및 출입국 제재를 골자로 하는 행정명령 13692호를 발효했고 2016년 그 기한을 1년 연장했다.[16] 이 조치가 과연 베네수엘라 경제 위기에 직접적으로 영향을 미쳤다고 보는 이는 없을 것이다. 물

---

15 1991년 구소련의 붕괴 혹은 1992년 미국의 무역봉쇄 조치를 시작으로 2000년 러시아와의 관계 정상화까지의 기간을 의미하는 용어로 이 시기 쿠바는 생태농업, 대체의학, 강력한 자원 재활용 등을 발전시켰으며 동시에 개인의 인권을 탄압하는 강력한 독재가 행해졌다.

16 주베네수엘라 대사관, 미국 오바마 대통령, 대베네수엘라 행정제재 13692호 효력 연장 참고. http://overseas.mofa.go.kr/ve-ko/brd/m_5995/view.do?seq=1205765&srchFr=&srchTo=&srchWord=%EB%AF%B8%EA%B5%AD&srchTp=0&multi_itm_seq=0&itm_seq_1=0&itm_seq_2=0&company_cd=&company_nm=&page=1 (2019.04.15.).

론 미국의 이런 조치가 베네수엘라 집권 세력의 핵심에는 직접적 영향을 미쳤을 가능성은 있다. 두 번째는 트럼프 행정부에서 실시한 것으로 2017년 8월 5일 미국의 금융 기관들이 주재국 정부 및 베네수엘라 국영 석유회사(PDVSA)가 발행한 채권 및 부채에 대한 금융 거래를 전면 중단하는 것을 골자로 한 경제 제재 조치를 발표했다. 다만, 베네수엘라 국민 및 미국 경제에 미치는 영향을 가능한 한 줄이는 측면에서 PDVSA가 발행한 특정 채권, 시트고(Citgo, 미국 내 PDVSA 자회사로 주유소 등 운영) 관련 거래 및 베네수엘라산 석유 수입, 의약 및 의료기기 수출 관련 거래 등은 예외적으로 인정[17]했으나 2019년 1월 29일에는 결국 미국의 관할권이 미치는 지역에서 PDVSA가 가진 자산은 동결되며 미국인과의 채권 거래도 금지됐다.[18] 또한 시트고를 운영할 수는 있으나 수익금을 베네수엘라로 송금하지는 못하게 되었다. 이 조치로 인해 원유 수출을 통한 달러의 수급은 물론이며, 국제적으로 베네수엘라의 채권 가격이 하락하고, 국제 신용도 저하 및 이에 따른 국제 금융 시장 접근 및 거래가 차단되는 효과가 가시화되면서 외환위기(달러 부족)에 따른 국가 부도 상황의 가능성이 커진다는 것은 부정할 수 없는 사실이다. 베네수엘라가 외환 부족을 금 수출을 통해 만회하려 하자 2018년 11월 미국은 베

---

17 주베네수엘라 대사관, 미국의 경제제재 조치, http://overseas.mofa.go.kr/ve-ko/brd/m_5995/view.do?seq=1325315&srchFr=&srchTo=&srchWord=%EB%AF%B8%EA%B5%AD&srchTp=0&multi_itm_seq=0&itm_seq_1=0&itm_seq_2=0&company_cd=&company_nm=&page=1 (2019.04.15.).

18 Saleha Mohsin and Jennifer Epstei, Trump Slaps De-Facto Oil Ban on Venezuela, https://www.bloomberg.com/news/articles/2019-01-28/trump-sanctions-venezuela-oil-company-pdvsa-rubio-announces (2019.04.21.).

네수엘라 금 거래 중지 조치를 취했다.[19] 어떤 면으로 미국의 베네수엘라에 대한 경제 제재는 2019년 2월부터 시작되었다고 봐도 무방할 것이다. 그러므로 2014년 유가 폭락 이전부터 시작된 베네수엘라 경제 위기에 미국의 경제 제재는 주요한 요인이라 보긴 어렵다. 같은 맥락으로 유가 폭락[20]이라는 동일한 원인이 전 세계 산유국 중 유독 베네수엘라에서만 일반 시민의 생존권이 위기에 빠질 만한 사태를 초래했다고 보는 것은 비합리적이다.

그렇다면 베네수엘라 사태의 근본적인 원인은 무엇일까? 1998년 차베스는 대선을 준비하면서 정치/경제 지배층을 '부패한 과두지배층'이라 비난했다. 그는 석유 부국인 베네수엘라에 빈곤이 팽배한 유일한 원인은 넘쳐나는 부패라 주장했다(토마스 E 스키드모어 et al 2014, 409). 20여 년이 흐른 지금의 상황을 고려하면 당시의 부패는 구조적으로 계승된 것으로 보인다.

2019년 3월 25일 두 번째 전국적 정전이 있었다. 현지 시간 오후 1시 20분에 수도 카라카스를 포함한 대부분 지역이 정전되었고 밤이 돼서야 일부 지역을 제외하고 다시 전기가 공급되었다.[21] 정전에 관련하여

---

19 Kejal Vyas, U.S. Considers Harshest Venezuela Sanctions Yet, on Oil, The Wal Street Journal, https://www.wsj.com/articles/u-s-considers-harshest-venezuela-sanctions-yet-on-oil-11547510165 (2019.04.21.).

20 공식적으로 마두로 대통령이 "경제비상사태"를 선포한 것은 2016년 1월이다.

21 Team aljazeera, Venezuela suffers second blackout within a month, https://www.aljazeera.com/news/2019/03/venezuela-suffers-blackout-month-190326055858552.html?fbclid=IwAR04Iwzz33s61Zh08Z5dj8BMQsQWkivVTzVLNDx4UGXq-oogKTMr4Zbh__Q (2019.04.27.).

서로 상반된 많은 정보들이 있으나 수력발전소의 화재가 원인이었던 것으로 보인다. 고의적 방화인지 시설 노후에 의한 화재인지는 조금 더 지켜봐야 할 것 같으나 2019년 4월 3일 정부는 국영전력회사에 직접 개입하고 전시에 준하는 강력한 구조조정을 하겠다고 밝혔다. 이는 정전의 원인이 내부에 있었음을 자인하는 셈이다.[22] 베네수엘라 국영전력회사는 차베스 대통령의 동생 등 핵심 집권층이 맡아서 관리하던 곳으로 20여 년 동안 정권의 변화가 없었다는 것은 이런 상황이 지속되며 꾸준히 악화되었을 것을 의미한다. 이는 관료주의적 병폐를 넘어서 하나의 족벌 체제로 정부 기관 및 국영기업들이 운영되었을 가능성이 상당히 높다는 뜻이다.

현재 베네수엘라의 전기 공급은 1986년 당시 세계 최대 용량의 구리 댐 혹은 시몬볼리바르 댐이 80% 혹은 그 이상을 공급하고 있다고 한다. 2007년 당시 차베스 정부는 전력난 해결을 위해 전력 민간 기업을 국유화하고, 같은 해 4월 전력 서비스 개선을 위해 대통령령 5,330호를 발표하였다. 이에 따르면 국영 전력회사인 베네수엘라 전력공사(Corporación Eléctrica Nacional, CORPOELEC)을 신설하고, 전력산업을 개편하여 2012년 기준 62%의 전기를 수력으로, 35%는 화력발전을, 기타 풍력 등으로 3%의 전기를 공급한다는 계획이었다. 수력발전이 압도적으로 비중이 높고 역사도 제일 오래되었기 때문에 가뭄 등 자연환경

---

22 Sputnik, Gobierno venezolano anuncia intervención y reforma de empresa estatal de elect-ricidad, https://www.elpais.cr/2019/04/03/gobierno-venezolano-anuncia-intervencion-y-reforma-de-empresa-estatal-de-electricidad/ (2019.04.27.).

의 변화 등으로 전기 수급에 문제가 생기기 쉽다. 또 고유가 시절 삶의 질이 향상되어 에어컨, 냉장고 등 가전제품의 사용량 증가로 인해 전력 수요가 증가함으로써 잦은 정전이 있었다.[23] 그래서 냉장 보관이 필요한 고기나 기타 유제품의 보관이 용이하지 않았고, 경제 상황이 악화되는 것과 비례하여 변질된 식자재가 유통되기도 했던 것으로 보인다. 하지만 쓰레기통을 뒤져서 음식을 먹는다는 외신은 과장된 것으로, 사실 전 세계 노숙자들 중 일부가 쓰레기를 뒤져 식사를 해결하는 경우는 그리 특이한 것이 아니다. 베네수엘라의 정전 사태 또한 과장된 면이 있다. 잦은 정전은 부정하기 어려운 사실이지만 시몬볼리바르 발전소에서 전기를 공급받는 지역은 상대적으로 기반시설 자체가 노후되었고, 또한 중하층 거주 지역이 이에 해당한다고 할 수 있다. 상대적으로 부유한 층이 사는 지역은 화력 혹은 기타 발전을 통해서 전기를 공급받으므로 상대적으로 시설이 현대적이고 안정적으로 전기가 공급되었다. 다시 말해 정전이 거의 일어나지 않았던 것이다. 다만 2019년 베네수엘라 정전 사태에서 전력 공급원에 상관없이 전국적으로 정전이 일어났다는 것은 베네수엘라 전기 인프라가 노후하였다는 것을 의미하거나 다양한 전력 공급원이 동시에 공격당했다는 것, 동시에 현 집권 세력이 전기 인프라에 대한 통제권을 잃어버렸다는 것을 의미한다. 물론 이것이 동시에 성립하기는 어려우나 어떤 경우에도 현재 상황이 안정적이지 않음을 보여 주는 것이라 할 수 있다.

---

23   에너지 관리공단, 베네수엘라 에너지 현황 및 정책 참고.
http://www.kemco.or.kr/web/kem_home_new/info/gdk/Mapmodule/.../
VEN_1604.pdf (2019.04.27.).

베네수엘라 국영전력회사 사장, 대통령위원회 회장 등을 역임한 우고 차베스의 동생 아르헤니스 차베스(Argenis Chávez)가 차베스의 고향인 바리나스(Barinas) 주지사직을 승계했다는 것은 시사하는 바가 적지 않다.[24] 2017년 1월까지 바리나스 주지사는 우고 차베스의 형인 아단 차베스(Adán Chávez)였다. 아단 차베스는 쿠바 대사, 교육부장관 등 요직을 거쳤고 차베스 전 대통령이 쿠바에서 치료 중일 때는 대통령 대변인 역할을 하면서 차기 대권 후보로 꼽히기도 했다. 더 재미있는 것은 1998년부터 2008년까지 바리나스 주의 주지사는 우고 차베스의 아버지 우고 데 로스 레이예스 차베스(Hugo de los Reyes Chávez)였다는 것이다. 그리고 2008년부터 2017년 1월까지 아단 차베스, 2017년 6월부터 아르헤니스 차베스가 맡았다. 약 20년 동안 한 가족이 주지사를 연임했다는 것은 그 자체로 북한을 떠올리게 한다. 바로 '족벌 체제(Nepotism)' 혹은 '정실 자본주의(Crony capitalism)'인 것이다. 북한과 우리나라 재벌의 승계 문제 등은 그 자체로 봉건적 신분제에서 기원한 족벌 체제가 원인이며 이것은 민주사회에서는 당연히 철폐해야 할 병폐이다. 게다가 아르헤니스 차베스는 주지사를 인계받기 나흘 전에 주정부의 총리 혹은 내무장관에 임명되었다. 아르헤니스 차베스에게 주지사를 인계하기 위한 꼼수였던 것이다. 이런 족벌 체제는 차베스 가문만이 아니다. 현재 대통령인 마두로는 2005년에 국회의장이었다. 마두로가 2006년 외무부장관으로 임명되자 그 부인인 실리아 플로레스가 국회의장직을 물려

---

24 국기헌, 「차베스 동생 고향인 베네수엘라 바리나스 주지사직 승계」, http://www.yonhapnews.co.kr/bulletin/2017/06/08/0200000000AKR20170608003500087.HTML (2019.04.21)

받게 된다. 2012년에는 법무부장관으로 임명되었고 마두로가 대통령에 당선되자 영부인으로 다른 직책을 겸직하고 있지는 않다. 혁명의 높은 이상과는 상관 없이 권력은 몇 개의 가문 혹은 가족들이 독점하고 있었고, 실력을 키우는 것보다는 힘이 있는 인물과 가문에 붙는 것이 베네수엘라의 출세 비법이었을 것이다. 실제로 아르헤니스 차베스는 세 번의 부정·부패 혐의로 고발되었으나 베네수엘라 법원은 세 번 모두 혐의 없음으로 기각했다.

베네수엘라는 원유를 수출하고 다른 재화를 수입하는 구조의 국가이다. 다시 말해서 무역은 베네수엘라가 존재하기 위한 필요충분조건이라고 할 수 있다. 그리고 안정적인 환율은 당연히 전제되어야 하는 것이다. 하지만 베네수엘라 정부는 유가 폭락 이후 불황으로 들어가는 것을 막기 위해 환율에 적극적으로 개입하였고, 이로 인해 공식 환율과 비공식 환율에 30배 이상 차이가 나게 되었다. 공식 환율로 달러를 구해 비공식 환율로 암시장에 팔면 30배의 이익을 얻게 되는 것이다. 공식 환전소에서 거액을 움직일 수 있는 고위 공무원과 수입 업체에게 이것은 어떤 사업보다 이익률이 높은 사업이다. 실제로 거래가 일어나지 않고 자국 내에서 달러가 돌면서 30배 혹은 그 이상의 이윤을 올리는 것이다. 이런 거래가 계속되면 자국 화폐량이 증가하여 인플레이션에 영향을 미칠 수밖에 없다. 2013년 기준으로 베네수엘라에서 달러를 확보할 수 있는 유일한 창구는 국립대외무역센터(Cencoex)인데, 문제는 여기서 용도에 따라 다양한 환율을 적용했다는 것이다. 생필품이나 약품 등을 수입할 때는 최저 환율인 6.3볼리바르를 적용받았고, 여행 목적일 때는 12볼리바르로 인상되었다. 목적지와 기간에 따라 환전할 수 있는 금액이 한정되어 있었다. 자유환전시스템(DICOM)의 환율은 170볼리바르였고, 암시장에서는 190볼리바르 혹은 그 이상으로 거래되었다. 바로 여기에 현재 베네수엘라 비극의 원인, 특히 생필품과 약품이 부족한 원인이 있다.[25] 실제로 국립대외무역센터의 전신인 베네수엘라 외환통제위원회(Cadivi)는 부정한 방법으로 외환을 지급하는 부패의 핵심이었다. 조사 결과에 의하면 베네수엘라 외환통제위원회의 총 보유 달러 중 3분의 1이 유령회사로 흘러 들어갔으며[26] 당시 중앙은행 총재였던 에드미 베탕쿠르(Edmee Betancourt)는 그 금액이 매년 200억 달러(약 23조 원), 베네수엘라 국내총생산(2014년 기준 4824억 달러)의 4%에 달한다고 밝혔다.[27] 초기에는 수입 업체들이 경비를 과다 계산하여 청구하는 방식으로 시작하였으나 이후에는 실제 수입 없이 장부상으로만 정리하여 최저 환율로 환전한 후 암시장에 다시 팔기 시작했다. 식량·생필품 수

---

25 베네수엘라의 환율 시스템은 식품과 생필품 등 공공 부문 거래에 적용되는 공식 환율(DIPRO), 외환 경매를 통한 변동 환율(DICOM) 그리고 암시장 환율로 운영되나, 외화 공급 부족으로 대부분의 외환거래가 암시장에서 이루어진다. 달러만이 아니라 부족한 생필품 등 또한 암시장에서 거래된다. 필자가 2011년 베네수엘라를 여행할 당시에는 치약과 화장지가 부족한 상황이었다.

26 Andrew Cawthorne · Patricia Velez, Venezuela says 40 percent of dollar buyers are shell companies, Reuters, https://www.reuters.com/article/us-venezuela-economy/venezuela-says-40-percent-of-dollar-buyers-are-shell-companies-idUSBRE9BB0T820131212 (2019.04.21.).

27 2012년 기준 베네수엘라 국내총생산은 약 381억 달러이며 외환보유고는 298억 달러였다. 이 환치기에 들어간 총액이 590억 달러이니 그 규모를 짐작할 수 있을 것이다. 2016년 현재, 환치기에 사용된 총 달러가 3,000억 달러라는 주장도 있다.《이코노미스트》에 의하면 2016년 베네수엘라의 국내총생산은 566억 달러 규모이다. 국내총생산의 5.3배가 환치기에 들어간 것이다. 2017년 500-700%로 집계되는 인플레이션의 원인 중 하나가 여기에 있다고 할 수 있다.

입보다 더 심각한 부분은 베네수엘라 원유 수입 대금과 관련이 있다. 수입이 달러로 들어온 경우 공식 환율로 계산하고, 실제로는 암시장에서 달러를 교환하면 장부상으로 아무런 문제가 없지만 상당한 차액을 챙길 수 있다. 이 과정에서 일부 수입상이나 원유 관련 회계팀 일부의 비리가 아니라 외환을 관리하는 베네수엘라 외환통제위원회가 중심이 되었다는 것이 중요하다. 현 집권세력의 대부분이 공범 관계였다는 것은 짐작하기 어렵지 않다. 베네수엘라 사태의 중심에는 포퓰리즘이 있는 것이 아니라 족벌 체제, 정실 자본주의 그리고 부정부패가 있는 것이다. 이들은 민중의 생명을 담보로 사익을 챙긴 것이다. 2013년 기준 이 환치기는 1,000% 이상의 수익을 올렸다고 한다. 이는 그대로 국민경제에 반영되어 하이퍼 인플레이션의 원인 중 하나가 되었다.[28] 마두로 대통령은 2013년 외환통제위원회의 비리를 조사케 했으나 가시적 성과는 없었으며, 이런 구조적 부정부패가 언제부터 지속된 것인지 밝혀지지 않았다.

일반적으로 구조적 부정부패는 2002년 야권 세력의 쿠데타 실패 이후 2003년부터 차베스 정권이 독재화되면서 심화되었다고 보는데, 만일 그렇다면 유가 하락으로 인하여 지속되던 부정부패가 드러난 것이라 할 수 있다. 이것을 짐작케 하는 뉴스가 있다. 2018년 11월 27일 미국 연방법원은 베네수엘라 전직 재무장관 알레한드로 안드라데(Alejandro Andrade)에 대해 자금 세탁과 그 대가로 10억 달러의 뇌물을 받은 혐의

---

28 베네수엘라의 인플레이션과 외환 부족의 직접적 원인은 아마도 가격 통제일 것이다. 가격의 통제는 완벽하게 통제되는 전체주의 통제경제 사회에서는 효과를 볼 수 있으나 베네수엘라의 경우에는 여야를 가리지 않고 사재기·암시장 등이 발달하는 역효과를 낳았다.

로 10년의 징역형을 선고했다. 안드라데는 차베스 전 베네수엘라 대통령의 경호원 출신으로 2007년부터 2011년 1월까지 베네수엘라 재무장관을 역임하였으며, 2018년에는 베네수엘라 국영 경제사회발전은행의 은행장을 맡는 등 베네수엘라 경제계 최고 권력자였다. 개인 경호원 출신 인사에게 일국의 경제 수장을 맡겼다는 것은 베네수엘라가 어떻게 운영되어 왔는지를 보여 주는 가장 좋은 예일 것이다. 또한 그의 혐의가 자금 세탁이며 그 대가로 10억 달러를 받았다는 것은 그 10배 이상, 100억 달러 이상의 자금이 세탁되어 미국에 유입되었다는 것을 말한다. 더 중요한 것은 그가 대가성 뇌물을 받았다는 것이다. 이는 그 자금이 본인과 관련된 것이 아니라 외부의 의뢰를 받아 조성한 자금이라는 것이다. 그는 라틴아메리카 마약 카르텔의 보스같이 대저택에서 호화로운 삶을 살고 있었다고 하는데, 이는 현재 베네수엘라 민중들의 삶과 극명한 대조를 이룬다. 더 문제는 일국의 경제 수장이 불법적인 외환 반출과 자금 세탁의 국제적 수장이라는 것이다. 국제탐사보도언론인협회(ICIJ)의 2015년 조사에 의하면 1998년부터 2007년까지 HSBC 스위스 계좌에 148억 달러(약 16조 6,796억 원)가 예치되어 있다고 한다.[29] 이와는 별개로 안드라데는 스위스에 17개의 계좌가 있다고 하는데 그 총액은 아직 알려지지 않았다.[30] 2007년부터 2019년까지의 상황을 고려하면 아

29   Jay Waver · Antonio Maria Delgado, Ex-Venezuelan treasurer close to Chávez is target of Florida money-laundering probe, https://www.miamiherald.com/news/local/article207503694.html (2019.04.15.).

30   François Pilet, Venezuelan ex-minister hoarded money in Switzerland, https://www.swissinfo.ch/eng/society/corruption_venezuelan-ex-minister-hoarded-money-in-switzerland/44612456 (2019.04.15.).

직 밝혀지지 않은 비밀 계좌는 더 많을 것이라 예상할 수 있다. 악화(惡貨)가 양화(良貨)를 구축(驅逐)한다는 것은 이미 널리 알려진 사실이다. 영국의 사회주의노동자당 당원이며 교원 노조 활동가이면서 베네수엘라 정치를 연구해 온 앤디 브라운은 수입품을 둘러싸고 밀수, 사재기, 투기, 노골적 도둑질, 자금 세탁 등이 만연해 있으며 기업들은 보조금을 지급받는 공식 환율로 달러를 확보해 수입할 수 있으나 유령 회사를 세워 베네수엘라 안에서 환치기를 한 것으로 본다. 반대파 또한 대규모 사재기 등을 통해 상황을 악화시킨 것으로 본다.[31] 현재 정확하게 분석하긴 어렵지만 앤디 브라운은 전체 수입품 거래의 약 60%가 부당한 목적에 의해 사용된 것으로 본다. 베네수엘라가 대부분의 생필품, 식량과 의약품까지 전적으로 수입하고 있다는 점을 고려한다면 국민의 60% 이상의 생존권을 거래 대상으로 삼았다는 것이며, 비리가 구조적으로 일어났다는 점은 베네수엘라의 족벌 체제[32]가 이념에 상관없이 국가를 망친 제일의 병폐라는 점을 시사한다.[33]

2017년 11월 16일, 루이사 오르테가(Luisa Ortega) 전 베네수엘라 검

---

31   Andy Brown, Where is Venezuela going?, http://isj.org.uk/where-is-venezuela-going/ (2019.04.15.).

32   언론인 후안 카를로스 사파타(Juan Carlos Zapata)는 차베스의 연합사회당(PSUV)이 권력을 잡은 이후 등장한 고급 공무원과 사업가 집단을 볼리부르게시아(Boliburguesia)라고 특정했다. 베네수엘라의 족벌 체제를 의미하는 용어로 앞으로, 베네수엘라 집권 세력의 무능과 부정부패를 설명할 때 자주 사용될 것으로 보인다.
Juan Carlos Zapata, La corrupción chavista se convirtió en un fenómeno planetario, https://alnavio.com/noticia/12278/firmas/corrupcion-chavista-se-convirtio-en-un-fenomeno-planetario.html (2019.04.15.).

33   Andy Brown, op.cit.

찰총장이 니콜라스 마두로(Nicolas Maduro) 대통령을 인권 범죄 혐의로 국제형사재판소(ICC)에 고소하였다. 그는 2015년부터 2017년까지 마두로 정부의 지시에 의해 8,290명이 학살되었다고 했다.[34] 다시 말해 마두로 대통령은 민간인 학살 혐의를 받는 것이다. 루이사 전 검찰총장은 2007년부터 2017년까지 10년간 집권당 소속으로 검찰총장을 역임했으나 제헌의회 등 마두로 정권의 독재에 비판적 입장을 취하면서 결국 콜롬비아로 망명하게 된다. 차베스주의자 혹은 베네수엘라 현 집권 세력은 정권을 탄생시킨 군부, 차베스 정부와 연결된 신흥 부르주아 그룹, 급진 좌파 지식인과 정치인 그룹, 이렇게 크게 세 가지로 분류하는데 (김기현 et al., 2014, 24) 군부와 신흥 부르주아 그룹이 '볼리부르게시아(Boliburguesia)'로 족벌화했다면[35] 급진 좌파 지식인과 정치인 그룹은 현 집권 세력에 비판적이라 볼 수 있다.

앞에서 언급한 것과 같이 지난 2020년 총선에서 베네수엘라 여당인 베네수엘라 연합사회당(PSUV)은 총 277석 가운데 253석을 획득하여 국회 권력까지 차지했다. 해외 미디어에 등장하던 임시 대통령이자 국

---

34 Andrew Buncombe, Venezuela's president accused of crimes against humanity, https://www.independent.co.uk/news/world/americas/venezuela-maduro-latest-news-crimes-against-humanity-accusations-icc-a8059551.html (2019.04.15.).

35 현 집권 세력 핵심부에서도 심각한 부패와 관료주의가 대두되고 있다. 롤란도 데니스는 이것을 사회적 통제가 기술 관료와 관료 기구의 통제로 대체되었다고 표현했으나 통치 기간이 20년이 넘어가면 집권 세력 자체가 관료 기구이며, 기술 관료 또한 족벌체제를 구성하는 구성원일 뿐이다. 서로가 서로에게 후견인(대부)이며 동시에 대자(代子)인 것이다. Roland Denis, "Chavez Didn't Dare to Do What He Had to Between 2002 and 2003", https://venezuelanalysis.com/analysis/11414 (2019.04.15.).

회의장이었던 과이도는 임기를 연장하고 반정권 투쟁을 계속할 것이라 선언하였으나 앞길이 순탄하지만은 않을 것으로 보인다. 이렇게 하여 마두로 대통령과 연합사회당은 입법·사법·행정권을 장악했고 동시에 군부 또한 장악하고 있다. 국가의 모든 권력을 독점하고 있기 때문에 외부의 물리적인 힘이 개입되지 않는다면 베네수엘라의 상황에 어떠한 변화도 없을 것이다. 어떠한 변화도 가능하지 않다는 것은 베네수엘라의 난민 유출 또한 계속될 것임을 의미한다.

2021년 3월 현재 콜롬비아에서는 하루에 약 2만 명의 코로나 19 확진자가, 페루의 경우 약 1만 명의 확진자가 발생하고 있다. 유럽과 라틴아메리카에서는 3차 대유행을 말하고 있지만 국경이 서로 닿아 있고 자연적으로 생긴 국경으로 인해 불법적인 왕래가 어렵지 않은 라틴아메리카의 경우 공식적으로 국가 봉쇄(Lockdown)를 한다고 해도 그 효과를 담보하기 어려울 것이다. 어떤 상황에서도 10% 내외의 베네수엘라 상류층과 집권 세력은 큰 문제가 없을 것이며 다른 국가들 또한 마찬가지이다. 고통 받는 것은 90%의 베네수엘라 대다수 민중들이며 수십만의 난민들을 받을 수밖에 없는 베네수엘라 주변국들의 민중들이다. 역설적으로 베네수엘라는 현재 스스로의 몸을 태워 남아메리카가 운명 공동체라는 것을, 그래서 하나로 연대해야 함을 증명하는지도 모를 일이다. 라틴아메리카는 베네수엘라 난민 문제를 통해 또 하나의 시험과 실험에 들어가야 할지도 모를 일이다.

[그림 8] 카라카스의 랜드마크인 베네수엘라 광장의 분수대 근처, 교통의 중심지이기 때문에 관광객과 이동하는 인구로 북적이던 지역이다. 하지만 2020년 2월 금요일, 너무나 한산한 오후의 모습이다. 분수대 건너로 보이는 것이 베네수엘라 국세청 건물인데 색이 바래 버린 마두로 대통령의 모습이 시사하는 것이 적지 않다.

[그림 9] 2020년 카라카스 AV. 리베르타도르라는 대로변 고층 빌딩 1층 상점가의 모습. 전부 폐업한 상황으로 마치 코로나 19 대유행의 예고편과 같은 모습이었다.

[그림 10] 2020년 카라카스 AV. 프란시스코 미간다 거리 토요일 오후의 모습이다. 푸드 트럭으로 대로변이 가득 차고 햄버거, 핫도그 등의 간단한 요리를 파는데 꽤나 북적이는 모습이다.

[그림 11] 2020년 2월 12일 유럽과 미국을 순회한 후 차카오의 플라자볼리바르에서 귀국 보고회를 하는 후안 과이도 전 국회의장(가운데)의 모습.

[그림 12] 후안 과이도 전 국회의장의 귀국 보고회의 다른 각도. 청중의 수도 적은 편이나 절반 이상이 해외 기자단으로 전 세계 미디어가 주목했지만 실제 베네수엘라에서는 그리 관심을 받지 못했다. 실제로 후안 과이도는 경험이 일천한 정치인이며 외부의 물리적 개입, 구체적으로 미군이 자국을 공격해 주길 바라는 정치인이기 때문에 베네수엘라 내부에서 광범위하게 지지받기엔 한계가 있다.

제 8 장

라틴아메리카에서
이주의 여성화

/

이순주

/

들어가며

세계화는 무역과 경제적 측면에서 점차 많은 순환을 야기하고 있다. 국가에서 국가, 도시에서 도시, 혹은 농촌에서 도시로 이어지는 순환은 지역 간 상호 의존을 심화시킨다. 다른 한편으로는 고립화의 위험을 내포하고 있다. 고립화의 위험은 순환에 대한 제한을 최소화하게 만든다. 같은 맥락에서 오늘날 세계화의 이중성이 드러난다. 이주민의 흐름은 재화와 서비스의 이동만큼 자유롭지는 못하다. 상품과 재화의 이동을 보다 더 용이하게 하기 위해 국경 개방과 관세 장벽을 제거한다. 하지만 개방과 관세 장벽의 제거가 사람들에게는 적용되지 않거나 매우 비인간적이고 공고하게 적용되기 때문이다.

국제 이주는 오래전부터 부분적으로 있어 왔던 현상이지만, 지금은 전 지구적으로 그 규모가 확산되고 있다. 국제 이주의 요인은 송출국과 유입국의 정치 · 경제적 상황, 개인적 상황이 직접적으로 작용한다. 이와 동시에 최근 신자유주의의 확산과 세계 경제의 글로벌화는 국제 이주를 더욱 광범위한 현상으로 만드는 바탕이 되고 있다.

라틴아메리카에서도 글로벌화는 국제 이주의 요인이자 결과이기도 하다. 글로벌화로 인한 경제 개발, 신기술의 확대, 물류비의 감소 등은 지속적으로 새로운 이주자들을 증대시키고 있다. 갈수록 심화되고 있는 세계 각국의 경제적 격차로 인해 다국적기업들은 보다 유연한 노동력을 공급받을 수 있는 지역으로 옮겨 가고 있다. 그럼에도 국내·국제 이주 노동자가 지속적으로 발생하는 것은 자국 내에서 제공되는 이러한 일자리들이 이주 노동자들의 사회적 재생산 요구를 충족시키지 못하기 때문이다(Arriagada, 2009).

라틴아메리카의 이주는 역내, 역외 이주로 나누어 볼 수 있다. 이주는 매우 복잡하고 다양한 형태로 나타나고 상호성을 지닌다. 주로 이주자를 송출하는 비율이 높은 국가들과 수용하는 비율이 높은 국가들로 나눌 수 있다. 우선 역내 이주의 유입국이 되고 있는 국가들은 아르헨티나, 브라질, 칠레, 코스타리카, 우루과이 등이며, 송출국은 볼리비아, 콜롬비아, 과테말라, 니카라과, 파라과이, 페루 등이다. 최근 베네수엘라가 정치·경제적 위기로 인해 인접국으로 대규모 이주를 하면서 유입국에서 유출국으로 전환되었다. 역외 이주는 주로 미국, 캐나다와 유럽의 스페인, 이탈리아가 주를 이루고 있다. 미국과 캐나다로는 콜롬비아, 쿠바, 엘살바도르, 멕시코, 도미니카공화국에서 많이 유입되고 있으며, 유럽으로는 콜롬비아, 에콰도르, 엘살바도르, 도미니카공화국에서 많이 유입된다(Arriagada, 2009).

최근 이주 현상에서 나타나는 두 가지 주요 현상은 국가 간 '순환 이동'이 증대하고 '이주의 여성화'가 확대되는 것이다(이혜경, 2010). 라틴아메리카 국제 이주의 가장 특징적 부분 중 하나도 '이주의 여성화 현상'이다(임상래, 2006a; 임상래 2006b; 임상래, 2010). '이주의 여성화(feminization of migration)'란 과거보다 많은 여성들이 남편을 따라서 이주를 가는 '가족의존(family dependents)'의 형태가 아니라 여성이 독자적으로 자신의 일자리를 찾아 해외로 이주하는 경향이 많아진 현상을 의미한다. 세계적으로 이주자 전체에서 여성이 차지하는 비율이 50%를 넘어선 지역은 일부이지만, 지속적으로 증대해 왔다(INSTRAW, 2007). 따라서 이주 과정과 이주 정책에서 여성 이주가 갖는 의미와 송금 발송자로서 여성의 중요성이 증대하고 있다.

이주의 여성화와 글로벌 케어 체인

여성의 국제 이주는 개인의 선택이라기보다는 지구화된 자본주의 체제에서 국가들이 처한 불균등한 경제 발전, 송출국과 수용국의 이주 정책과 노동력 이주의 상업화와 밀접한 관련을 갖는다(김은실, 2002).

1960년대에서 2000년대 사이 전 세계 여성 이주는 약 48.6%가량 증가했고(Oishi, 2005) 이후 여성 이주자의 비율이 남성보다 높았다가 최근 48.8%(2017년) 정도로 소폭 하락하였다. 1970년대에는 생업을 책임지기 위한 남성들의 이주가 중심을 이루었다. 그러나 가족과 공동체에 대한 여성의 경제적 공헌이 중요해지면서 1980년대 초반부터 여성 이주자가 빠른 속도로 증가하였다. 독신뿐만 아니라 기혼 여성도 있었고,

남성보다 높은 교육 수준을 가진 여성들이 다른 나라에서 일자리를 구하고자 이동하기도 했다. 사실상 공식·비공식적인 이주의 흐름은 동시에 일어나지만, 이후 성별로 분리해 보면 여성의 숫자와 비율은 더 높게 나타나기도 하고(Fontes Chammartin, 2008) 낮아지기도 한다. 즉 이주 양상은 지속적으로 변화하는데, 여기에는 특히 노동 시장의 변화가 매우 중요한 영향을 미친다.

여성의 국제 이주가 증대하기 시작한 것은 세계화로 인한 경제 재편이 전 지구적으로 나타나고 있기 때문이며, 그러한 과정 속에서 '돌봄 제공 노동(care-giving labor, 이하 돌봄 노동)'에 대한 수요가 급증했기 때문이다. 여성들이 이주를 통해 갖게 되는 직업은 다양하겠지만 상당수는 가사 노동과 돌봄 노동에 종사한다. 그리고 매우 숙련된 노동력을 가진 여성이 '두뇌 유출'에 가까운 전문 분야에서 일을 가지는 기회는 지극히 드물다.

이주 여성의 노동력이 돌봄 노동에 집중되는 배경은 이렇다. 첫째, 선진국에서 발생한 돌봄 노동에 대한 수요 증가이다. 선진국에서 성별 교육 격차가 현저히 줄어들고 중산층 여성들이 노동 시장에 진입하면서 가사, 육아 등에 대한 돌봄 노동의 공백이 발생하게 된다. 이러한 공백을 메우기 위해 돌봄 노동 시장이 확대되었다. 둘째, 전문직을 비롯한 중산층 여성들의 업무 환경에서 노동 강도와 노동 시간이 증대하였다. 이 또한 맞벌이 부부 가정에서 보모와 가정부의 수요를 증대시켰다. 셋째, 선진국은 물론 중진국과 개도국에서의 신흥 부유층의 출현으로 '입주 이주민 돌보미(live-in migrant caregiver)'에 대한 수요가 확대되었다. 넷째, 선진국에서 노인 비율이 증가하고 있는 점도 이러한 입주 돌봄 노동자의 수요를 증대시키는 요인이 되고 있다. 특히 세계적으로 나타나고 있는 복지국가의 붕괴는 노인과 어린이들에 대한 돌봄 서비스를 더 이상 국가로부터 기대하기 어렵게 만들었다. 이러한 상황도 돌보미로서 이주 노동자에 대한 수요를 증대시켰다. 이러한 현상은 세계화의 영향으로 부유한 국가들에서만 나타나는 것이 아니라 중간 및 저소득 국가들에까지 연계되는 '글로벌 케어 체인(global care chain)'을 형성한다. 라셀 살라자르 파레냐스(Rhacel Salazar Parreñas)는 2001년 『세계화의 하인들(Servants of Globalization)』이라는 저서를 통해 비교문화적인 관점에서 이탈리아와 미국의 필리핀 여성 이주 노동자들의 삶을 조망했다. 그에 따르면 세계화와 함께 두드러진 이주의 여성화는 '국제 분업' 구조 속에서 산업화된 국가의 여성들이 자신들이 겪는 젠더 제약을 완화하고 극복하기 위해 돌봄 노동을 대신할 노동력을 필요로 하게 된다. 이 경우 상대적으로 높은 임금의 국내 돌봄 노동자보다 저임금인 이주 여성 노동자들을 고용하게 함으로써 저개발국 여성들을 세계화의 '하인들'로 만든다는 것이다.

세계화는 제조업 분야와 저임금 서비스 분야에서도 이주 여성에 대한 수요를 증대시켰다. 자본주의의 확대는 기업들이 생산 비용을 최소화하여 이윤을 극대화하도록 한다. 기업은 경쟁이 심화되는 상황에서 상품을 생산하려면 최대한 인건비를 낮추어야 하기 때문에 저렴하고 고분고분한 노동력을 원한다. 이러한 조건을 충족하는 것은 이주 노동자들이며, 특히 불법 이주 노동자들은 유입국 국민들이 거부하는 낮은 임금과 노동 조건들을 받아들이기 때문에 고용주들이 이들을 선택하게 된다. 이에 더해 단순 생산직이나 청소 용역 등의 저임금 서비스와 같은 특정 부문들에서는 여성 노동자들이 남성 이주 노동자들보다 상대적인 우위를 가지고 있다. 고용주들이 여성들을 상대적으로 다루기가 수월하다고 여기기 때문에 이들을 고용하기를 선호하며 제조업 분야의 여성 이주 노동력에 대한 수요가 발생한다.

세계화에 따른 글로벌 재구조화는 초국적인 기업주의와 탈국가 금융자본주의로 촉발되며, 고도로 특화된 전문직이 집중되는 글로벌 도시를 성장시킨다. 글로벌 도시에서는 전문직의 업무를 지원하는 청소 등의 건물 관리, 식당이나 카페테리아 운영 등 다양한 기초 서비스에 대한 수요가 증대하는데, 이때 저임금 서비스 노동에 대한 요구가 급증하게 된다. 이렇게 돌봄 노동과 저임금 서비스 노동 수요의 증가가 이주 여성 노동자들을 노동 시장으로 끌어들이며, '가사 노동'의 직종을 세계화하고 있다.

국제 이주의 여성화와 가사 노동의 세계화는 여기서 그치지 않고 '초국가적 가족 현상'을 만들어 낸다. '초국가적 가족'이란 가족 구성원이 여러 국가에 분산되어 있는 가족을 의미하며, 전혀 새로운 것은 아니다. 하지만 최근 급증하고 있는 여성의 해외 취업은 남성의 해외 취업과는 의미가 다르다. 예전에는 남성들이 해외 취업을 하고 여성들은 국내에서 취업 여부와 무관하게 가정과 자녀, 그리고 노인을 돌보아 왔다. 하지만 기혼 여성의 장기 해외 취업은 자신의 가족이 남아 있는 본국에서도 돌봄 노동의 공백을 만들어 낸다. 남은 가족 구성원들은 해외 취업을 한 여성의 부재로 인한 돌봄 공백을 메우기 위해 역할 재분배가 불가피하게 된다(이혜경·정기선·유명기·김민정, 2006). 간혹 여성의 가정 내 지위가 변화하기도 한다. 여성들이 이주 노동을 통해 가족의 생계를 책임지는 상황이 되면, 가족 결정의 주요 역할을 담당하게 되기도 하는데, 이는 경제적인 역할의 증대가 가족 내에서 의사 결정권을 강화하게 되는 것을 의미한다.

"여성 이주자들은 이주를 하면서 자신들의 국가에서는 경험하지 못했던 모순된 상황들을 경험한다. 국가 차원에서는 '부분적인 시민권'을 갖게 되며, 노동 시장에서는 자신의 국가에서보다 낮은 지위를 갖는 직업을 선택하게 되는 '모순된 계급 이동'을 경험한다. 이주 여성과 가족은 '초국가적 가족' 현상을, 그리고 유입국 내 이주민 공동체에서는 '무소속감' 현상을 겪으며, 이러한 상황을 총체적으로는 '탈구(dislocation)'적 상황이라고 규정한다."(Parreñas, 2001) 오이시 그리고 파레냐스와 같은 연구자들은 개도국에서 선진국으로 이주하는 여성 노동자들의 사례들에 관심을 기울여 왔다. 하지만 개도국에서 개도국으로의 이주에 대한 연구들은 그다지 많지 않았다. 2007년에 발간된 세계은행의 국가 간 이주 동향에 관한 연구에 따르면, 개도국의 이주 노동자의 절반 이상이 개도국 출신이라고 결론지었다(Ratha · Shaw, 2007). 세계 이주의 흐름은 남-북 이주에서 남-남 이주로 바뀌면서 신흥 산업국가에서 새로운 문제들을 만들어 내게 된다(Gindling, 2008 재인용).

라틴아메리카의 역내 여성 이주

국제이주기구(IOM)에 따르면, 라틴아메리카와 카리브 지역 사람들 중 3,000만 명 이상이 자신이 태어난 국가가 아닌 국가에서 살고 있다(IOM, 2019). 전 세계의 국제 이주민 중 라틴아메리카와 카리브 지역 출신이 10% 이상을 차지한다. 이들 중 약 8%가량이 역내 국가를 선택한다. 라틴아메리카 내에서 전통적인 유입국은 아르헨티나, 베네수엘라와 코스타리카인데, 1990년대 초반부터 페루, 볼리비아, 콜롬비아로부터 이주자들이 증가하면서 칠레가 새로운 유입국으로 부상했다. 이러한 라틴아메리카의 역내 이주자, 즉 라틴아메리카에서 태어났으나, 자신이 태어난 국가에서 살지 않는 사람은 약 300만 명 정도로 추산된다. 이는 라틴아메리카 사람들이 가장 많이 이주하는 역외 국가인 미국 (270만 명)과 스페인(200만 명)에 살고 있는 수보다 많은 것이다(Smith-Castro, 2021). 미국, 캐나다에서는 멕시코, 쿠바, 콜롬비아, 도미니카공화국 출신 이주자들이 중심을 이루고 있으며 여성 이주자의 수도 점차 증가해 왔다. 유럽의 스페인과 이탈리아에도 에콰도르, 콜롬비아, 엘살바도르, 도미니카공화국 출신의 이주자들이 많은데, 그중 여성 이주자의 수가 남성보다 훨씬 많다.

라틴아메리카에서도 여성 이주민의 증가는 역내 이주에서 두드러지는 특징 중 하나다. 역내 이주의 여성화는 세계 다른 지역에서도 나타나는 현상이기도 하다(Cerruti, 2009). 역내 경제적 선도그룹에 있는 국가들에서 중산층의 상당수가 가사 서비스 비용을 유지할 수 있는 수준에 이르면서 상대적인 저개발 국가로부터 여성을 끌어들이는 효과를 보였다. 아르헨티나와 칠레, 우루과이 등이 이러한 이주 여성 노동력을 수용하는 국가이며, 이들 국가에는 페루, 볼리비아, 파라과이의 여성들이 주로 유입되었다. 라틴아메리카에서 국제 이주 여성은 1940년대에는 44.7%에서 2000년대에는 50.5%로 증가했다가 최근 세계 평균과 비슷한 48% 정도를 보인다. 하지만 역내 여성의 국제 이주는 이보다 훨씬 높게 나타나고 있다. 역내 국제 이주가 가장 빠르게 증가한 국가는 페루와 볼리비아이다. 1980년과 2000년 사이의 역내 국제 이주를 비교해 보면, 페루는 266%나 증가하였고, 볼리비아는 125%의 증가율을 보였다. 역내 국제 이주민 중 여성의 비율은 볼리비아는 같은 시기 동안 45.5%에서 50.1%로 증가한 반면, 페루의 경우는 42.6%에서 56.1%로 13.5%의 증가율을 보였다. 페루는 같은 시기 역내 국제 이주나 여성의 국제 이주가 가장 빠르게 증가한 국가였다(ECLAC, 2006).

다음 [표 1]은 2000년대 남미 지역 내 국제 이주 여성의 수와 비율을 출신국과 거주국(목적국)에 따라 정리한 것이다. 남미 전체의 역내 여성의 국제 이주는 평균 52.2%를 보이고 있으며, 아르헨티나, 칠레, 우루과이 같은 국가들에서는 더 많은 여성 이주민이 유입되었음을 알 수 있다.

역내 국제 이주를 통해 라틴아메리카에서 서비스 부문은 전통적으로 여성들의 일자리였고, 가사 서비스는 여성 노동력이 전담해 온 분야라고 할 수 있다. 라틴아메리카의 여성 이주자 수는 표에서 볼 수 있듯이 상당한 증가세를 보여 왔다. 여성 이주의 관점에서 보면 가사 노동은 이점과 불리한 점 모두 제공한다. 우선 가사 노동 분야는 여성이 자신의 가정에서 하던 일과 같기 때문에 상대적으로 진입이 쉽고, 특별한 경력과 많은 경험을 요구하지 않는다. '입주' 가사 노동의 경우는 이주자에게 가장 중요한 주거를 별도의 비용 없이 해결한다는 장점이 있다. 또, 많은 경우는 공공 분야로부터 분리되어 있기 때문에 불법체류에 대한 이민 감독청으로부터의 감시를 피할 수 있기도 하다. 한편, 출신 국가의 많은 가정들에서는 젊은 딸이 국제 이주를 하는 경우 가사 노동자로 일을 하

[표 1] 남미 지역 역내 이주—출신국과 거주국에 따른 이주 여성의 수와 비율

거주국 / 출신국	아르헨티나	볼리비아	브라질	칠레	콜롬비아	에콰도르	파라과이	페루	우루과이	베네수엘라	단위 : 명/%
아르헨티나		277,094	27,094	48,176	1,953	2,239	61,247	4,165	26,256		198,661
		50.4	43.5	50.0	45.9	41.2	49.8	57.1	54.5		49.7
볼리비아	231,789		20,388	10,919		634	1,068	3,216	13,521		281,535
	49.7		44.9	54.4		46.7	48.8	60.6	58.7		50.1
브라질	33,748	14,428		6,899	1,383	1,101	80,156	2,523	13,521		153,759
	58.6	48.6		53.9	61.0	53.8	47.7	58.5	58.7		51.8
칠레	211,093	4,163	17,131		1,496	4,702	2,260	4,652	1,726	15,520	262,743
	52.2	48.7	40.2		48.5	45.3	41.1	62.5	51.3	47.9	51.1
콜롬비아	3,713	1,244	4,159	4,097		51,556		2,374		608,691	675,834
	53.4	51.8	45.0	55.0		52.9		58.7		52.2	52.3
에콰도르	2,054	652	1,188	9,393	9,040			1,801		28,606	52,734
	53.4	52.6	42.3	54.8	48.0			62.2		51.7	51.9
파라과이	322,962	3,201	28,822	1,222					1,512		357,719
	57.6	48.7	53.1	53.0					65.8		57.2
페루	87,546	8,824	10,814	37,863	3,182	5,682	1,589		528		156,028
	59.3	44.7	38.3	60.2	43.7	40.9	43.3		53.4		56.1
우루과이	116,672		24,740	2,241			3,155	399			147,207
	51.9		47.7	47.7			42.9	46.6			50.9
베네수엘라	2,665		2,162	4,338	43,285	3,691		1,489	737		58,367
	54.7		49.4	51.6	51.8	53.3		49.4	50.5		51.8
합계 평균	1,012,242	59,606	136,935	125,148	60,339	69,605	149,475	20,619	57,801	652,817	2,344,587
	54.2	49.0	45.8	54.3	50.7	51.0	48.3	58.9	56.6	52.1	52.5

출처: Cerruti, 2009

게 되는 것이 딸에 대한 통제를 어느 정도 할 수 있는 장점을 가진 것으로 생각한다. 불이익의 관점에서 보면 많은 구조적 문제점들이 내포되어 있다. 우선, 가사 노동 분야는 다른 직종에 비해 노동 이동성이 현저히 떨어진다. 가사 노동은 일자리로 인정되지 않을 뿐만 아니라 매우 드물게 공식 교육을 지속적으로 받을 수 있도록 허용되기는 하지만, 다른 직업을 가질 가능성이 떨어진다. 그 외에도 고용자의 지시로 인해 노동 시간이 끝없이 연장되기도 하며, 불투명한 고용 계약으로 불안정을 경험한다. 이런 상황들은 자신의 가족 부양과 자녀 양육을 안정되게 하는 데 장애가 되기도 한다(Lipszyc, 5). 노동 시장에서 이주자들이 경험하는 제약들은 정도는 다르지만 자국민들에게도 적용되는 것들이다. 이주자들에게 주어지는 일자리는 이주자의 교육 수준이나 직업 경력과 무관한 경우가 많다. 외형적으로는, 이주자들은 가사 노동, 섬유 관련 업종, 건설 등과 같이 열악하고 노동집약적인 특정 직업군에서 활용되는 것으로 보인다. 그러나 이러한 분야에 종사하는 자국민과 비교하면 그 비율은 매우 적은 편이다. 여성들은 서비스 부분에서의 비율이 절대적으로 높다. 가사 노동, 개인 돌보미, 노점상, 식당 종업원, 그리고 보건 시설에서 최하위직 등에 종사한다. 어떤 경우는 섬유 산업 분야에 진출하기도 한다. 이들이 갖게 되는 직업들은 비공식 노동 시장에 해당된다. 일부는 안정적이거나 산발적인 형태로 성매매를 하기도 하지만, 이 부문에 대한 정확한 근거자료는 없다.

라틴아메리카에서 임금을 받는 가사 노동은 도시 지역 여성 경제 활동 인구 전체의 14.2%가 종사하고 있으며, 아르헨티나, 칠레, 우루과이 등 남미 남부 지역 국가에 더 많이 집중되고 있다. 부에노스아이레스의 가사 노동자 중 50% 이상, 그리고 칠레는 가사 노동자의 70% 이상이 페루 출신 여성이다(UNDP, 2017)

페루 국제 이주와 여성

페루 국제 이주의 변천

페루 국제 이주자는 316만 명에 달한다. 이 중 210만 명의 이주자가 합법적이지 않은 이주자다. 페루의 국제 이주자는 2001년에서 2009년 사이에만 190만 명이 증가하여 이 기간 동안 연평균 5.9%의 성장을 보였다. 이들의 주요 목적국은 경제 선진국에서 이웃 국가로 옮겨 가고 있다. 1998년부터는 남미 역내 이주가 대규모로 나타났다. 현재 316만 여명 중 66.4%는 미주 대륙(북미 33.3%, 남미 32.1%, 중미 1%)에, 유럽 28.8%(스페인, 이탈리아 등), 아시아 4.2%(일본 등) 그리고 아프리카와 오세아니아에 1% 정도가 이주해 있다. 이러한 비율은 10여 년 넘게 큰 변화를 보이고 있지 않다(Villanueva, 2010; INEI, 2018).

페루의 국제 이주는 사회·경제적 상황과 이주자들의 문화적 배경에 따라 단계별로 나누어 볼 수 있다. 1920년대에서 1950년대까지 이주자들은 상업 올리가키, 대지주, 혹은 초기 산업가들이었다. 독립 직후 19세기 동안 페루인의 이주는 스페인과 영국으로 향했고, 두 차례의 세계대전 기간에는 유럽 지역으로의 이주는 거의 없었다. 세계대전 이후 재건기에는 다시 유럽으로 이주가 이루어졌다. 당시 라틴아메리카에서는 유럽으로 여행한다는 것만으로도 특권과 권력의 상징으로 인식되었다. 1930년대에 처음 미국의 뉴욕과 뉴저지 지역으로 노동 이주가 이루어지기 시작했다. 1950년대와 1960년대에는 이주민의 사회 · 경제적 · 문화적 구성은 전 단계와 유사했지만, 중간 계층의 이주가 두드러져 중소기업인, 자유직, 학생 등이 중심이 되었다. 이들은 당시 경제가 성장하고 인구가 증가되고 있던 미국으로 이주하였다. 서유럽 지역으로의 이주는 소수 엘리트들이 선호했는데, 이 계층의 학생들은 주로 프랑스로 유학했다. 여전히 서유럽 지역은 특권의 상징이었다. 1960년대 말 서유럽 경제의 회복으로 일부 전문직과 기능직 사람들이 '방문 노동자(Guest Worker)'의 지위로 외국인 노동력을 수용하는 정책에 따라 이주하였다. 베네수엘라의 석유산업에도 페루의 기술자들과 육체 노동자들이 유입되었으며, 아르헨티나로는 상대적으로 저렴한 생활비와 바로 입학 가능한 장점 때문에 대학생들의 유학이 증가했다. 1970년대 페루 이주의 특징은 해외 이주자가 중간 계층에 집중되었다는 점과 이주 목적국이 확대되었다는 점이다. 축산 노동자에서 거대 올리가키까지 다양한 계층이 해외로 이주했다. 미국 전역으로 이주 지역이 확대되었을 뿐만 아니라 유럽으로는 프랑스, 스페인, 영국 그리고 이탈리아 등으로 확대되었다. 이 시기에는 사회주의 국가로도 이주했는데 노동 이주보다는 교육을 목적으로 한 이주였다. 캐나다와 호주도 페루인들에게 문호를 개방했다. 특히 이 시기에는 중간 계급의 젊은 여성들에게 많은 이주의 기회가 제공되었다. 미국과 캐나다에서는 영토는 넓지만, 인구는 총 1300만 명밖에 되지 않았던 상황에서 인구 증가와 성비 균형을 위해 여성 이주자들을 받아들였다. 1980년대에서 1992년까지는 전 계층에서 이주가 이루어졌지만, 여전히 중간 계층이 중심을 이루었다. 1980년대 후반에는 일본으로 수천 명의 전문 노동 인력이 이주했다. 이 기간 동안에는 페루 내 정치적 불안과 정치 폭력 그리고 경제 위기로 인한 해외 이민이 많았다 (Navarrete Yáñez, 2007). 미국과 캐나다뿐만 아니라 처음으로 스칸디나비아 반도 국가들이 이주 목적국에 포함되었다. 스칸디나비아 지역 국가들은 페루의 정치 망명자와 육체 노동자들의 이주를 받아들이기 시작했고, 동유럽은 유학생들을 주로 받아들였다. 중미 국가들로도 전문 인력과 비숙련 노동자들이 이주했다. 중미 국가를 거쳐 미국으로 건너가기 위한 것이었다. 세계 전역으로 페루 이주민이 확산되었고, 지속적으로 여성 이주자가 증가했다. 1995년부터 시작된 다섯 번째 페루 이주의 물결은 칠레와 아르헨티나가 주요 수용국이었다. 2003년에서 2006년까지 페루 국제 이주는 매우 활발해졌다. 이 시기의 국제 이주자는 평균 23만 명이 넘을 정도로 높았다. 이는 2002년의 2배에 달하는 것이었고, 이 시기의 여권 발급 건수가 확대되었고 해외에서 가족에게 송금하는 금액도 급증했다(OIM · INEI · DIGEMIN, 2008). 해외에 거주하는 페루인은 현재 인구의 10% 정도에 해당하는 300만 명에 이른다. 이들이 2019년 한 해 동안 자국으로 보내 온 송금은 국내총생산(GDP)의 1.4%에 달하는 총 33억 달러였으며, 이 돈은 페루 내 가족의 생계와 교육 그리고 건강 관련 비용에 주로 사용되었다(INEI · OIM, 2019).

페루 국제 이주의 특징과 여성 이주

페루 국제 이주의 가장 중요한 특징 중 하나는 불법 이주자의 비율이 65%에 달할 정도로 높다는 것이다. 이는 곧 210만 명 이상의 이주자들이 법적 돌봄을 받지 못한다는 것을 의미한다. 불법 이주자들이 많이 발생하는 원인은 여러 가지가 있다. 우선 페루와 이주 목적국 사이에 적절한 협정이 없거나, 이주자들이 합법화의 방법을 모르거나, 페루 영사관의 안내 프로그램 부재 혹은 정상화 과정에 필요한 서류 획득에 어려움을 겪기 때문이다(Villanueva, 2010). 그럼에도 이들의 송금은 페루에 남아 있는 가족경제에 매우 중요한 부분을 차지한다. 국제 이주를 하는 페루인들은 91%가 도시 지역 출신이며 농촌 출신은 9% 정도다(Villanueva, 2010). 이들이 국제 이주를 선택하는 배경은 경제적인 문제가 가장 크다. 빈곤은 페루인들의 국내외 이주를 증대시키는 직접적인 배경으로 작용했다고 볼 수 있다. 페루의 극빈층 비율은 상당히 높다. 2008년의 통계에 따르면, 빈곤선 이하로 살고 있는 페루 인구는 1,680만 명이 넘었다(Villanueva, 2010). 또, 칠레를 제외한 대부분의 라틴아메리카 지역은 글로벌화의 흐름 속에서 저성장 기조가 유지되었고, 일자리 창출도 낮은 편이었다. 어떤 경우에는 경제 성장이 이루어져도 실업률은 높았으며, 공식 부문에서의 고용은 오히려 감소하기도 했다(Thorbecke · Nissanke, 2008). 그러나 페루는 다른 라틴아메리카 국가들과는 달리 공식 부분에서의 고용이나 전체 실업률이 그다지 큰 변화가 없었다. 2004년의 실업률은 5%였다가 2008년에는 4.2%를 기록하였고(Villanueva, 20), 2010년부터 2019년까지 실업률은 최저 6.6%에서 7.9%에 이르기까지 상당히 높게 유지되었다. 이러한 상황에서 적게는 12만 명, 많게는 18만 명이 넘는 페루인들이 가족의 생활 조건을 개선할 수 있는 유일한 방법으로 매년 국내외 이주를 선택한다. 페루 이주자들의 송금 총액은 특히 빈곤 완화에 상당한 영향을 미치고 있다. 해외에서 송금을 받는 가구는 13만 8,000가구 정도인데, 그중 79%의 가구가 생활비로 사용하고 있으며, 13.5%가 교육비, 4.4%가 주거, 2.7%가 저축에 사용하는 것으로 나타났다(Castañeda, 2018). 따라서 빈곤한 가정들에서는 해외에서 보내는 송금이 매년 경제적으로 매우 중요한 소득원이 되고 있지만. 이러한 송금도 93%가 도시 지역에만 집중되고 있다(Villanueva, 2010).

페루 국제 이주에서 여성의 비율은 1991년에 전년 대비 10% 이상 급증하여 57.3%를 기록한 이후 표 2에서 나타나는 바와 같이 최근까지 계속 남성보다 높은 비율을 유지해 오고 있다(OIM, 2008; INEI, 2020).

라틴아메리카 역내 국가들로 유입된 페루 여성 이주의 흐름은 아르헨티나에서 칠레로 옮겨졌다. 1980년대에서 1990년대 사이 페루 여성들이 가사 노동 부문과 개인 서비스 그리고 임금노동에 참여하는 양상이 나타나기 시작했다. 1990년대의 아르헨티나는 경제 안정과 역내 주변국과의 환율 차이 덕에 역내 국제 이주를 원하는 주변국 노동자들에게 상당히 매력적인 이주 목적국으로 부상했다. 그러나 2001년 이후 아르헨티나의 경제 불안으로 많은 페루 여성들이 다른 국가로 향했는데, 상당히 경제적으로 안정되어 있던 칠레였다. [그림 1]에서 볼 수 있듯, 칠레는 역 내외를 통틀어 페루인들이 가장 많이 이민하는 국가이다. 이는 미국의 2배 이상이며, 아르헨티나의 10배에 가깝다. 다른 나라에서 새로운 기회를 찾고자 하는 페루 여성들은 18세에서 45세 사이의 중간 계층이나 중간 계층으로 이동하고 있는 하위 계층에 속하는 경우가 많다. 이들 중 아르헨티나로 향하는 여성들의 52%가 중등교육 이상을 받은 경제 활동 인구이다. 또, 칠레로 향하는 여성들의 47%가 중등교육을 마쳤고, 23%가 고등교육 이수자들이다. 해외 이주를 위한 출국의 기회

[표 2] 1990–2018년까지 성별에 따른 페루 국제 이주자.

출국 년도	전체			여성		남성	
	이주자 수	%	%	이주자 수	%	이주자 수	%
합계	3,165,894	100.0	100.0	1,633,396	51.6	1,532,498	48.4
1990-1999	459,598	14.5	100.0	246,712	53.7	212,886	46.3
2000	42,928	1.4	100.0	23,051	53.7	19,877	46.3
2001	45,296	1.4	100.0	24,437	53.9	20,859	46.1
2002	68,065	2.1	100.0	33,561	49.3	34,504	50.7
2003	87,074	2.8	100.0	45,765	52.6	41,309	47.4
2004	117,320	3.7	100.0	62,144	53.0	55,176	47.0
2005	144,682	4.6	100.0	72,340	50.0	72,342	50.0
2006	198,372	6.3	100.0	99,998	50.4	98,374	49.6
2007	207,922	6.6	100.0	104,035	50.0	103,887	50.0
2008	206,081	6.5	100.0	103,141	50.0	102,940	50.0
2009	207,116	6.5	100.0	110,179	53.2	96,937	46.8
2010	185,941	5.9	100.0	94,430	50.8	91,511	49.2
2011	174,414	5.5	100.0	87,631	50.2	86,783	49.8
2012	169,818	5.4	100.0	85,707	50.5	84,111	49.5
2013	154,086	4.9	100.0	78,516	51.0	75,570	49.0
2014	148,673	4.7	100.0	75,764	51.0	72,909	49.0
2015	146,216	4.6	100.0	74,339	50.8	71,877	49.2
2016	136,740	4.3	100.0	70,276	51.4	66,464	48.6
2017	129,222	4.1	100.0	67,583	52.3	61,639	47.7
2018	136,330	4.3	100.0	73,787	54.1	62,543	45.9

출처: INEI, 2020

[그림 1] 1990–2018년 목적국에 따른 페루 이민 현황.

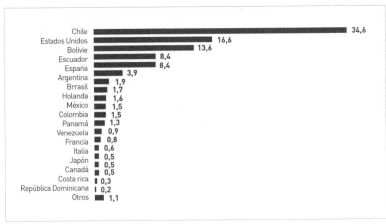

출처: INEI, 2020

는 보다 많은 교육을 이수한 여성들에게 제공되었고, 해외 이주 노동을 통해 보다 나은 소득과 페루에서는 접하기 어려운 독립성을 확보할 수 있었다. 해외로 이주하는 대부분의 페루 여성들 중에서 중등교육 이상을 받은 여성의 비율이 상당히 높기는 하지만, 그들에게 주어지는 대부분의 일은 가사 노동이다. 이주자들의 존재는 이주 목적국의 여성이 가정을 벗어나서 일을 할 수 있는 기회를 부가한다. 한편, 이주한 대부분의 페루 여성은 자신이 가정에서 돌보던 가사 노동을 다른 사람들에게 맡기게 된다. 이 경우 여성의 어머니, 장녀, 여동생 혹은 이웃이 그 일을 대신한다. 이렇게 페루에서도 '글로벌 케어 체인'이 형성되며 이로써 이주여성화의 핵심적인 요소가 형성된다. 또, 여성 이주자들은 목적국에 입국하기까지 다양한 위협과 부패망에 직면하기 쉽다. 많은 사람들이 홀로 이주하면서 가족들과 분리되는 고통을 겪고, 자신의 부재로 인해 가족들이 제대로 돌봄을 받을 수 있을지에 대한 불안감을 지속적으로 겪게 된다. 이주 남성들과는 달리 여성들은 돌봄에 대한 의무를 저버린 것에 대한 죄의식 또한 크다. 그럼에도 자녀를 둔 많은 어머니들이 이주를 선택하여 자신의 송금으로 자녀들에게 더 나은 교육 기회와 음식을 제공하고자 한다.

칠레에서의 페루 여성 이주

페루 이주자 증대의 요인으로서 칠레 이주 정책의 변화
칠레는 독립 직후 백인화를 지향하는 정책으로 인해 스위스, 독일,

영국, 프랑스 등 유럽인들을 대상으로 이주자들을 받아들였다. 새로운 도시 건설과 국경 및 영토 확장이 이주민을 수용한 주요 목적이었다. 칠레는 백인들을 중심으로 이주자들을 받아들이는 선별적인 이민 정책을 실시했고, 그 결과 1865-1920년 사이에 칠레로 유입된 이주민의 52.5% 가 유럽 출신이었다(임상래, 2006).

칠레에서 '이주'는 2002년 인구조사에서는 그다지 중요한 주제로 부각되지 않았다. 당시에는 외국인이 18만 5,000명 정도에 불과했다. 이들은 주로 인접 국가에서 온 이주민이었는데 아르헨티나가 4만 8,200명, 페루가 3만 7,800명, 그리고 볼리비아가 1만 명 조금 넘는 정도였다. 그러나 2002년부터 칠레 내 외국인 인구는 상당히 빠른 증가세를 보여 왔다(Igor · Flores, 2008).

칠레에 거주하는 페루 이주민의 수는 인구 조사가 실시된 2002년과 2007년 사이 39.4%가 증가하였고, 페루 이주민의 상당수는 불법적으로 칠레에 입국했다. 칠레에 비교적 많은 이주자들이 유입되기 시작한 것은 1996년부터인데, 이는 칠레가 과거 군사 정권기에서 벗어나 정치적 민주화를 이루었을 뿐만 아니라 다른 라틴아메리카에 비해 상당히 안정된 경제 상황을 보이고 있었기 때문이다. 2002년에는 외국인 인구가 18만 5,000명에 달해 1992년에 비해 75%가 증가했다(Landaburu, 2007). 이주자들의 상당수는 페루, 볼리비아, 아르헨티나와 같은 이웃 국가들로부터 지속적으로 유입되었다. 이 시기에 칠레는 이주민 송출국에서 수용국으로 변모했다.

칠레 정부의 이민 정책 변화도 중요한 요인으로 작용했다. 칠레와 페루는 여러 차례의 협정을 체결하였고, 그에 따라 양국 사람들의 왕래가 점차 증대되었다. 1978년 6월 10일 페루-칠레 국경 지역의 인적 통행에 대한 협정을 맺고 페루인이 자국 신분증을 소지하고 있으면 아리카(Arica) 지역에 한해 7일간 일할 수 있도록 허용했다(Igor · Flores, 2008). 이후 1998년 칠레 접경 지역 거주민이 '국경주민카드'를 소지하고 있으면 임금 노동이나 경제 활동을 목적으로 하지 않아도 입국을 허용함으로써 페루인의 왕래가 한층 더 자유로워졌다(Igor · Flores, 2008). 이뿐 아니라 같은 해 칠레 정부는 비정규직에 종사하는 페루 이주민의 자녀들이 자유롭게 교육을 받을 수 있도록 비자를 발급하였다(Igor · Flores, 2008). 이와 같은 칠레 정부의 정책은 페루인이 이주 목적국으로 칠레를 선택하게 하는 상당히 의미 있는 조건으로 작용하게 된다. 또, 2004년 칠레 내무부가 국제이주기구(Organizacion Internacional para las Migraciones)와 맺은 협력협정을 통해 2005년 12월 9일부터 페루 국적을 가진 사람이 관광 목적으로 칠레에 입국하고자 하는 경우 자국 신분증을 가지고 입국 가능하도록 했다(Igor · Flores, 2008). 이에 이어 2006년 8월 22일 양국은 '이주와 노동에 관한 양해각서'를 교환하기도 했다.

칠레 정부의 불법 이주자에 대한 사면 조치들도 마찬가지였다. 칠레 내무부는 1998년 10월에서 12월 사이 불법 이주자가 급증하게 되자 '임시 사면' 조치를 내렸다. 사면 조치의 내용은 불법 이주자들에게 노동 계약서 확인을 하지 않고 2년간 칠레에서 체류할 수 있는 임시 거주비자를 발급하는 것이었다. 대략 2만 1,000명의 불법체류 페루인들의 지위가 이 조치를 통해 정상화되었는데, 이 중 1만 8,000명은 일용직이거나 노동 계약을 체결하지 않고 일을 하고 있는 사람들이었다(Igor · Flores, 2008). 그리고 미첼 바첼레트 정부 시기에 도입된 불법 이주자 사면의 혜택을 가장 많이 입은 이들도 페루인들이었다. 칠레 내 불법 체류자들에게 임시거주비자를 5만 부 발급했는데, 페루인들이 이중 3만 2,000부를 발급받았다(El Mercurio, marzo de, 2008).

칠레 내 페루인의 60%는 여성으로 구성되어 있다. 이들 중 절반은 특정 분야의 전문가이거나 기술을 가지고 있지만, 대부분 가사 노동자로 근무한다. 칠레의 역내 이주자 정책은 이주자들을 보다 더 많이 수용하는 방향으로 나아갔다. 미첼 바첼레트 정부는 상당한 비율의 이주자들을 수용하고 있는 현실을 인식하였다. 따라서 통합 협정과 다국 간 협정에서 동시에 이주 문제를 상정하도록 할 뿐만 아니라 교육 과정에도 통합 주제를 포함하게 될 것이라고 공언한 바 있다.

일반적으로 이주 현상은 다양한 영향을 준다. 우선, 칠레는 수용 사회로, 임금과 거주 규정이 매우 공고하지만, 노동법은 명확하지 않다. 이로 인해 고용주들의 권력남용이 존재할 가능성이 높고, 국내 노동자들에 비해 매우 저렴한 비용으로 활용된다. 그 결과 국내 노동자와 이주 노동자 사이에 긴장이 증대되고, 이주 노동자에 대한 부정적 인식이 증대되기도 한다(Stefoni, 2005). 한편, 이주자들은 결과적으로 이러한 부정적인 시각에 직면하여 공존을 위해 사회로부터 고립되거나 아니면 강요된 동화를 받아들여야만 한다. 이러한 동화에는 이주자들의 문화와는 상당히 다른 사회·문화적 모델을 받아들이는 것까지 적용된다. 한편, 페루 이주자의 칠레 사회 참여는 상당히 소극적이다. 페루 이주자는 수용국의 문화 요소에 통합되지 못하고 동화하기만 한다. 칠레에서 이주 정책은 페루인 이주자를 증대시키는 데 매우 중요한 요인으로 작용했지만, 이들을 전적으로 통합하는 것까지는 아직은 충분히 고려되지 않은 것이라 할 수 있다.

칠레 내 페루 이주의 여성화와 가사 노동

해외에 거주하는 페루인들 중 미국을 목적국으로 하는 사람들은 페루 사회에서 비교적 중상층에 해당되지만, 이웃 국가로 일자리를 찾아가는 경우는 페루 사회에서 상대적으로 열악한 상황에 있는 사람들이다. 페루 사회의 중간 계층에 속하는 사람들은 교육 기회와 취업 기회를 포함한 자신들의 요구를 충족시키는 사회적 조건을 고려하여 이주 목적국을 선택한다.

유엔에 따르면, 2019년 칠레에 거주하고 있는 외국인의 수는 93만 9,992명으로, 칠레 전체 인구의 4.92%이다. 10여 년 전인 2008년에 이주민의 비율이 전체 인구의 1.8%였음을 감안하면 거의 3배가 증가한 것이다. 여성 이주민의 비율도 52.87%로 남성보다 여전히 많다. 이렇게 칠레로의 이주에서도 여성화가 두드러진다. 칠레 내 전체 이주자들 중 52%가 여성이다. 칠레 내 페루 이주자에서 페루 여성이 차지하는 비율은 60.2% 정도에 달해 다른 국가에서 온 이주 여성의 평균 비율보다 높게 나타나고 있다. 페루 여성의 국제 이주는 가정을 책임지고 있는 가장인지의 여부와 상당히 깊은 관계를 가지는 것으로 나타났다. 페루 여성의 칠레 이주는 1992년에서 2002년까지 상당히 많은 증가를 보였다. 1992년 3,476명에서 2002년에는 2만 2,000여 명으로 증가되었다. 페루 여성들의 칠레 사회 내에서 직업은 가사 노동 분야에서 매우 높은 집중도를 보여 왔다. 칠레 내 가사 노동을 하는 외국인 인구의 80%가 페루 여성이며, 칠레 내 페루 여성의 85%가 가사 노동에 종사한다. 또한 이들 중 73%가 20세에서 40세 사이의 가임기 여성이면서 노동 시장에 참여하고 있다. 이주 여성들 가운데 젊은 여성의 비율이 높다는 것은 자녀를 페루에 두고 왔을 가능성이 높다는 것을 의미한다. 페루 여성들은 가정생활과 노동에 대한 부담을 줄이기 위해 아동을 두고 칠레에 오는 경향이 많았다. 페루에서 해외로 이주하는 여성 중 가장 역할을 하고 있는 경우는 2005년에서 2009년 사이에 73.2%나 증가했다(Villanueva, 2010).

이들의 교육 수준은 비이주자보다 높은 편이다. 일반적으로 목적국에서는 본국에서의 직업과 무관한 직업을 선택하는 경향이 많다. 이 경우 본국에서의 직업보다 낮은 단계——저임금, 비숙련 등의 직급——를 선택한다. 페루 이주 여성 중 12년 이상의 교육을 받은 사람의 69.6%가 가사 노동자로 종사한다.

피노체트 이후 첫 민간 정부인 파트리시오 아일윈(Patricio Aylwin, 1990-1994) 정부는 1990년과 1993년에 걸쳐 두 차례의 노동법 개정을 시행했다. 가사 서비스 부문의 규정을 재도입하여 아무런 규정이 마련되어 있지 않았던 군사정권기보다는 많은 법적 근거를 노동자들이 가질 수 있게 되었다. 의무고용계약을 통해 급여, 노동 시간, 해야 할 일들을 구체적으로 명시하게 했고, 고용 기간 동안 주택 내에 가사 노동자를 위한 공간이 부여되었다. 또한 고용주가 피고용자를 위한 연금, 의료, 실직에 관한 사회보장을 받을 수 있도록 해야 한다. 1998년부터 모성법을 적용한 휴직이 가능하도록 되었고, 임신과 출산으로 인한 해고는 금지되었으며, 이러한 조항이 가사 노동자들에게도 적용되었다. 하루 12시간을 근무하고, 일주일에 하루의 휴일이 보장되었으며, 입주 가사 노동자는 최저임금의 75%를 법적으로 보장받게 되었다. 또, 휴가는 유급이며, 4.11%의 퇴직금이 지불되도록 했다(Blofield, 2009). 2011년 3월에 가사 노동자(가정부, 집사, 정원사, 경비원)의 임금을 감액하여 지급하는 기준을 삭제하고 최저임금 수준으로 높이기로 했지만, 노동 시간은 아직 다른 부문과 동등하지 않다. 또한 고용주가 이를 지키지 않는 경우에는 벌금이 부과되었다. 따라서 가사 노동을 하는 내국인은 법적으로 자신들의 권리를 지킬 수 있는 충분한 역량을 갖출 수 있었다(Stabb · Maher, 2006). 그러나 많은 가사 노동자들이 이주자들이기 때문에 전적으로 동등한 권리를 적용하도록 정부가 압력을 가하는 데는 한계가 있었다(Blofield, 2009).

칠레 내에서 자국 여성보다 페루 여성을 가사 노동자로 고용하는 것을 선호하는 데는 교육 수준과 고용 비용이 중요 이유가 된다. 국내 가사 노동자는 페루에서 이주해 온 가사 노동자보다는 교육 수준이 낮은 경우가 많고, 고용에 있어서도 더 많은 비용이 수반되기 때문이다. 또, 페루 이주 여성을 가사 노동자로 고용하면, 단순한 가사 노동뿐만 아니라 자녀들의 교육에도 도움이 될 수 있다고 여긴다.

칠레에서 가사 서비스 분야에서 페루 이주 여성에 대한 선호도가 높은 반면 이들은 법적인 보장을 누리지는 못하고 있는 것이 일반적이었다. 법적인 보장을 받기 위해서는 해당 부문의 문제점들에 대해 적극적으로 알릴 필요가 있는데, 이때 가사 노동자들이 중심이 되는 조직이 필요하였다. 칠레에는 1950년대와 1960년대에 이미 가사 노동자들의 단체가 생겨났다. 이들 중 가톨릭교회의 지원을 받고 있던 전국가사노동자협회(Asociación Nacional de Empleadas de Casa Particular, ANECAP)와 가사노동조합(Sindicato de Trabajadoras de Casas Particulares, SINTRACAP)

은 1980년대 가사 노동자들의 수가 급격히 증가하면서 세력도 확대되었다. 이 단체들은 1980년대 민주화 과정에서 다른 민주화 운동 단체들과 함께 새로운 정부의 정책에 자신들의 요구를 반영할 기회를 마련했다. 정당 간 견해 차이가 컸지만, 이 시기 가사 노동자 단체의 활동은 1990년대 동안 가사 노동 분야에 대한 규정을 만들어 내는 바탕이 되었다. 가사 서비스 분야는 노조, 페미니스트, 종족 관련 단체들과 협력할 가능성이 많다(Blofield, 2009). 그러나 실제로 가사 서비스 분야는 노조가 주로 관심을 갖는 '남성'들의 노동 분야와는 거리가 멀다. 또, 페미니스트들은 자신이 가사 서비스에 의존하고 있는 경우가 많고, 종족 관련 단체들의 입장은 종족 차별이 우선이기 때문에 가사 노동의 문제점은 시급한 사안으로 받아들여지지 않는다. 이러한 상황으로 인해 페루 이주 여성들은 가사 노동자로서뿐만 아니라 이주자로서의 소외와 이중적 차별을 겪어 왔다. 가사 노동자 단체들과 이주민 여성 가사 노동자 단체들의 지속적인 요구, 그리고 국제노동기구(ILO)의 2011년 총회에서 채택된 가사노동자협약에 칠레가 2015년 6월에 비준하면서 이들의 차별이 개선될 수 있는 기회가 마련되었다. 이후 칠레 정부가 2017년 7월에 노동법을 개정하면서 가사 근로자에 대한 조항도 구체화하였다.

2017년 칠레 인구조사에 따르면, 칠레에 거주하는 페루인은 전체 이주민의 25%가 조금 넘는 18만 7,000여 명에 이르며, 이들 중 53% 정도가 여성이다. 이들 중 76.3%가 수도권에 거주하며 국경 지역인 '타라파카(Tarapacá)'에 7.1%, 그리고 '안토파가스타(Antofagasta)'에 5.9% 정도가 거주한다. 연령대는 20-40대가 많은 비중을 차지한다. 페루 이주민들의 평균 교육 수준은 11.7년으로 상당히 높으며, 여성들도 11.5년이다(INE, 2018). 60%가량의 이주자들이 칠레에서 최저임금 이상의 소득을 얻고 있으며, 대부분의 페루 이주민들은 이주 동기로서 노동, 경제, 교육 기회의 부족을 들고 있다. 이주자들 중 41% 정도만 페루로 다시 돌아갈 계획을 가지고 있다.

맺음말

칠레는 현재 라틴아메리카 내에서 페루 여성들이 취업을 위해 이주하는 비율이 가장 높은 국가다. 칠레는 페루와의 인접성, 경제적 안정, 페루와의 양국 간 여러 차례의 이민법 개정과 불법 이주자에 대한 사면 조치 등을 통한 대규모 이주 합법화 등으로 주변 국가들로부터 이주자들을 유인하고 있다. 특히 비정규직에 종사하는 이주민들의 자녀들이 자유롭게 교육을 받을 수 있도록 비자를 발급하기로 한 정책과 가사 노동에 대해서도 최저임금과 노동권을 보장받을 수 있도록 노동법을 강화한 것은 많은 이주자들이 칠레로 향하도록 하고 있다.

칠레 내 가사 서비스 분야에 대한 수요의 증가와 보다 전문화된 돌봄 노동에 대한 수요는 향후 더 많은 페루 여성들의 칠레 유입을 유발하게 될 것이다. 칠레의 가정에 페루 여성이 고용되면, 페루 여성이 외면하고 온 '돌봄 노동'의 자리를 다른 페루 여성이 메우게 되는 '글로벌 케어 체인'은 여기에서도 여지없이 나타난다. 특히 가사 노동에 종사하게 되는 페루 이주 여성은 자신의 국가에서 있던 계급보다 낮은 계급으로 이동하는 모순적인 계급 이동의 상황을 겪는다. 또, 이들은 칠레에서 일을 하고 삶을 영위해 가고 있으면서도 시민으로서의 권리는 보장받지 못할 뿐만 아니라, 칠레 사회 내의 가사 노동자나 다른 이주 노동자들의 그룹에 포함되지도 않는 소속이 불분명한 '탈구위치'라는 상황을 겪는다.

미첼 바첼레트 정부의 불법 이주 노동자 사면 프로그램은 이주자의 상당한 부분을 수용하는 국가로서의 칠레 현실에 바탕을 두고 있는 것이었다. 역내 통합과 다국간 협정에서 적극적으로 '이주' 의제를 포함하고자 하고, 교육과정에서도 '이주' 문제와 '통합'을 포함하는 것은 긍정적으로 평가될 수 있었다.

이주민 수용 사회에 이주자들을 맞추려고만 요구하는 것은 장기적으로 사회적 긴장을 만들어 내기 때문에 보다 적극적인 공존을 위한 정책이 필요할 것이다. 정부의 역할은 통합에 있어서 매우 근원적인 것이고, 공동체의 다양성에 대한 용인과 이해를 효과적이고 명확한 사회·경제 정책 수립을 통해 근원적으로 강화하는 데 있다고 볼 수 있다.

이주와 이주 노동자로 인한 다양한 변화들은 라틴아메리카뿐만 아니라 우리나라를 포함한 전 세계가 겪고 있는 현실이다. 이주민을 많이 받아들이는 사회는 여전히 경제적 필요에 따라 이주자들을 수용하지만, 정치적인 수용에는 상당한 사회적 저항이 동반될 수 있다.

이주의 증대와 보편화가 피할 수 없는 추세라고 한다면, 장기적으로 이주로 인해 발생하는 문화적 다양성에 직면하여 이들을 사회로 수용할 수 있는 응집성이 보장될 수 있어야 할 것이다. 칠레에서 페루 이주자들이 최고의 통합 수준에 도달하게 하기 위한 제도 수립은 노동-경제 환경에서의 진보만 요구되는 것이 아니라 상호 문화성에 중심을 둔 교육을 위한 양국의 노력이 필요하다. 현 글로벌화의 맥락에서 단선적 문화와 폐쇄적인 문화의 유지는 경쟁력을 갖지 못할 뿐만 아니라 끊임없는 사회적 긴장을 만들어 낼 수밖에 없기 때문이다.

특히 최근 칠레의 경제·사회적 불안정, 베네수엘라의 위기로 인한 대규모 이주민의 유입, 그리고 코로나19로 인한 복합적인 위기는 이민자들에 대한 칠레 국민들의 거부감을 만들어 내면서 정부도 보수적이고 통제적인 이민 정책으로의 변경에 대한 압력이 증가하고 있다. 이러한 측면에서도 이주자의 인권과 이들의 통합, 국가의 안보의 균형점을 찾는 것이 점차 복잡하고 어려워지고 있는바, 공존을 위한 정책적 대안이 더욱 요구되는 시점이라고 할 수 있다.

제 9 장

콜롬비아의 강제 실향민

/

차경미

/

들어가며

2000년 접어들어 세계 도처에서 강제 실향민이 증가하고 있다. 1977년 유엔난민기구는 "국경을 넘었지만 난민과 같은 지위를 얻지 못한 자"를 강제 실향민으로 분류하였다. 냉전 종식 이후 무력을 동반한 내전증가로 강제 실향민 규모는 확대되고 있다.

국가 간 무력 충돌이나 국내에서 발생하는 내전은 해당 국가 사람들을 거주지에서 타 지역으로 밀어 내는 가장 전형적인 강제 이주의 요인이라고 볼 수 있다. 세계적으로 강제 실향민 주요 배출국은 시리아, 이라크, 수단, 아제르바이잔, 콩고민주공화국 등 중동과 아프리카 지역이다. 그러나 라틴아메리카 지역 역시 정치·사회적 폭력으로 인해 최근 단기간 대규모의 강제 실향민을 배출하고 있다.

라틴아메리카 지역에서 강제 실향민에 대한 관심은 1980년대 중앙아메리카를 중심으로 전개된 내전이 계기가 되었다. 과테말라, 엘살바도르, 니카라과에서 확산된 내전은 강제 실향민의 급증을 초래했다. 문제의 심각성을 인식한 지역 정상들은 1984년 콜롬비아의 카르타헤나에서 개최된 미주기구(OAS) 총회에서 실향민에 대한 논의를 시작하였다. 그리고 기존 난민 적용 범위를 확대하여 내전 또는 대규모의 인권 침해로 상주지를 떠날 수밖에 없는 사람들까지 난민으로 인정하는 선언문을 채택하였다. 「카르타헤나 선언문」은 강제 실향민도 난민으로 인정한 최초의 국제 협약이다.

글로벌 차원에서 라틴아메리카 지역의 난민 규모는 아프리카와 중동 지역과 비교하여 상대적으로 작다. 그러나 2002년 콜롬비아는 최단기 세계 최대 강제 실향민을 배출했으며, 최근 베네수엘라가 그 뒤를 이어 라틴아메리카 최대 규모의 강제 실향민을 양산하고 있다.

베네수엘라에서는 하루 평균 5,000여 명의 사람들이 국경을 넘고 있는 것으로 알려졌다. 현재에도 엘살바도르, 과테말라 그리고 온두라스와 같은 나라들은 난민과 실향민을 대량 배출하고 있으며, 멕시코, 페루, 과테말라, 니카라과와 브라질도 정치와 경제적 이유로 실향민이 지속적으로 증가하고 있다.

이 글은 단기간 세계 최대 강제 실향민 문제에 직면했던 콜롬비아의 사례를 통해 지속적으로 증가하고 있는 라틴아메리카 지역 강제 실향민 문제에 대해 재고해 보고자 한다. 콜롬비아의 사례는 같은 문제에 직면해 있는 역내 국가들의 실향민 정책 수립에 토대가 될 것이다.

콜롬비아의 폭력과 강제 실향민

강제 실향민

오늘날 국제 이주는 빈곤 난민 및 실향민 그리고 테러리즘과 인신매매 및 이주 노동 등 다양한 문제에 직면해 있다. 국제 이주는 사람의 이동뿐만 아니라 사회 · 경제적 요인, 인도적 요인 그리고 밀입국 등 불법적 요인이 상호작용하면서 그 형태가 복잡해지고 있다.

이주민에 대한 정의는 그 기준을 어디에 두느냐에 따라 국제기구마다 다르게 이해한다. 국제이주기구와 유네스코는 이동 자체에 중점을 둔다. 국제이주기구에 의하면 이주민을 국내와 국제를 구분하지 않고 살던 곳을 떠나 이동하고 있거나 이동한 사람을 의미한다. 한편, 유네스코는 타국에서 일시적 혹은 영구적으로 사는 사람을 국제 이주자로 정의하고 있다. 이와 함께 유럽연합은 살고 있는 나라에서 상당한 사회적 유대감을 형성하고 있는 사람을 이주민으로 규정한다. 이와 달시 유엔은 경제 활동을 이주민의 개념 기준으로 활용한다. 즉 이주민은 "국적국이 아닌 국가에서 보수를 받는 행위와 관련된 사람"인 것이다.

이주민과 실향민은 이주 자체가 자발적인지 강제성을 띠고 있는지에 따라 분류된다. 실향민은 강제 혹은 부득이하게 살던 곳을 떠난 사람이나 집단을 의미한다. 강제 실향민에는 국경을 넘지 않고 자국에 머물며 이곳저곳을 떠도는 국내 실향민과 국경을 횡단하는 실향민 모두 포함된다.

실향민은 특정 장소에 집중하여 분포되는 경향이 있다. 따라서 정착 과정에서 지역 주민과 다양한 형태의 갈등이 형성된다. 또한 국경을 횡단한 실향민의 삶은 임시적이기 때문에 이들은 삶의 기반을 본국에 두고 있다. 실향민들은 이주지에서 정주 방지 정책과 체류 자격 제한으로 주변부에 놓이며, 초국가 사회 속에서 자신들의 지위를 만들어 나아가는 특징을 지닌다. 국내 실향민의 경우 국경을 넘지 않고 자국에서 머물며 이동을 반복하기 때문에 구체적인 규모를 파악하기는 어렵다. 그리고 그 규모는 난민보다 훨씬 많다.

카르타헤나 선언 이후 국내 실향민에 대한 관심을 증가했다. 비정부기구, 인권단체 및 세계 구호단체 등 국제 사회는 국내 실향민 문제의 심각성을 논의하기 시작했다. 1992년 유엔인권위원회는 국내 실향민 증가 원인과 현황 파악을 위한 특별 업무팀을 구성하여 이들에 대한 법적 규정 마련과 보호 대책을 강구했다. 그리고 관련국 정부와의 대화와 협력을 통해 실향민에 대한 지원책을 모색했다. 이러한 과정에서 1998년 유엔의 국내 실향민 권리 보호 규정이 구체화되었다(DNP, 2010).

폭력과 강제 실향민

강제 실향민으로 인한 중남미 난민 문제는 새로운 것이 아니다. 16세기 정복자들이 멕시코와 페루를 중심으로 원주민 영토에 대한 점령을 시작한 이후 강제 실향은 지속되었다. 19세기 대부분의 라틴아메리카 지역은 인명 피해가 동반된 내전과 독립전쟁을 통해 강제 실향민이 양산되었다. 라틴아메리카 최대 강제 실향민 배출국인 콜롬비아의 경우 자유와 보수 양당 간의 갈등으로 발생한 정치 폭력 사태 및 정부와 게릴라 조직의 무력 분쟁으로 약 300만 명 이상이 난민으로 살아가고 있다. 2007년 콜롬비아의 국내 실향민은 세계 최고를 기록했다(Iván, 2007). 2016년 국내 최대 게릴라 조직과 평화협정을 체결한 정부의 최대 과제는 실향민의 안정적인 귀환과 강탈된 토지 반환이었다.

콜롬비아 강제 실향의 역사에 대해 살펴보자. 15세기부터 시작된 스페인의 식민 정복으로 인한 영토 점령과 19세기 독립 이후 발생한 내란으로 대량의 인명 피해와 강제 실향민이 발생했다. 1840년 성립된 콜롬비아의 자유-보수 양당은 경제 문제를 둘러싸고 갈등하였으며, 결국 1880년 1,000일 동안 내전이 지속되었다. 그 결과 대규모의 국내 실향민이 양산되었다(Alfredo, 1998).

20세기 접어들어 1946년 정권 교체기를 계기로 보수와 자유 양당 간의 갈등이 가속화됨에 따라 정치 폭력 사태가 발생했다. 특히 대중의 열렬한 지지를 받던 민중 지도자의 암살로 농촌은 멕시코 혁명 이후 라틴아메리카 지역에서 최대의 인원이 동원되는 시위가 지속되었다. 당시 대선에서 승리한 보수 정권은 권력 기반이 불안정하게 되자 자유당 세력에 대한 폭력적 탄압을 강화하였다.

이러한 보수당의 폭력적 상황에서 자유당과 군과 경찰 및 보수 독재체제에 반발한 지식인들의 적극적인 지원으로 조직적인 게릴라 활동이 본격화되었다. 불법 무장군은 동부 평원에서 활동하기 시작했다. 1940년대 형성된 공산당 역시 농촌을 거점으로 자위대를 조직하여 농민의 급진화를 촉진했다. 이러한 과정에서 1958년 쿠바혁명의 영향으로 1960년대와 1970년대 다양한 불법 무장 조직이 성장하여 오늘에 이르고 있다.

1980년대 불법 무장 조직은 점령지를 확장해 나아가는 과정에서 농민의 토지를 강탈했다. 또한 마약 범죄 조직과 공생하며 불법 작물 재배지 농민을 통제하였다. 이것은 농촌 지역 국내 실향민 증가의 근본적인 원인으로 작용했다. 또한 게릴라 조직은 대농장주에 대한 납치 및 살해를 자행하였다. 대농장주는 불법 무장 조직의 공격으로부터 자신의 재산과 신변 보호를 위해 민병대를 결성했다(Benjamínet 외, 2004). 농촌 지역은 게릴라와 민병대 간 무력 갈등의 중심지가 되었다.

1990년대 말 콜롬비아 정부는 게릴라와 적극적인 협상을 시도하였다. 우선 좌익 게릴라 조직 거점지에 대한 정부군의 무장해제를 추진하였다 그리고 이러한 지역에서 게릴라 조직의 실질적인 통제를 인정하였다. 그러나 정부의 정책을 신뢰하지 못한 게릴라 조직의 테러는 지속되었다(콜롬비아무관, 2002).

게릴라와의 협상이 실패로 끝나자 콜롬비아 정부는 미국의 반 마약 테러리즘 논리를 수용하여 국가 안보 정책을 수립했다. 2002년 등장한 우리베 정권은 미국의 지원하에 마약 퇴치 및 불법 무장 조직에 대한 강경책을 바탕으로 국가 안보 정책을 추진했다. 그 결과 마약 퇴치 및 불법 무장 조직에 대한 강경책은 가시적 성과를 거두었다.

그러나 남부 마약 재배지를 기반으로 활동하는 콜롬비아무장혁명군(Fuerzas Armadas Revolucion arias de Colombia, FARC)는 유엔 중재안을 거부한 채 정권 교체를 주장하며 테러와 무력 분쟁을 일삼았다. 정부의 공격을 피해 국경 지대로 이동한 불법 무장 조직들은 접경 지역 주민에 대한 위협을 일상화함으로써 콜롬비아의 폭력이 인접 국가로 확대되는 결과를 초래했다. 또한 부족한 공권력을 보완하기 위해 정부에 의해 양산된 우익 콜롬비아 연합자위대(Autodefensas Unidas de Colombia: AUC)가 양민에 대한 무차별적인 폭력을 자행함으로써 강제 실향민 및 난민은 급증하였다.

민병대와 AUC에 의해 자행된 양민 학살과 만행으로 우리베 정권의 국가 안보 정책은 대내외적인 비난에 휩싸였다. 이러한 상황을 고려하여 정부는 우익 무장 단체의 해체를 추진하였다. 그러나 과거 우익 무장 단체 거점지를 중심으로 신흥 불법 무장 조직이 등장하였다. 이들은 마약 밀거래에 개입함으로써 오히려 마약 거래량은 증가하였다(차경미, 2011).

그러나 불법 작물 재배권을 둘러싼 좌우익 불법 무장 조직들의 무력 분쟁은 심화되었다. 우익 자위대와 민병대는 점령지 확장 과정에서 민간인에 대한 무차별적 학살을 자행하였고, 이에 따라 국내 실향민은 급증하였다. 당시 통계에 의하면 콜롬비아 전체 인구의 7.3%에 해당하는 331만 6,862명이 실향 상태에 놓였다(el Registro Único de Población Desplazada, 2006). 콜롬비아 정부의 대 게릴라 강경책은 결과적으로 무력 분쟁 확산을 통한 라틴아메리카 최대 국내 실향민 양산의 계기가 되었다.

2002년 강제 실향민으로 인한 콜롬비아의 난민은 전년 대비 624%로 급증했다. 이전에는 마약 범죄 및 불법 무장 조직의 활동과 관련을 맺고 있는 특정 지역을 중심으로 강제 실향민이 양산되었으나 우리베 정권 등장 이후 강제 실향민은 단기간 급격하게 팽창했을 뿐만 아니라 전국적으로 확대되는 경향을 나타냈다.

강제 실향민은 국경을 넘어 인근 국가 접경 지역에 정착하거나 국내를 떠돌며 이동하였다. 접경 지역 실향민 증가로 콜롬비아의 사회적 위기가 인근 국가까지 확장되었다. 베네수엘라는 콜롬비아의 강제 실향민이 가장 많이 정착하였으며 페루, 에콰도르, 브라질에도 콜롬비아 강제 실향민 유입으로 인한 갈등이 고조되었다. 파나마의 경우 이전에 존재하지 않았던 콜롬비아 강제 실향민이 대거 유입되었다.

정부에 의해 게릴라 마약 거래의 주요 루트였던 아마존 지역이 폐쇄되자 불법 무장 조직은 활동 거점을 태평양 지역으로 이동하였다. 이를 계기로 콜롬비아와 파나마 접경 지역은 이전에 존재하지 않았던 무력 분쟁이 발생함에 따라 강제 실향민이 증가하였다. 주요 불법 작물 재배지인 콜롬비아와 에콰도르 접경 지역은 마약 근절을 목표로 정부와 미군이 공중에서 살포한 제초제로 인해 게릴라와 강제 실향민이 대거 유입되었다(Beltrán 외, 2004).

플랜 콜롬비아와 강제 실향민

반 마약 정책과 강제 실향

미국은 콜롬비아 정부가 효과적으로 반 마약 정책을 수립할 수 없다고 판단하여 13억 달러 군사 원조안인 '플랜 콜롬비아(Plan Colombia)'를 수립했다. 이는 주요 마약 생산지에 대한 군사적 압박 전략이라고 볼 수 있다(이성형, 2005). 1996-2001년 플랜 콜롬비아 운영을 통해 미국의 콜롬비아 군사 원조는 15배 증액되었다. 플랜 콜롬비아 총 예산 가운데 2000-2001년 한 해 군사 원조비는 75%가 책정되었다(Grasley, 2004). 플랜 콜롬비아는 탈냉전 이후 미국의 새로운 적으로 등장한 마약 생산국에 대한 미국의 정책을 가장 잘 반영하고 있다고 볼 수 있다.

지난 60여 년간 콜롬비아는 정부군과 좌익 게릴라 및 우익 무장 단체의 격화된 대립 구도 속에 국가 안보 기반이 악화되었다. 정부는 게릴라와의 평화 협상을 시도했으나 별다른 성과를 거두지 못했다. 이러한 상황 아래 2002년 등장한 우리베 정권은 플랜 콜롬비아를 바탕으로 강도 높은 국가 안보 정책을 추진했다.

플랜 콜롬비아를 계기로 콜롬비아에 대한 미국의 군사 원조는 급격하게 증액되었다. 미국의 군사 원조가 증액됨에 따라 콜롬비아의 군사화는 강화되었다. 플랜 콜롬비아 운영이 최고조에 달한 시기 콜롬비아의 무력 분쟁은 확산되었다. 군과 민병대는 점령지 확장을 위해 농민 토지 강탈 및 잔인한 만행을 자행하였다. 게릴라 조직 역시 자신의 통제구역 방어를 위해 무력으로 대응함으로써 농촌 지역의 분쟁은 심화되었다. 그 결과 국내 강제 실향민 규모는 폭발적으로 팽창했다(CODHES, 2003). 1990년대 말 대비 강제 실향민은 4배 정도 증가하였다. 또한 불법 작물 재배를 대상으로 살포한 제초제로 인해 2만 3,599헥타르 해당하는 면적의 토지가 황폐화되었으며 농민의 실향은 급속하게 진행되었다(Red de Solidaridad Social, 1998-2002).

플랜 콜롬비아 작동 이후 강제 실향민 규모는 심각한 수준으로 확대되었다. 뿐만 아니라 분쟁에 직접적인 관련이 없는 지역에서 신변에 위협을 느낀 농민들의 실향이 전개되었다. 농촌 지역은 실향민의 급증과 함께 농작물 생산 감소 및 빈곤이 심화되었다.

좌익 불법 무장 조직의 주요 거점지인 대서양 지역은 정부의 게릴라 소탕 작전으로 무력 분쟁이 확산되었다. 정부군과 게릴라 간 점령지 확장 과정에서 강제 실향민은 급속하게 양산되었다. 강제 실향민은 폭력을 동반한 토지 강탈 과정에서 발생하였다(CODHES, 1996). 정부의 공세가 강화되자 게릴라 조직은 태평양 지역으로 이동하였다.

콜롬비아의 태평양 지역은 북쪽으로 파나마 그리고 남쪽으로는 에콰도르와 1,300킬로미터를 접하고 있으며 전체 인구의 83%가 흑인으로 구성되어 있다. 아프리카계 후손들의 공동체가 집중적으로 분포되어 있는 이 지역의 면적은 콜롬비아 전체 국토의 4.13%에 해당한다(Elisa, Rodriquez, Dane, 2006). 1990년대 중반까지 태평양 지역은 내전과는 무관한 평화의 땅이었다. 그러나 게릴라 조직의 이동으로 태평양 지역은 무력 분쟁의 중심지로 변모하였다. 그리고 단기간 국내 최대 실향민을 양산하였다(Vanegas, 2006).

게릴라 조직이 태평양 지역으로 이동한 이유는 무엇보다 정부의 통제력이 미치지 않는 밀림으로 형성되어 있는 지리적 특성이 주요하게 작용했다. 또한 바다를 통해 육지 접근이 수월하여 전쟁 비용 확보가 용이하다는 점에서도 활용 가치가 높았다. 결국 정부의 게릴라와 불법작물에 대한 압박은 무력 분쟁이 대서양에서 태평양으로 이동하는 계기가 되었다. 동시에 강제 실향민 증가라는 결과를 초래했다.

국경을 넘은 콜롬비아의 강제 실향민 대부분은 인근 국가 접경에 정착하였다. 가장 많은 콜롬비아의 강제 실향민이 유입된 곳은 베네수엘라이다. 베네수엘라는 콜롬비아의 인접국 중에서도 가장 넓은 면적의 접경을 형성하고 있다. 그리고 접경 지역 중 경제 활동도 가장 활발한 곳이다. 풍부한 지하자원이 매장되어 있고 험준한 산악지형으로 인해 게릴라 활동의 최적의 조건을 갖추고 있다. 따라서 오래전부터 베네수엘라 접경 지역은 무력 분쟁과 강제 이주가 지속적으로 유지되었다.

콜롬비아와 베네수엘라의 접경 지역인 카타툼보(Catatumbo)는 불법작물 경작지로서 플랜 콜롬비아 작동 이후 콜롬비아 게릴라와 민병대 사이의 빈번한 무력 충돌로 대량의 인명 피해가 발생했다. 신변의 위협을 느낀 주민들은 국경을 넘어 베네수엘라 영토로 이동하였다. 콜롬비아 실향민이 대규모로 유입된 베네수엘라 접경 지역에는 콜롬비아 실향민 마을이 형성되었다(Boletín CODHES Informa, 2005). 에콰도르에서는 2000년부터 접경 지역을 중심으로 콜롬비아의 실향민이 증가하였다. 마약 퇴치를 위해 콜롬비아 정부가 불법 작물 경작지에 살포한 제초제로 인해 많은 농민들은 국경을 넘어 에콰도르에 유입되었다.

'플랜 콜롬비아'는 1996-2001년까지 운영하기로 계획되었으나 우리베 정권 등장을 계기로 연장되었다. '플랜 콜롬비아'를 통한 미국의 군사 지원은 우리베 집권 2기인 2007년 초까지 유지되었다. 2007-2010년 콜롬비아 정부는 '플랜 콜롬비아'의 연장선에서 '플랜 파트리오타(El Plan Patriota)' 정책을 수립하고 군사적으로 강도 높은 안보 정책을 유지했다.

강제 실향민과 불평등

강제 실향 실태

라틴아메리카 지역에서 반복적으로 등장하는 정치적 불안, 무력 분쟁, 마약, 불법 이민과 강제 실향은 사회적 불평등과 밀접한 관련을 맺고 있다. 2006년 콜롬비아는 라틴아메리카 최대 강제 실향민 배출국이 되었다. 당시 공식 통계에 따르면 약 300만 명 이상이 실향 상태에 놓여 있었다. 강제 실향민은 폭력과 무력 분쟁으로 발생했다. 폭력은 사회의 구조적 불평등과 직접적인 관련을 맺고 있다.

콜롬비아는 지난 60여 년간 정부군과 좌우익 불법 무장 조직 3자 구도 속에 장기 내전으로 인한 폭력과 갈등의 역사를 이어 왔다. 20세기 중반 정치적 폭력 사태를 계기로 형성된 콜롬비아 게릴라 조직은 정부의 위협 세력으로 성장하였다. 역대 정권은 게릴라와의 협상을 주도해 왔다. 그러나 게릴라 조직은 정부를 신뢰하지 못했다. 게릴라 조직은 협상은 매번 실패로 돌아갔다.

이러한 과정에서 2002년 등장한 우리베 보수 정권은 테러와의 전쟁을 선포한 미국의 지원에 힘입어 게릴라 소탕에 기반한 국가 안보 정책을 추진하였다. 그 결과 국내 무력 분쟁은 확산되었다. 그리고 게릴라들의 주요 거점지를 중심으로 강제 실향민이 폭증하였다. 강제 실향민은 국경 지역뿐만 아니라 국내 안보에도 심각한 수준으로 확산되었다.

게릴라들은 정부군의 진입이 어려운 밀림이나 산악 지형을 거점지로 활용하였다. 이러한 지역은 주로 원주민과 흑인 농민들이 거주하는 지역이다. 농민들은 게릴라 조직의 보호 아래 불법 작물을 재배하였다. 식민시대 이후 고착화된 인종주의 질서 아래 원주민과 흑인은 사회 주변에 위치하였다. 빈곤과 불평등 그리고 배제와 소외가 일상화된 이들에게 불법 작물은 삶을 지탱해 주는 수단이 되었다. 불법 작물만큼 농민들에게 이윤을 안겨준 작물은 없었다. 게릴라 조직은 지역 농민들을 통제하며 마약 범죄 조직과 공생 관계를 유지하였다.

우리베 정권의 국가 안보 정책 추진 대상 지역은 우선적으로 불법 작물 재배지였다. 정부는 불법 작물 근절을 목표로 공중에서 제초제를 살포하였다. 또한 부족한 병력을 보충하기 위해 AUC와 민병대를 양산하여 정부군과 합동으로 게릴라 소탕 작전을 수행하였다. 이러한 과정에서 게릴라를 지원하고 있다고 의심되는 지역 주민의 대량 학살이 자행되었다. 신변의 위협을 느낀 무력 분쟁 지역 주민의 지역 이탈은 가속화 되었다. 당시 무고한 시민의 희생은 게릴라 조직보다는 AUC와 민병대에 의해 주도되었다.

AUC와 민병대는 불법 작물 재배 근절이라는 미명하에 농민 토지를 강탈해 나아갔다. 우리베 정권은 인권 문제와 관련하여 국내외의 비난에 휩싸였다. 그 결과 2006년 정부에 의해 AUC와 민병대 조직은 해체되었다. 그러나 이들은 과거 활동 지역을 중심으로 새로운 조직을 형성하여 마약 거래에 가담하고 있다. 정부의 국가 안보 정책으로 오히려 새로운 불법 무장 조직이 형성된 셈이다. 그 결과 마약 거래와 재배는 오히려 증가하였다

정부의 공격을 피해 게릴라들은 아마존에서 태평양 지역으로 이동하였다. 이를 계기로 무력 분쟁과 무관했던 태평양 지역은 무력 분쟁의 중심지가 되었다. 아프리카에 뿌리를 두고 있는 인종이 집중적으로 분포되어 있는 태평양 지역에서 우리베 정권의 등장을 계기로 강제 실향민이 대거 양산되었다. 태평양 지역은 전체 인구의 83%가 흑인으로 구성되어 있다. 2002년 한 해만 놓고 볼 때 태평양 지역의 중심지인 초코(El Chocó)는 단기간 국내 최대 강제 실향민이 양산되었다(Red de Solidaridad Social, 1998-2002). 태평양 지역은 국내 전체 강제 실향민의 33%를 차지했다(CODHES, 2003).

이상에서 살펴본 바와 같이 콜롬비아의 강제 실향민은 주로 원주민과 아프리카에 뿌리가 있는 인종이 거주하는 지역에서 배출되었다. 콜롬비아의 강제 실향민은 주로 흑인과 원주민인 셈이다. 콜롬비아 총인구 대비 원주민은 단지 2%임에도 불구하고 전체 강제 실향민

중 8%를 원주민이 차지하고 있다는 현실을 고려해 보면 원주민의 강제 실향은 심각한 수준이라고 볼 수 있다. 강제 실향민을 단기간 가장 많이 배출한 태평양 지역 깁도(Quibdó), 리오하자(Riohacha)와 플로렌시아(Florencia)는 국가 전체 대비 빈곤지수도 각각 47.9%, 46.9% 그리고 33.7%로 나타났다. 또한 콜롬비아 전체 실향민의 48%는 여성이며 44%는 청소년이다. 청소년 실향민 중 26%가 5-14세 아동으로 나타났다(Harvey, 2002). 따라서 콜롬비아 실향민은 흑인, 여성 그리고 아동으로 구성되어 있음을 알 수 있다.

평화협정과 실향민

안데스 산맥 중앙에 위치한 콜롬비아는 국토의 70%가 산악지대이다. 이러한 지리적 조건은 게릴라 활동의 유리한 조건이 되었다. 게릴라 조직은 지리적 고립으로 인해 국가 행정력이 제대로 발휘되지 못하는 농촌 지역 주민 통제권을 장악하였다. 특히 배제와 소외의 대상인 흑인과 원주민 밀집 지역을 거점으로 조직원을 확보하고 지역민과의 협력 관계를 유지하였다.

1940년대 중반 정치 폭력 사태를 계기로 형성된 게릴라 조직은 지난 60여 년간 국가 안보의 위협 요소로 작용했다. 쿠바혁명의 영향으로 세력이 확대된 좌익 게릴라 조직은 1970년대 중반부터 테러 형태로 정부를 향해 직접적인 공격을 가했다.

콜롬비아 최대 게릴라 조직은 1964년 결성된 콜롬비아혁명군이다. 2016년 정부와 평화 협상을 체결한 조직이다. 그러나 정부의 행정력이 미치지 않는 곳에서 잔존 세력들이 신흥 불법 무장 조직을 형성하여 활동하고 있는 것으로 알려졌다. 제2의 게릴라 조직은 1965년 결성된 민족해방 군이다. 정부와 협상을 거부한 채 현재까지 테러와 납치 및 마약 거래로 자금을 확보하고 있다. 그리고 1980년대부터 활동 자금 마련을 위해 마약 범죄 조직과 공생 관계를 유지하며 오늘에 이르고 있다. 이 밖에도 1973년 도시 지식인을 중심으로 형성된 M-19, 원주민 조직 킨틴라메 그리고 1967년 공산당의 분열로 조직된 자유민중군 등이 활동하였다. 그러나 이러한 조직은 1990년대 무기를 반납하고 사회에 복귀하였다(Nhorys 2013).

1980년대 접어들어 게릴라 조직의 공격은 절정에 달했다. 콜롬비아 역대 정권은 게릴라 조직에 대한 사면 조치를 통해 무력 분쟁 종식을 위해 노력하였다. 그리고 협상에 적극적인 조직의 안정적인 사회 복귀를 위해 지원하였다. 또한 조직원에 대한 사면 조치와 함께 정치 참여의 기회도 부여하였다(Roberto외, 2016). 그러나 전직 게릴라 출신 정치인이 우익 암살단에 의해 살해되자 게릴라 조직은 다시 무력으로 정부를 위협하였다.

1990년대 콜롬비아 정부는 게릴라 조직과 협상을 적극적으로 추진하였다, 그러나 여전히 정부를 신뢰하지 못한 게릴라 조직의 폭력은 격화되었다. 이러한 상황 아래 2002년 게릴라와 평화 협상 불가를 선언하고 마약 퇴치 및 불법 무장 조직에 대한 강경책을 선택한 우리베 정권이 등장하였다. 우리베 대통령은 미국의 군사적 지원 아래 힘에 의한 국가 안보 정책을 추진하며 강도 높은 게릴라 진압작전을 전개하였다(차경미, 2009). 그 결과 오히려 무력 분쟁이 심화되어 단기간 세계 최대 실향민이 양산되었다.

게릴라에 대한 강경책은 양민 학살 및 실향민 등 새로운 사회문제를 낳았고, 결국 국내외의 비난에 휩싸였다. 이러한 상황 아래 2012년 후안 마누엘 산토스(Juan Manuel Santos) 정권이 등장했다. 산토스 대통령은 우리베 집권 당시 국방부 장관으로서 게릴라전을 총 지휘했던 인물이다. 그는 집권과 동시에 우리베 대통령과 거리를 유지하며 내전 종식을 목표로 게릴라 조직과의 평화 협상을 선언하였다. 우선 콜롬비아혁명군과 협상을 주도했다. 콜롬비아혁명군과 개인적 친분이 있는 정부 인사를 협상 팀으로 구성하여, 신뢰에 기반한 협상을 시도하였다. 동시에 민족해방군과의 대화를 시도하였다.

그러나 정부의 다양한 노력은 별다른 성과를 거두지 못했다. 협상 진행 과정에서도 게릴라 조직의 테러와 납치는 지속되었다. 민족해방군은 정부와의 대화를 거부한 채 과격한 행동을 일삼았다. 협상은 양측의 상이한 이해로 매번 난항을 거듭하였다. 긴 여정 끝에 결국 2016년 6월 23일 정부와 콜롬비아 무장혁명군의 평화협정이 체결되었다.

보수 세력은 "정부의 관대한 희생"으로 성사된 평화협정은 또 다른 폭력의 시작이라고 언급하며 무력 분쟁 종식에 대한 회의를 표명하였다. 평화협정은 또 다른 형태의 폭력을 유발할 가능성이 있어 국내외적으로 많은 우려를 낳았다. 민족해방군은 콜롬비아혁명군의 공백기에 자신의 세력 확대를 위해 신흥 불법 무장 조직과 동맹을 모색하였다. 콜롬비아혁명군 내부에서도 평화협정을 반대하는 세력은 민족해방군에 합류하거나 신흥 불법 무장 단체를 조직하였다.

지난 30여 년 마약 생산 및 밀매에 의존하며 활동 자금을 확보해 온 콜롬비아혁명군은 불법 작물 거래로 인한 수입을 포기하기는 어려울 것이다. 콜롬비아혁명군 통제 지역에서 불법 작물 생산이 중단된다면 페루, 브라질, 에콰도르, 베네수엘라 등 인근 국가로 생산지가 이동할 가능성이 높다. 신흥 불법 무장 조직은 마약 밀거래 지역 통제 및 거점 지역 확장 과정에서 동맹이나 협상을 활용하기도 하지만 목적 달성 수단으로 폭력에 더욱 의지할 것이다.

맺음말

콜롬비아 정부는 내전 희생자에 대한 통합적 보상 및 토지 반환법을 토대로 실향민의 안정적인 귀환과 정착을 지원하였다. 동시에 국내적으로 재외 자국민 지원 방안 통합 프로그램을 마련하였다. 통합 프로그램은 초국적 네트워크 구축 및 강화, 재외 국민 및 가족을 위한 서비스 증진, 긍정적인 귀환 지원 그리고 이주민 통합 정책 추진 지속 등 해외 거주 자국민의 요구를 수용하여 내국민과의 관계 증진을 반영한 6개의 주요 의제를 중심으로 구성되었다.

실향민 문제는 단순히 수용국과 송출국 간의 문제로만 해결하기 어려운 각국의 주권 혹은 외교적 마찰의 원인으로 작용한다. 난민과 강제 실향민의 이동은 개인뿐만 아니라 배출국과 유입국 그리고 이동 경로에 위치한 국가에게도 직접 영향을 미치고 있다. 실향민 문제는 초국가적인 네트워크가 강화되는 시대에 글로벌 차원의 협력이 요구되는 공동의 문제이다. 국경을 횡단한 콜롬비아 실향민은 접경 지역 국가에 집중적으로 분포하고 있으며 이러한 지역은 국가 간 갈등의 원인이 되고 있다. 강제 실향민 문제는 이주민 수용국과 송출국의 정치, 경제, 사회적 이해관계가 종합적 반영된 글로벌 파트너십의 중요성을 더욱 증대시키고 있다.

제 10 장

'고국 기업'과 파라과이 한인 후속 세대 사이의 문화적 간극[126]

/

구경모

/

들어가며

중남미의 한국인 이주 역사는 한 세기 전 멕시코 에네켄 농장의 노동자가 정착한 것이 그 시초지만, 국가 정책으로서 계획 이민은 남미남부지역(Southern Cone)[2]인 파라과이와 브라질, 아르헨티나로의 이주가 그 시작이었다. 파라과이의 한인 이주는 1965년을 전후로 이웃 국가인 브라질과 아르헨티나와 함께 농업 이민의 일환으로 실시되었다.

현재 파라과이의 한인 사회는 이민 초기와 사뭇 다른 양상을 보이고 있다. 파라과이 정착 세대인 1세대는 점점 그 수가 줄어들고 있으며, 그

---

1   본 글은 구경모(2015), 「파라과이 진출 한국 기업과 한인 사회의 갈등: 한인 후속 세대의 사례를 중심으로」,《중남미연구》제34권 2호, 53-74쪽에 게재된 논문을 수정한 것이다. 이와 관련한 현지조사는 2014년 8월에 기업 관계자들 및 18명의 한인 후속 세대를 대상으로 이루어졌다.

2   남미남부지역은 지리적 용어로, 현지에서는 스페인어로 코노수르(Cono Sur)라 부르며, 아르헨티나와 우루과이, 칠레, 브라질 남부, 파라과이를 포괄한다.

빈자리는 1.5세대 혹은 2세대 등의 후속 세대들이 메우고 있다. 후속 세대는 정착 세대와 달리 현지에서 교육 과정을 이수하여 파라과이의 공식 언어인 스페인어[3]에 익숙하며 그 이전 세대들과는 달리 현지 사회와 긴밀하게 접촉하고 있다. 이처럼 현지 문화 적응에 따른 세대 간의 문화적 차이는 일본을 비롯한 한인 이주 역사가 깊은 지역들의 연구에서 이미 도출되었다.

최근에 한인 사회는 세대 간의 정체성 문제도 대두되고 있지만 '고국 기업'[4]의 중남미 진출이라는 새로운 변수를 맞이하고 있다. 글로벌 환경에서 촉발된 고국 기업의 현지 투자는 한인 사회를 변화의 소용돌이로 밀어 넣고 있다. 지난 반세기 동안 한인 사회에서 고국과의 관계란 매스미디어를 제외하면 친지와 가족 간의 교류 혹은 정부기관에서 파견한 직원, 봉사 단체와의 만남이 전부였다. 고국 집단이 한인 사회에 영향을 미칠 만한 별다른 이슈나 기제가 없었다. 이러한 상황에서는 한인들이 고국과의 관계를 스스로 규정하고 선택할 수 있었다.

그러나 고국 기업의 진출은 한인 사회와 고국과의 관계 설정에 변화를 가져왔다. 경제적인 측면에서 한인 사회와 고국 기업은 양자 모두 이득이 되기 때문이다. 고국 기업들의 입장에서 한인 후속 세대는 현지어를 자유롭게 구사할 수 있는 유용한 인력이라는 점에서 매력적으로 다가왔다. 한인 후속 세대에게는 전문직 혹은 상업에 종사하지 않는 이상

---

3 대부분은 아니지만, 일부 한인 후속 세대는 파라과이의 공식 언어이자 원주민 언어인 과라니어에도 익숙하다.

4 '고국 기업'은 한국에 본사를 두고 파라과이에 진출한 기업을 말한다. 고국 기업이라는 용어를 선택한 것은 현지 한인들이 세운 기업과의 용어 중복을 피하기 위함이다.

고국 기업들이 새로운 일자리를 제공해 주는 기회가 되었다.

다만, 한인 사회와 후속 세대는 고국에 대한 향수 때문에 고국 기업에 대해 남다른 애정을 느낄 수 있다. 하지만 고국 기업은 경제적 이윤이라는 맥락으로 진출했기 때문에 서로에 대한 생각의 차이가 존재할 수밖에 없다. 이러한 문화적 간극은 고국 기업과 한인 후속 세대 간에 크고 작은 문화적 갈등으로 이어지고 있다.

한인 후속 세대는 고국의 위상이 높아짐에 따라 고국 기업에 취업한 것을 자랑스럽게 여기고 있다. 하지만 회사 내에서 한인 후속 세대의 위치는 고국에서 온 주재원도 아니며, 현지 노동자도 아닌 애매한 위치에 놓여 있다. 이들은 기업의 편의에 따라, 때로는 한국인이 되어야 하며, 때로는 현지인으로서의 대우를 받기도 하고, 때로는 두 집단의 가교 역할을 부여받기도 한다.

애매모호한 고국 기업의 태도는 한인 후속 세대로 하여금 같은 민족의 느낌을 가지게 함과 동시에 '이방인'으로 인식하게끔 한다. 이처럼 파라과이 한인 후속 세대는 정착 세대와의 정체성 차이와 별개로 고국과의 관계 설정에서도 또 다른 정체성의 혼란을 겪고 있다.

파라과이 한인의 정착 과정 및 현황

한국인 공식적인 파라과이 이주는 농업 이민으로부터 시작되었다. 첫 번째 파라과이 이민단은 1965년 2월 17일 네덜란드 국적의 배인 보이스벤(Boissevain) 호를 타고 부산항을 출발하였다. 두 달간의 항해 끝에 같은 해 4월 23일 이민단은 아순시온에 도착하였다. 첫 항해의 승선 인원은 총 30세대 95명이었다.[5] 그 이후의 이민단은 파라과이뿐 아니라 아르헨티나, 브라질로 떠나는 후발 이민자들도 함께 승선하였다. 보이스벤 호가 파라과이 2차와 3차, 4차 이민자를 싣고 운항했는가에 관한 정확한 정보는 없으나 5차 이민자들이 승선한 것으로 보아 그 사이에도 지속적으로 운항했던 것으로 보인다.

파라과이 5차 이민자들은 아르헨티나 1차 이민 선발자들과 함께 출항하였다. 당시 1차 아르헨티나 이민자들에 포함된 최신필의 '추억의 기항지'라는 여행 일정표를 보면 보이스벤 호의 항해 일정을 살펴볼 수 있다. 1965년 8월 17일 오후 5시 30분에 부산을 출발한 배는 일본의 오키나와를 거쳐 홍콩과 싱가포르, 시티아완, 페낭, 모리셔스, 로렌수마르케스, 더반, 이스트런던, 엘리자베스, 케이프타운, 리우데자네이루, 산토스를 거쳐 1965년 10월 14일 오전 9시 부에노스아이레스에 도착하였다.[6] 아르헨티나 1차 이민자 13세대는 부에노스아이레스에 남고, 파라과이 5차 이민자들은 보이스벤 호에서 내려 파라과이로 이동하였다. 이들은 파라과이 강을 따라 정기적으로 운항을 하던 배를 통해 수도인 아순시온 항구에 도착하였다.

파라과이 초기 이민자들은 농업 이민으로 왔지만, 이민자들의 직업이 농민이 아닌 관계로 농사 기술이 변변치 않았다. 게다가 정착지의 농지가 황무지여서 이민자들은 생계를 위해 점차 도시로 빠져나갔다. 도

---

5 파라과이 한인회,『파라과이 한인이민 35년사』(한국교육평가원, 1999), 34-37쪽.
6 파라과이 한인회, 같은 책, 44-45쪽.

시로 간 이민자들은 돈벌이가 마땅치 않아 생계를 어떻게 유지할 것인가 걱정에 휩싸였다. 그때 생각해 낸 돈벌이 수단이 바로 벤데[7]였다. 벤데는 한국에서 가져온 생활 용품을 현지인들 가정에 가가호호 방문해서 파는 것으로 출발하여 점차 현지에서 물건을 도매로 떼서 파는 형태로 확장되었다. 이렇게 시작된 벤데는 현지인들로부터 한국인을 상징하는 하나의 업종으로 굳어졌다.

벤데가 언제부터 시작되었는지를 정확히 알 수는 없으나 그에 얽힌 일화를 통해 대략 추론해 볼 수 있다. 파라과이 한인들 중 일부는 1차 이민자에 속하는 조성화(1917년생)의 어머니인 김광명(1898)을 벤데의 효시로 보고 있다. 그러나 김광명의 며느리에 의하면, 본인과 시어머니가 이웃인 최성종이 당나귀를 사오는 것을 보고 왜 구입했는지 질문을 하자 그가 한국에서 가져온 물건을 팔기 위해서라는 대답을 듣고 따라했다는 것이다.[8]

한인들이 김광명을 벤데의 효시로 보는 것은 이민 초기에 그녀가 벤데를 가장 활발히 운영했기 때문에 기억에 강하게 남아 있어 최초로 벤데를 시작했다고 여기는 것으로 보인다. 이렇게 고국에서 가져온 물건이 현지인으로부터 좋은 반응을 얻자 점차 다른 한인들도 그들이 가져온 물

---

7 벤데는 스페인어로 '판매하다'라는 의미의 동사 vender에서 파생된 은어로, 파라과이 한국인 이민자들이 만든 용어이다. 이것이 하나의 업종으로 굳어져 벤데업이라고 한다. 초기 이민 시절에는 한인들의 대부분이 벤데에 종사했으나, 현재는 거의 사라진 상태이다.

8 파라과이 한인회, 앞의 책, 69-70쪽.

건을 팔기 시작했다. 고국에서 가져온 물건이 떨어지자 한인들은 현지 시장에서 상품을 구입하여 벤데를 했으며, 이것이 계기가 되어 하나의 업종으로 자리 잡았다. 이에 현지인들은 한국인들을 벤데돌(vendedor, 장사꾼)이라 불렀고, 이는 당시 한국인에 대한 이미지로 굳어졌다.

초기에는 현지 상인들이 한인들 때문에 수입이 줄어들자 정부에 탄원을 하였고, 이에 파라과이 정부가 한인들에게 제재를 가하려고 하였다. 이에 대응하기 위해 한인들은 1966년 6월에 재파라과이 교민회를 설립하고, 같은 해 8월에는 파라과이 내무부로부터 정식 승인을 받아 사단법인으로 등록하였다. 1978년 2월 5일에는 교포 자녀를 위한 한글학교를 시작하였다. 1982년 1월 4일에는 독자적으로 한국학교를 운영하였다. 1988년 4월 7일에는 교민회를 지금의 이름인 한인회로 개칭하였다.[9]

벤데도 시기에 따라 그 모습이 변하였다. 일반적으로 1985년까지는 보따리와 가방에 옷이나 주요 물건을 넣고 걸어 다니면서 판매하였다. 그 이후에는 점차 오토바이와 중고 자동차를 이용하여 판매를 하였다. 1990년대 후반에는 신형 화물차가 등장했으며 전자제품과 같은 고가의 제품도 취급하였다. 현재는 대부분의 한인들이 업종을 전환하여, 벤데에 종사하는 교포를 찾기는 힘들다.

벤데의 주요 품목은 천과 의류, 손목시계, 라디오, 텔레비전, 기타 생활용품이었다. 벤데는 파라과이 사회에 인기를 끌었는데, 이는 신용 할부 판매 방식을 채택한 것이 주효하였다. 파라과이 사람들은 후불과 할

---

9 제35대 파라과이 한인회, 『한인록』, 아순시온: J.E. Impresiones, 2014.

부라는 방식이 경제적으로 부담이 적었기 때문에 벤데에 매력을 느꼈다. 이를 반영하듯 당시 증언에 의하면, 한인들이 현지인 집을 방문하면 간혹 불친절한 경우도 있지만, 대부분 호의적이고 인심이 좋았다고 한다. 일례로 현지인들은 한인이 물건을 팔려고 오면 파라과이의 전통차인 시원한 테레레(tereré)를 권하거나 샤워를 할 수 있도록 배려하기도 했다고 한다.[10] 신용 할부 판매 방식은 벤데의 성공 요인이었지만, 나중에는 오히려 발목을 잡는 요소가 되었다. 벤데는 특별한 담보나 보증인 없이 구입자의 서명만 받는다는 취약점 때문에 이를 악용하는 현지인들이 늘어나 수금을 할 수 없는 상황이 지속적으로 발생했다.[11] 게다가 1990년대 이후 파라과이의 경제가 악화되면서 벤데는 점점 한인들이 기피하는 업종이 되었다.

현재 벤데에 종사하는 한인들은 찾아보기 힘들다. 벤데를 통해 돈을 번 한인들은 주로 '제품'이라고 불리는 가내수공업으로 업종을 전환하였다. '제품'은 원단을 구입하여 의류로 가공해서 파는 것을 말하는데, 보통 작업을 보조할 수 있는 현지인 5-6명을 고용한다. '제품' 이외에는 식료품점이나 상점을 주로 운영한다. 상점은 각기 다른 전문적인 품목들을 취급하는데, 대표적인 상품은 전자제품, 악세사리, 의류, 운동화 등이다. 한인 상점은 아순시온의 4시장(mercado 4) 주변과 시내 중심가인 팔마 거리에 집중되어 있다. 아순시온 이외에는 파라과이 제2의 도시이자 브라질과 국경을 마주하고 있는 시우다드델에스테에 한인 상

---

10   파라과이 한인회, 앞의 책, 72쪽.

11   파라과이 한인회, 같은 책, 76쪽

점들이 주로 몰려 있다. 일부 한인들은 대규모 사업장을 보유하고 있다. 뉴트리우에보(Nutri Huevo)는 파라과이 3대 계란 공장에 속하며, 두손(Duson)은 파라과이와 인근 국가에 납품하는 문구 회사이다.

한인회 추산으로 파라과이에 거주한 한인들이 가장 많을 때는 1만여 명에 달했으나, 현재는 약 5,000명 정도 남아 있다고 한다. 한인들은 주로 아순시온과 시우다드델에스테에 거주하는데 각각 4,300명, 700명 정도로 보고 있다.[12] 예전에 비해 한인들이 절반으로 줄어든 요인은 파라과이 경제의 악화와 더 나은 교육 여건을 위해 한인들이 미국이나 다른 주변 국가로 재이주했기 때문이다. 또한 한인들이 파라과이를 다른 국가에 정착하기 위한 임시 거점지로 활용했기 때문에 재이주 비율이 높다. 일부 한인들 중에는 한국으로 다시 돌아가는 경우도 있다.

다수의 한인들이 '제품'과 상업에 종사하고 있지만, 최근에는 한인들의 현지 사회 진출도 늘어나고 있다. 특히 후속 세대들은 현지 교육 과정을 거치면서 변호사나 의사, 회계사, 앵커 등으로 활동 영역을 넓히고 있다. 게다가 최근 몇 년 사이에 고국 기업이 파라과이에 투자하면서 그와 관련된 업종에 한인들이 진출하고 있다.

그럼에도 불구하고 한인 후속 세대들의 현지 정착이 원활한 것만은 아니다. 파라과이 한인 사회는 브라질과 아르헨티나와 비교하여 한글학교의 위상이 높아 보수적인 성향이 강하여 결혼이나 기타 문제에 있어 부모 세대의 영향에서 자유로운 편이 아니다. 또한 일부 한인 후속 세대는 부모의 권유로 재외국민전형으로 한국의 대학에 입학하여 고국에

---

12 이 통계는 2014년 6월 현지조사 과정에서 파라과이 한인회로부터 들은 정보이다.

정착하기를 바라는 경우도 적지 않다.

'고국 기업' 내의 한인 후속 세대 고용 상황

파라과이의 고국 기업 진출은 이웃 국가인 브라질의 경제 성장에 힘입은 바가 크다. 중남미 경제가 높은 성장세를 보이면서 브라질에는 2004년부터 고국 기업들이 앞을 다투어 진출하고 있는데, 삼성, 현대자동차, 엘지, 포스코 등 대기업의 현지 투자와 더불어 이와 연계된 협력 업체들의 진출이 두드러지고 있다. 이들 기업은 현지의 문화와 언어에 능통한 한인 후속 세대인 1.5세대와 2세대를 적극 채용하고 있다.

대기업의 협력 업체들 중 일부는 파라과이로 이전을 했거나 이전을 추진 중에 있는데, 이는 브라질의 임금이 높고 노동법이 엄격하여 기업 경영에 어려움을 겪고 있기 때문이다. 이에 비해 파라과이는 브라질과 지리적으로 가깝고 노동력이 싸며, 상대적으로 노동법도 허술한 구석이 있어 기업을 경영하는 데 유리한 측면이 있다. 이를 반영하듯 2012년 11월에 대한무역투자진흥공사(KOTRA)가 메르코수르 시장을 겨냥하여 지리적 이점이 있는 파라과이에 아순시온 무역관을 개설하였다.

한국에 본사를 둔 제조업체가 파라과이에 진출한 것은 2013년 4월에 자리를 잡은 A사가 처음이다. A사는 브라질 시장에 진출한 현대자동차의 협력 업체로, 자동차 부품을 생산하고 있다. A사는 파라과이 수도인 아순시온에서 약 30km 떨어진 이타우구아(Itauguá) 시에 자리 잡고 있다. 파라과이의 다른 국적의 마킬라도라(maquiladora)[13]처럼 A사도 유연한 노동 환경과 풍부한 노동력, 값싼 임금, 공장 설립 및 유지 비용(토지, 전기료) 등의 이점을 바탕으로 파라과이에 공장을 설립을 결정하였다.

제조업 이외에도 다른 분야의 기업도 파라과이에 진출한 상태에 있다. 건설회사인 B사는 2011년에 파라과이의 수도인 아순시온에 현지 사무소를 열었다. 이 기업은 구체적인 사업 성과를 거두지 못하다가 2014년에 국내 건설회사로는 역사상 처음으로 파라과이 SOC 사업을 수주하였다. 8번 국도는 카아사파(Caazapa) 시에서 주트(Yuty) 시를 잇는 약 80km 거리의 왕복 2차 도로를 말한다. 이 사업의 총사업비는 약 8,000만 달러 규모(854억 원)이다.

고국 기업의 파라과이 진출은 파라과이 한인 사회에도 큰 영향을 미치고 있다. 현재 고국 기업들의 한인 채용 규모는 한인 사회를 들썩이게 할 만한 숫자라 볼 수 있다. 파라과이 한인들은 위에서 언급된 A사와 B사, 공기업인 C사에 주로 취업한 상태이다. C사를 제외한 두 기업의 인력 구성은 크게 사무 직원과 현장 노동자로 구분된다. 사무 직원은 한국에서 파견된 직원과 현지인, 한인들로 구성되어 있으며, 현장 노동자는

---

13 마킬라도라는 보세 가공 무역으로 20세기 중반 이후 멕시코에서 발생한 산업 시스템이다. 지리적으로 미국과 맞닿아 있는 북부 국경 지대에 생겨나기 시작하여 중미 쪽으로 확대되었다. 파라과이가 마킬라 제도를 도입한 것은 인구 600만의 빈약한 내수 시장으로 인한 제조업 성장의 한계와 이에 따른 일자리 부족 때문이었다. 파라과이 정부는 1997년 5월 13일 마킬라 법을 승인하였고, 2000년 7월 17일에 행정부에서 법령을 실행하였다. 법령을 실행한 첫해에 파라과이에서는 8개의 마킬라도라가 설립되었다. 그 이후에는 마킬라도라의 설립이 뜸하다가 2011년과 2012년 사이에 급격히 증가하였고, 2012년 기준으로 52개의 마킬라도라가 가동되고 있다.

현지인들로 구성되어 있다. A사와 B사는 한인 직원이 각각 30여 명 안팎이며, C사는 3명 정도를 채용하고 있다. 총 조사 대상 18명을 토대로 조사한 전반적인 고용 현황을 이민 세대와 학력, 임금, 고용 형태 순으로 살펴보았다.

[표 1]

	구분			합계
세대	1세	1.5세	2세	
		75.0%	25.0%	100.0%
학력	고졸 이상	대졸(전문대) 이상	대학원 이상	
	43.8%	43.8%	12.4%	100%
임금 (달러)	500-1000	1000-2000	2000-3000	
	7.1%	28.6%	64.3%	100%
고용 형태	비정규직	정규직	기타	
	64.7%	35.3%		100%

고국 기업에 취업한 이민 세대는 모두 1.5세와 2세에 속하는 후속 세대들이다. 1세들은 현지 언어 능력이 떨어지며 나이도 많아 현실적으로 고국 기업에서 일하기 어려운 상황이다. 1.5세가 2세보다 월등히 많은 것은 파라과이 이민 역사에서 비춰 보면 취업 적령기에 해당하는 20대와 30대가 1.5세에 많이 분포되어 있기 때문이다.

고국 기업에 취업한 파라과이 한인들의 학력은 그리 높은 수준은 아닌 것으로 나타났다. 대졸 이상과 고졸의 비율이 6:4로 한인들의 교육열에 비하면 고졸 비율이 높은 편에 속한다. 이는 여러 가지 이유로 분석할 수 있는데, 많은 수의 한인 후속 세대들이 파라과이 현지 대학보다 한국과 영미권 국가로 유학을 가기 때문이다. 파라과이 소재 대학교에 진학하는 경우에는 의대와 치대, 법대 등 전문직으로 종사할 수 있는 영역에 주로 몰려 있으며, 그렇지 못한 경우에는 부모님의 가게나 사업을 물려받기 때문에 현지 대학에 진학하지 않는다.

결국 고국의 기업에서 필요로 하는 경영학 혹은 공학을 전공한 인력이 턱없이 부족한 상황이며, 이는 한인 후속 세대들이 주로 통번역 업무에 종사하는 원인이기도 하다. 낮은 학력은 임금에 그대로 적용되고 있다. 한인들의 급여는 총 18명의 조사 대상자 가운데 3,000달러 이상은 없으며, 2,000-3,000달러 미만이 10명으로 가장 높은 비율을 보였고, 1,000-2,000달러 미만은 3명, 1,000-500달러 미만은 1명이며 무응답은 3명으로 나타났다. 한인이 주로 받은 급여 평균은 2,000달러가량으로 현지의 어떤 직장보다 급여가 좋은 편이다.[14] 그러나 한인에 대한 급여는 같은 한국인 주재원과 비교하면 턱없이 낮은 수준이다. 실제로 한인 후속 세대는 같은 노동 강도와 시간을 할애하면서도 주재원보다 대우를 받지 못한 것을 이해하지 못하였다.

이는 한인 채용 상황에서 더욱 잘 드러난다. 한인의 처우를 판단할 수 있는 고용 형태는 조사 대상자를 분석한 결과 정규직과 비정규직의 비율이 반반으로 나타났다. 비정규직 비율이 높은 것은 회사에서 이들을 전문적인 인력으로 채용하기보다 주로 통번역 인력으로 쓰기 때문이었다. 비정규직은 계약직 혹은 아르바이트의 형태로 일을 하였다. 이들이 전문적인 부서에 배정받지 못하는 요인에 대해서 고국 기업 측은

---

14 파라과이의 최저임금은 1,824,055과라니인데, 달러로 환산하면 약 395달러(1달러 =4,620과라니, 2014년 12월 기준)이다.

현지 한인들이 전문성을 갖추지 못했기 때문이라고 평가하였다.

서로를 필요로 하는 조건은 양측이 상생할 수 있는 좋은 상황임에 틀림없지만, 이렇듯 양자 간에 여러 문제점들도 내포하고 있다. 후속 세대들은 경직된 고국의 기업 문화와 후속 세대를 장기적인 관점이 아닌 소모성 인력으로 생각하는 부분에 대해 큰 실망감을 가지고 있었다. 특히 후속 세대들은 고국 기업을 고향으로 인식한다. 예를 들어 한인 후속 세대들은 고국 기업을 통해 민족 정체성과 같은 유대감을 느끼고 있다. 이는 현지 한인 사회 구성원들이 고국 기업에 공통적으로 느끼고 있는 감정이기도 하다.

그러나 고국 기업은 실익에 따라 한인 후속 세대를 현지인과 동일한 기준의 노동자로 대하기도 하며, 때로는 동포라는 점을 강조하기도 한다. 영리 추구를 목적으로 하는 기업에 있어 이러한 경영 방식은 당연할 수 있지만, 한인 후속 세대들은 동포라는 잣대를 두고 이중적인 모습을 취하는 사측의 태도에 혼란을 겪기도 한다.

'고국 기업'의 문화적 차별과 한인 후속 세대와의 갈등

실제로 한인들은 급여에 대한 불만은 없으나 업무 강도와 시간에 대해 주로 문제를 제기하였다. 이러한 문제는 갈등의 근원이 급여 수준과 같은 경제적 문제가 아니라 바로 두 집단의 문화적 차이에서 기인한다는 것으로, 한국에서 파견된 직원과 현지인 사이에서 애매한 입지에 놓여 있음으로 발생한 것이다.

여기서 (파라과이) 한 달에 2,000달러 이상을 받는 것은 적은 월급이 아니죠. 파라과이처럼 한인들에게 일자리가 없는 곳에서 이런 기업이 들어와서 일할 수 있어 좋죠. 또 고국 기업에서 봉급을 많이 주기 때문에 한인과 현지인들이 선망하는 직장이기도 하죠. 그러나 업무 시간은 불만이에요. 현지인들은 제때 퇴근을 하는데 우리는 한국에서 파견된 직원과 똑같이 야근을 해야 해요. 초과 근무할 때만 한국인 취급을 하고 월급은 현지인(사무직)과 비슷하거나 낮게 책정되어 있어요(A사의 계장).

파라과이에서 월 2,000달러 정도의 급여는 이곳 직장인들에게 결코 낮은 금액이 아니다. 그러나 상대적으로 고국 기업 내에서는 현지에서 채용된 한인과 한국에서 파견된 직원과의 임금 격차가 뚜렷한 편이다. 그리고 한인들의 경우는 기업의 논리에 따라 때로는 한국인의 대우를 요구받고 때로는 현지인의 대우를 요구받는다. 그 예로서 임금은 현지인 사무직에 비춰 비슷하거나 낮은 대우를 받는 반면에, 노동 시간과 관련해서는 현지법을 준수하지 않고 한국 파견 주재원과 같은 수준의 야근이나 추가 근무를 강요한다. 이러한 기업 측의 이중적인 태도와 시스템으로 인해 한인 후속 세대들이 임금과 조직 시스템에 대해 불만을 토로한 것으로 보인다.

이러한 연장선에서 한인들은 고국 기업에서 실시하는 조직 운영 시스템을 의아하게 여긴다. 그 예로서 오전에 모든 직원들이 일하기 전에 단체로 국민체조를 한다든지, 작업장에 구호를 붙여 놓는 것 등은 바로 조직을 위한 개인의 희생을 미덕으로 생각하는 한국의 기업문화를 잘 보여 주는 것이라 할 수 있다. 사실 후속 세대 한인들은 현지 문화에도 익숙하지만 일정 정도 한국 문화의 특성도 인지하고 있어 그러한 조직 문화에 대해 이해하는 면도 없지 않지만, 고국 기업 측의 이중적인 태도가 지속되면서 한인들의 불만이 높아진 것이다. 특히 한국에서 파견 온 직원들의 권위적인 의식은 한국의 조직 문화와 현지 문화의 충돌을 불러일으킴에 따라 아래와 같은 불만이 한인 후속 세대들 사이에서 공공연히 드러나고 있다.

> 고국 기업에서는 교포를 많이 무시하거나 주재원들이 현지인들과 달리 교포들을 대하는 방식이 너무 차별화되어 있고 고국 기업에서 근무하고 있는 교포라는 이유로 현지인들과 다르게 무시, 막말을 하지 않고 의무적으로 하지 않아도 되는 일들을 시키지 않았으면 좋겠습니다(25세, 여).

> 한국에서 정해진 임기로 오시는 주재원과 현지 직원 간의 문화적 충돌이 많이 발생합니다. 한국 임원진 분들이 좀 더 오픈된 마인드로 받아주고 감싸주지 않는다면 사내 분위기가 밝아질 수 없습니다(27세, 남).

고국 기업의 주재원과 파견 직원은 현지 노동법의 보호를 받지 못하는 한인들에게 강압적인 명령을 내려 복종을 강요하거나 인격적으로 함부로 대하는 경우가 잦다. 이는 고국 기업이 장기적인 관점에서 한인 인력을 활용하기보다 단순 업무 혹은 일시적인 프로그램을 위한 정도로만 활용하고 있기 때문이다. 즉 고국 기업에서는 한인을 기업에서 잠시 필요한 소모품 정도로 인식하고 있다.

당장 필요대로 업무 지시를 받고, 앞으로 개인 커리어를 쌓는 교육이나 프로그램들에 대한 계획이 없습니다(32세, 남).

기업을 제외하고 단순 통번역 업무만 하는 경우가 많습니다(22세, 남).

고국 기업들이 초창기에는 한인 인력을 필요로 하다가 2년 정도 지나면 그다지 중요하지 않게 여기다 보니 대부분의 한인들은 통번역과 같은 단순 업무에 종사하게 된다. 그로 인해 한인들은 기업에서 배울 것도 없고 미래 투자 가치가 없다고 판단하여 한인 기업을 떠나게 된다.

현지 교포 2세대 분들은 한국어와 스페인어가 능통한 편인데 그것을 잘 활용하지 못하고 본사 채용직만 혜택을 주고 임금도 차이가 납니다. 그래서 교포 2세대들은 동등한 대우를 받지 못하거나, 혹은 임금 차이가 나는 경우 일을 관두는 경우가 종종 있습니다(37세, 여).

한인 사회와 한인 후속 세대들은 기본적으로 고국 기업에 호의적인 마인드를 가지고 있다. 상당 기간 경제적으로 정체되어 있던 한인 사회에서 고국 기업의 진출은 여러모로 이득을 가져다주기 때문이다. 이는 조사에 응했던 한인들이 같은 한국 사람들과 일을 함으로써 느끼는 정감이나 신뢰에 대해 아주 긍정적으로 여기고 있다는 사실에서 알 수 있었다. 그러나 이러한 긍정적인 부분과 기대는 고국 기업의 이윤 전략과 권위적인 조직 문화로 인해 오히려 반감되는 결과를 낳고 있다. 또한 고국 기업들의 한인 후속 세대에 대한 인식은 왜 한인 인력을 일용직으로 많이 활용하는가를 보여 준다.

> 파라과이 한인들은 교육 수준이 낮습니다. 고졸 출신들이 의외로 많아요. 대학
> 도 의대나 법대만 가서 기업에 필요한 전공을 한 사람이 적고 똑똑한 한인들은
> 미국으로 유학을 가거나 한국의 대학으로 가서 여기에는 채용할 만한 인력이
> 부족한 실정입니다(B사의 상무).

B사 상무의 이야기처럼, 한국에서 파견된 공공 기관의 담당자도 한인에 대한 비슷한 평가를 하였다. 더 나아가 파라과이 한인 후속 세대들은 다른 지역의 한인들보다 스페인어 실력도 부족하다고 말할 정도였다. 이러한 평가는 한인들이 비정규직 혹은 단기 계약직으로 머무를 수밖에 없는 요인으로 작용하였다.

그러나 한인회에서는 이런 부분에 대해 전혀 다르게 언급하고 있다. 파라과이 한인회 관계자는 다른 중남미 국가와 달리 이 지역의 한인 후속 세대들이 한국어를 잘 구사하여 고국 기업에 적절한 인력을 제공하고 있다고 하였다. 그 예로 볼리비아에 진출한 고국 기업에서는 두 개 언어(한국어와 스페인어)를 모두 다 구사하고 한국의 문화에 익숙한 파라과이 청년들을 선호한다는 것이다. 물론 볼리비아에 한인 인구가 적어서 파라과이의 한인 후속 세대들이 가는 것일 수도 있다. 그러나 한인회 관계자의 설명은 비단 그 이유만이 아니라는 것이다. 파라과이 한인 청년들은 볼리비아와 국경을 접하고 있는 브라질과 아르헨티나의 한인들보다 한국 문화를 잘 간직하고 있어 고국 기업들로부터 인기가 높다는 것이다. 이렇듯 한인 후속 세대에 대한 입장은 고국 기업 내의 주재원과

한인 후속 세대 간의 문제만이 아니라 한인 사회로 확대되고 있는 상황이다.

전반적으로 한인 사회, 특히 한인 후속 세대들은 고국 기업들의 진출로 새로운 직장이 생겼다는 것에 대해 긍정적인 반응을 보이고 있지만, 이상에서 보았듯이 직장 내부에서 발생하는 여러 차별적인 요소에 대해서는 부정적인 시각을 점차 드러내고 있는 것도 사실이다. 그중에서도 집단적이고 경직된 한국식 기업 문화에 대해 낯설어하고 있다. 실제로 이와 관련하여 현지에서 채용된 한인 직원은 고국에서 파견된 주재원들의 기업 운영 방식을 탐탁하게 여기지 않고 있다. 또한 한인 정착 1세대들도 한인 사회에 적극적으로 동화하지 않는 고국 기업을 고운 시선으로만 바라보고 있지 않다. 이러한 양상은 한인 사회와 고국에서 온 사람들과의 갈등으로 비치면서 한인 사회 내부에서 스스로 '크리오요'의 처우를 받고 있다고 여기는 원인이 되기도 한다.

맺음말

최근 몇 년 사이에 고국 기업들이 메르코수르 시장에 대거 진출하고 있어 한인 사회에도 큰 변화가 예상되고 있다. 글로벌 환경이라는 새로운 변수에 의해 비교적 고립되었던 한인 사회가 각자의 이익에 따라 분화되는 모습을 보이고 있다. 즉 한인 사회에서는 시기에 따라 호스트 사회와 세대 간, 고국 기업 간의 갈등과 차이가 주요 이슈로 등장하였는데, 이러한 한인 사회의 시기적인 특성은 각 단계에 따라 분절된 것이 아니라 서로 얽히고설키면서 복잡다단한 모습으로 드러나고 있다.

한인 사회를 분석할 때는 한인 사회를 하나의 변수로서 이해하기보다는 다양한 요인을 고려하여 접근할 필요가 있다. 실제로 한인 사회는 내외적인 조건으로 인해 세대와 직업별, 고국과의 관계 등에 따라 시시각각 정체성이 변화하고 있어 이들이 어떤 요인으로 인해 갈등을 초래하는지에 대한 분석이 요구되는 시점이다.

현재 한인 사회는 고국에 대한 향수와 긍지를 가짐과 동시에 그에 상응하는 관심과 지원을 바라고 있다. 특히 고국이 한인 사회가 형성된 50년 전과 달리 경제적으로 발전하면서 이러한 요구가 증대되고 있는 것이 사실이다. 이와 같은 연장선에서 한인 후속 세대들은 고국 기업에 단순한 일터 이상의 의미를 부여하고 있다. 이들은 세계적으로 인지도가 있으며 현지 기업에 비해 임금이 높은 고국 기업에서 일하는 것에 대해 자랑스러워한다. 이는 고국 기업에 대한 긍정적인 의식을 가지게 한 요인이라 볼 수 있다.

마찬가지로 현지의 고국 기업들도 한국어와 현지어에 능통한 인력인 한인 후속 세대들의 역할이 중요하다는 것을 인식하고 있으며 적극적으로 채용하고 있다. 실제로 두 가지 언어를 고루 잘하면서도 현지에서 적응하면서 활동할 수 있는 인력은 국내에서 찾기가 쉽지 않다. 또한 국내 인력은 항공료와 숙식 등을 회사에서 책임져야 해 한인 후속 세대들을 채용하는 것에 비해 경제적 부담이 크다고 할 수 있다. 이렇게 고국 기업들도 한인 후속 세대가 필요한 상황이다.

그러나 고국 기업들의 한인 채용 형태를 보면, 고국 기업들이 한인을 대하는 측면을 잘 보여 준다. 한인의 처우를 판단할 수 있는 고용 형태는 조사 대상자를 분석한 결과 정규직과 비정규직의 비율이 반반으로 나타났다. 비정규직 비율이 높은 것은 회사에서 이들을 전문적인 인력으로 채용하기보다 주로 통번역 인력으로 쓰기 때문이었다. 비정규직은 계약직 혹은 아르바이트의 형태로 일을 하였다. 이들이 전문적인 부서에 배정받지 못하는 요인에 대해서 고국 기업 측은 현지 한인들이 전문성을 갖추지 못했기 때문이라고 평가하였다.

서로를 필요로 하는 조건은 양측이 상생할 수 있는 좋은 상황임에 틀림없지만, 이렇듯 양자 간에 여러 문제점들도 내포하고 있다. 한인 후속 세대들은 경직된 고국 기업 문화가 한인 후속 세대를 장기적인 관점이 아닌 소모성 인력으로 생각하는 부분에 대해 큰 실망감을 가지고 있었다. 특히 한인 후속 세대들은 고국 기업을 '고향'으로 인식한다. 예를 들어 한인 후속 세대들은 고국 기업을 통해 민족 정체성과 같은 유대감을 느끼고 있다. 이는 현지 한인 사회 구성원들이 고국 기업에 공통적으로 느끼고 있는 감정이기도 하다.

그러나 고국 기업은 한인 후속 세대들을 기업의 이윤을 위해 현지인과 동일한 기준의 노동자로 대하기도 하며, 때로는 동포라는 점을 강조하기도 한다. 영리 추구가 목적인 기업에게 한인 사회가 동포 의식을 요구할 수 없지만, 고국의 기업들이 동포라는 잣대를 두고 이중적인 모습을 취하는 태도에 한인 후속 세대들이 정체성의 혼란을 느끼는 것도 엄연한 사실이다.

참고문헌

제1부 1장 중앙아메리카의 이주 행렬과 21세기 카라반

산드로 메자드라, 브렛 닐슨(2021), 남청수 옮김, 『방법으로서의 경계(*Border as Method, or the Multiplication of Labor*)』, 갈무리.

조르조 아감벤(2008), 박진우 옮김, 『호모 사케르──주권 권력과 벌거벗은 생명 (*Homo Sacer*)』, 새물결.

Tin Dirdamal dir.(2005), *De Naide/No One*[Film].

Gonzalez, Esteban(2018), "Hambre y muerte: Los dos actores que detonaron la Caravana migrante a EE.UU.", *Plumas Atómicas*, 2018.10.26.

https://plumasatomicas.com/noticias/mexico/hambre-y-muerte/

Montes, Verónica(2019), "Fleeing home: Notes on the Central American caravan in its transit to reach the US-Mexico border", *Latino Studies*, 17.

Park, Jungwon(2007), "Fantasmas y memorias en la travesia cosmopolita: el cuerpo de los indocumentados centroamericanos en De Nadie", *Osamayor*, 18.

Vogt, Wendy A.(2013), "Crossing Mexico: Structural violence and the commodification of undocumented Central American migrants", *American Ethnologist*, Vol. 40, No. 4.

Mark Silver dir.(2013), *Who is Dayani Cristal*[Film].

Wurtz, Heather M.(2020), "A movement in motion: collective mobility and embodied practice in the central American migrant caravan", *Mobilities*, Vol. 15, No. 6.

BBC Mundo, "México anuncia el plan 'Estás en tu casa' para dar condición de refugiados a los migrantes de la caravana que se quedan en el sur del país". https://www.bbc.com/mundo/noticias-america-latina-45999767, 2018.10.27.

The Nation, "Biden's Plan for Central America is a Smokescreen".https://www.thenation.com/article/world/biden-central-america-immigration/ 2021.04.01.

제2장 밧데이, 섬 속의 '섬'

권혜령(2018), 「인권개념의 세대적 접근에 대한 비판적 고찰」,《법학연구》, 제56권.

김달관(2005), 「카리브 해에서 인종과 정치의 혼종성: 도미니카공화국과 아이티를 중심으로」,《라틴아메리카 연구》, 제9권, 제1호.

시드니 민츠 지음(1998), 김문호 옮김,『설탕과 권력』, 지호.

이샤이, 미셸린 (2005), 조효제 옮김,『세계인권사상사』. 도서출판 길.

이태혁(2020), 「After Hegemony or 'Still' Hegemony?: 아이티의 정치경제적 저개발성과 반정부시위」,《중남미연구》, 제39권, 제2호.

임상래(2005), 「코스타리카의 니카라과 이주자 인권과 제노포비아」,《라틴아메리카 연구》, 제18권, 제3호.

_____(2006), 「이민과 인권: 칠레의 페루 이민자를 중심으로」,《라틴아메리카연구》, 제19권, 제4호.

조돈문 · 임상래 · 이내영(2005),『세계화와 라틴아메리카이주와 이민』, 오름.

Baud, Michiel(1992), "Sugar and Unfree Labour: Reflections on Labour Control in the Dominican Republic, 1870-1935", *The Journal of Peasant Studies*, Vol. 19(2).

Cohen, Jon(2006), "A Sour Taste on the Sugar Plantations.", *Science*, Vol. 313, No. 5786.

Martinez, Samuel(1997), "The masking of history: popular images of the nation on a Dominican sugar plantation" New West Indian Guide, Vol. 3&4.

_____(1999), "From hidden hand to heavy hand: sugar, the state and migrant labor in Haiti and the Dominican Republic", *Latin American Research Review*, Vol. 34(1).

Matibag, Eugenio and Teresa Downing-Matibag(2011), "Sovereignty and Social Justice: The "Haitian Problem" in the Dominican Republic", *Caribbean Quarterly*, Vol. 57.

McWade, M. Conor(eds)(2019), "Individual and household influences on food security and dietary diversity in seven Dominican batey communities." *International Health*, Vol.11.

Nunes, Andrea(2016), "Life in the Dominican Republic's Sugar Fields: Resistance from the Bateyes." *Journal of Pedagogy, Pluralism, and Practice*, Vol. 8(1).

Open Soceity Foundations(2010), *Dominicans of Haitian Descent and the Compromised Right to Nationality*, Open Society Institute.

Ferguson, James(2003), *Migration in the Caribbean: Haiti, the Dominican Republic and Beyond*, Minority Rights Group International.

Wuker, Michele(1999), *Why the Cocks Fight: Dominicans, Haitians, and the Struggle for Hispaniola*, New York: Hill and Wang.

Pons, Frank Moya(2007), *History of the Caribbean*, Princeton: Markus Wiener Publishers.

Sagas, Ernesto(2000), *Race and Politics in the Dominican Republic*, Florida: University of Florida.

Hunter M. Keys(eds)(2019), "Perceived Discrimination in bateyes of the Dominican Republic: Results from the Everyday Discrimination Scale and Implications for Public Health Programs", *BMC Public Health*, Vol.19.

| 웹페이지 |

국가인권위원회 인권교육센터

https://edu.humanrights.go.kr/academy/eduinfo/worldHnrtList.do, (2021.01.15.)

중앙대학교인권센터

https://humanrights.cau.ac.kr/human.php?mid=m03_02 (2021.01.15.)

문화적 표현의 다양성 보호와 증진협약

https://www.unesco.or.kr/assets/data/standard/nX8RAXiWRiegQxVZ4s vG6VNI3qxGjR_1216479600_1.pdf (2021.01.22.)

[눈물의 땅,밧데이] 을 단기선교지로 추천한다.

https://dckcafe.com/uncategorized/2019-3-16/ (2021.01.12.)

도미니카공화국 한요한 선교사의 "밧떼이(Batey) 이야기"

https://www.usaamen.net/bbs/board.php?bo_table=data&wr_id=1858&sca=%EC%84%A0%EA%B5%90&page=16 (2021.01.10.)

The Origin of the Dominican Batey

https://cotni.org/news/dominican-republic/2007/11/14/origin-dominican-batey (2021.01.10.)

United Nations Trust Fund for Human Security

https://www.un.org/humansecurity/hsprogramme/improving-human-security-in-the-bateyes-of-the-dominican-republic-by-securing-documentation-and-ensuring-that-vulnerable-peoples-basic-needs-are-met/ (2020.12.30.)

Glenn Francis Erickson: Bateyes and Haitian Migrant Workers: The Human Rights Issue You've Never Heard Of

https://cmmb.org/bateyes-and-haitian-migrant-workers-the-human-rights-issue-youve-never-heard-of/ (2020.12.30.)

What is a Batey?

https://www.thebateyfoundation.org/what-is-a-batey/ (2021.01.10.)

Life in a Dominican Batey

https://www.huffpost.com/entry/dominican-bateyes_b_1547082 (2021.01.10.)

BATEY RELIEF ALLIANCE (BRA)Non-profit, Non-political, Humanitarian Aid
Entity https://bateyrelief.org/ (2021.01.10.)

LIFE IN A BATEY
https://www.makariosinternational.org/life-in-a-batey.html (2021.01.10.)

Dominican Republic Batey Health Initiative
https://www.umassmed.edu/globalassets/family-medicine-and-
community-health/fmch-community-health/phc-2019-presentations/
dominican-republic-.pdf (2021.01.10.)

Sugarcane industry brings Haitians to the Dominican Republic
https://www.kiva.org/blog/sugarcane-industry-brings-haitians-to-the-
dominican-republic (2021.01.10.)

Living Conditions in the Dominican Bateyes
https://ascala2.wordpress.com/2015/08/17/living-conditions-in-the-
dominican-bateyes/ (2021.01.11.)

MEDICAL CRISIS WITHIN THE DOMINICAN REPUBLIC BATEYES
https://katherinedeluca.wordpress.com/medical-crisis-within-the-
dominican-republic-bateyes/ (2021.01.11.)

About Batey Libertad
https://yalealumniservicecorps.org/current-trips/2019-service-trip-
batey-libertad-dominican-republic/about-batey-libertad (2021.01.18.)

Immigrant Laborers From Haiti Are Paid With Abuse in the Dominican
Republic
https://www.nytimes.com/2005/11/20/world/americas/immigrant-
laborers-from-haiti-are-paid-with-abuse-in-the.html (2021.01.11.)

달콤한 설탕 뒤에 숨겨진 아프리카의 '눈물'
http://www.ohmynews.com/NWS_Web/View/at_pg.aspx?CNTN_
CD=A0001999729 (2021.01.11.)

문화적 저항과 새로운 연대-민주화 이후 라틴아메리카의 인권
https://www.krm.or.kr/krmts/search/detailview/research.
html?dbGubun=SD&m201_id=10005975 (2021.01.11.)

문화적 저항과 새로운 연대: 민주화 이후 라틴아메리카의 인권(결과보고서)

https://www.krm.or.kr/krmts/search/detailview/pdfViewer.html
(2021.01.11.)

Migration and human rights [Website], Retrieved from
https://www.ohchr.org/EN/Issues/Migration/Pages/
MigrationAndHumanRightsIndex.aspx (2021.01.13.)

성난 아이티 사탕수수농장 노동자들
https://www.news1.kr/articles/?1862273 (2021.01.13.)

권력 개입까지 부른 19c '설탕 전쟁'
https://weekly.donga.com/List/3/all/11/91010/1 (2021.01.13.)

누런 피부, 하얀 가면': 프란츠 파농을 다시 읽는 이유
http://www.wknews.net/news/articleView.html?idxno=12628
(2021.01.14.)

제3장 멕시코-쿠바 에네켄 한인 이주민 후손의 모국 연계성 연구

김귀옥(1995), 「1905년 멕시코 이민 한인노동자 연구/하와이 이민과 비교하면서」, 《재외한인연구》제5호, 서울: 재외한인연구회.

김재기(2016), 「쿠바한인 디아스포라의 독립운동 재조명과 정부 서훈 문제」, 《한국 보훈논총》제16권 1호, 서울: 한국보훈학회.

김재기(2018), 「북미지역 쿠바한인 독립운동 서훈 미전수자 후손 발굴연구」, 《한국 보훈논총》제17권 1호, 서울: 한국보훈학회.

마르타 임 외(2011), 정경원 옮김, 『쿠바의 한국인들』.

서성철(1995), 「멕시코 한인이민사 현황과 문제점/초기 한인이민에 국한하여」, 《재 외한인연구》제5호, 서울: 재외한인연구회.

서성철(2000), 「쿠바한인이민사」, 《이베로아메리카연구》, 제11권, 139-159쪽, 서울: 라틴아메리카연구소.

서성철(2005), 「라틴아메리카와 한국이민: 멕시코 한인사회와 현지적응」, 『세계화와 라틴아메리카의 이주와 이민』, 173-203쪽, 서울: 오름.

이자경(2006a), 『멕시코 한인 이민 100년사——에네켄 가시밭의 100년 오딧세이

(上)』, 서울: 흔맥문학출판부.

이자경(2006b), 『멕시코 한인 이민 100년사——에네켄 가시밭의 100년 오딧세이 (下)』, 서울: 흔맥문학출판부.

임안나(2015), 「주말아파트와 공동체: 이슬라엘 내 필리핀 노인 돌봄 노동자의 이주 공간 형성에 관한 연구」, 《비교문화연구》 제22권 1호, 435~483쪽, 서울: 비교 문화연구소.

한국이민사박물관(2019), 『에네켄에 담은 염원, 꼬레아노의 꿈』.

Glik Schiller, Nina(1997), "The Situation of Transnational Studies", *Global Studies in Culture and Power* 4(2), pp. 155~166.

Gutiérrez May, José Luis(2011), "Sanos, fuertes y humildes", *Los inmigrantes coreanos en Yucatán*, 1905-1910, Universidad Autónoma de Yucatán: Mérida.

Massey, Doreen(1994), *Space, Place, and Gender*, Minneapolis: University of Minnesota Press.

Rodman, Margaret C(1992), "Empowering Place: Multilocality and Multivocality," *American Anthropologist* 94(3), pp. 640~656.

Schiller, N., L. Basch, and G. Blanc-Szanton(1992), "Towards a Transnational Perspective on Migration: Race, Class, Ethnicity, and nationalism Reconsidered", *Annals of the New York Academy of Sciences* 645, pp. 1~258.

제4장 북미자유무역협정하의 미국–멕시코 경제적 개발 격차와 노동 이주

배찬권 · 금혜윤 · 김진오(2012), 『NAFTA체결 이후 멕시코 경제의 변화와 정책 시 사점』, 대외경제정책연구원.

이성형(1998), 『IMF시대의 멕시코: 신자유주의 개혁의 명암. 1982~1997』, 서울: 서 울대학교 출판부.

이성형(2007), 「NAFTA와 멕시코(1994~2006): 경제적 · 사회적 효과」, 《경제와 사회》, 제76호, 164-195쪽.

조문희 · 권혁주 · 강민지(2018), 「NAFTA 재협상(USMCA) 결과평가와 시사점」, 《KIEP 오늘의 세계경제》, 제18권 6호, 1-21쪽.

Arueta, Carla N(2016), *Border Security: Immigration Enforcement Between Ports of Entry*, CRS Report Congressional Research Service.

Blecker, Robert & Gerardo Esquivel(2013), "Trade and The Development Gap", Peter h. Smith & Andrew Selee(eds), *Mexico and the United States: The Politics of Partnership*, Boulder, Co:Lynne Rienner.

Destler, I. M(2005), *American Trade Politics(4th ed)*, IIE.

Domínguez, J. & Fernandez de Castro, R(2001), *The United States and Mexico:Between Partnership and Conflict*, New York: Routledge.

Dorocki, Slawomir & Brzegowy, Pawel(2014), "The maquiladora industry impact on the social and economic situation in Mexico in the era of globalization", *Environmental and socio-economic transformations in developing areas as the effect of globalization*, Wydawnictwo Naukowe UP, pp. 93-110.

Fernandez, L., Carson, R.(2002), B*oth Sides of the Border: Transboundary Environmental Management Issues Facing Mexico and the United States*, Dordrecht: Kulwer Academic Publishers.

Hufbauer, Gary Clyde & Jeffrey J. Schott(2005), *NAFTA Revistied:Achievements and Challenges*, Washington, DC: Institute for International Economics.

Hufbauer, Gary and Steven Globerman(2019), *The United States-Mexico-Canada Agreement:Overview and Outlook*. (https://www.fraserinstitute.org)

Hussain, A. Imtiaz & Roberto Dominguez(2015), *North American Regionalism and Global Spread*, New York: Palgrave Macmillan.

Knight, W. A., Julián Castro-Rea & Hamid Ghany(eds.)(2014), *Re-mapping the Americas:trends in region-making*, Burlington: Ashgate.

Krapohl, Sebastian(ed.)(2017), *Regional Integration in the global South:External Influence on Economic Cooperation in ASEAN, MECOSUR and SADC*, New York: Palgrave acmillan.

Kunz, Rahel(2011), "Depoliticization through partnership in the field of migration: The Mexico–US case", *Multilayered Migration Governance: The promise of partnership*, London: Routledge, pp. 283-310.

Mendoza, J(2010), "The Effect of the Chinese Economy on Mexican Maquiladora Employment", *The International Trade Journal*, 24(1), pp. 52-83.

Morales, Isidro(2008), *Post-NAFTA North America: Reshaping the Economic and Political Governance of a changing Region*, NewYork: Palgrave Macmillan.

Papademetriou, Demetrios(2003), "The Shifting Expectations of Free Trade and Migration", *NAFTA's Promise and Reality: Lessons from Mexico for the Hemisphere*, Carnegie Endowment for International Peace, pp. 39-59.

Passel, J.S. and D'Vera Cohn(2012), *Net Migration from Mexico Falls to Zero and Perhaps less*, Pewresearch Center.

Sklair, Leslie(2011), *Assembling for Development: The Maquila Industry in Mexico and the United States*, England: Taylor & Francis.

Mendoza, J. E. & Bruno Dupeyron(2017), San Diego-Tijuana, "Economic Integration, Emerging Fields and Crossborder Governance: The Case of San Diego–Tijuana", *Journal of Borderlands Studies*, https://doi.org/10.1080/08865655.2017.1367711 (2019.7.1.).

Zabin, Carol, Michael Kearney, David Runsten, & Ana Garcia(1993), *Mixtec Migrants in California Agriculture: A New Cycle of Rural Poverty*, Davis, CA: California Institute for Rural Studies.

Passel, J. S. & D'Vera Cohn(2012), Net Migration from Mexico, "Net Migration from Mexico Falls to Zero and Perhaps less", Pewresearch Center, https://www.pewhispanic.org/2012/04/23/net-migration-from-mexico-falls-to-zero-and-perhaps-less

Vietor, Richard H.K. and Veytsman, Alexander(2007), "American Outsourcing," *Harvard Business School Case Study* No. 9-705-037, rev. February 2.

World Bank, Poverty, "Poverty & Equity Data Portal", http://povertydata.worldbank.org/poverty/country/MEX

Bruno Lecoquierre(2017), "Le Sahara: un désert mondialisé", in Documentation photographique 7/8, *La Documentation Française*.

Camps, Gabriel(2007), *Les BERBERES : Mémoire et identité*, Actes Sud, Arles. France.

Dambisa Moyo(2009), *Dead Aid: Why Aid Is Not Working and How There Is a Better Way for Africa*, Farrar, New York, Straus and Giroux.

John F. May, Jean-Pierre Guengant et Thomas R. Brooke(2015), "Défis démographiques du Sahel", *Population Reference Bureau*.

Lim Gi-dae & Kim Kwang-su(2017), "A Study on the Recent Situation and Reorganization Process of Terrorist Groups in Maghreb and Sahara", *Korean Association of African Studies* 51, pp. 103-144.

Mostéfa Khiati(2017), "La question humanitaire au Sahara-Sahel", *2nd International Conference of the Center of Global Area Studies* in Chonbuk National University, 2017.11.16.

Mourad, Medelci(2011), "Promouvoir le dialogue, comprendre l'attirance exercée par le terrorisme et lutter contre cette attirance", 66ème session de l'Assemblée Générale des Nations Unies. sept.

Olivier Fourt(2016), "cartographie la circulation des armes dans le Sahel", RFI.

Olivier, Hanne & Guillaume Larabi(2015), *Jihâd au Sahel : Menaces, opération Barkhane, coopération régionale*, Paris, Bernard Giovanangeli Editeur.

Vermeren, Pierre(2010), *Maghreb: Les Origines de la révolution démocratique*, Pluriel.

Conseil des droits de l'homme de ONU(2012), "Rapport de la Haut-Commissaire des Nations Unies aux droits de l'homme sur la situation des droits de l'homme au Mali", pp. 1-20.

권유경 외(2016), 『아프리카 지역기구 현황과 이슈』, 아프리카미래전략센터,

김상훈(2011), 『외우지 않고 통으로 이해하는 통아프리카사』, 다산에듀.

로마노 프로디(2015), 「차드호 보존의 희망」, 《르몽드 디플로마티크》 3월호, 8쪽.

역사교육자협의회(2002), 채정자 옮김, 『숨겨진 비밀의 역사 중동 아프리카』, 예신.

임기대(2016), 「'알무라비툰'을 통해 본 마그레브 테러집단 간 대결 양상에 관한 연구」, 《지중해지역연구》 제18집, 부산외국어대학교 지중해지역원, 29-60쪽.

임기대(2020a), 「압델말렉 드룩델의 사망 이후 마그레 사하라──사헬지대에서의 테러집단과 프랑스의 역할 변화에 관한 연구」, 『프랑스문화연구』 제46집, 한국프랑스문화학회, 187-214쪽.

임기대(2020b), 「기니만의 구조적 문제와 안보 정세 분석」, 《2020년 외교부정책연구용역과제》.

장태상(2017), 「18~19세기 폴라니(fULANI)족의 성전과 폴라니 국가」, 《한국아프리카학회지》 제50집, 139-181쪽.

필립 레이마르(2015), 「아프리카에도 평화의 봄이 찾아올 수 있을까?」, 《르몽드 디플로마티크》 3월호, 26-27쪽.

| 언론 |

Africa Insight, "기후변화 속의 아프리카", 2016.12.05. (검색일 2020.12.14)

African Manager, "Tunis : L'Algérie met en garde contre une intervention étrangère en Afrique du Nord", 2015.12.01. (검색일 2019.12.14)

El Watan, "Depuis la signature de l'accord de paix, l'insécurité s'élargit à d'autres localités du Mali", pp. 12-132, 2017.07.25.

El Watan, "Trafic de spiritueux: Arrestation d'une jeune femme à Tamanrasset", 2017.10.14. (검색일 2020.10.15)

France 24, "Les Touareg du MNLA prê ts à aider l'armée française à lutter contre les djihadistes", 2013.01.14. (검색일 2020.03.18)

Jeune Afrique, "Mali : le président Emmanuel Macron se rend en chef de guerre à Gao", 2017.05.18. (검색일 2020.09.10)

Le Monde Afrique, "Une nouvelle résolution onusienne pour sauver l'accord de paix au Mali", 2017.09.22. (검색일 2020.10.11)

The National Interest, "Why is terrorism rising in West Africa?", 2020.03.16. (검색일 2021.02.21)

Toumast Press, "Que s'est-il réellement passé à Aguelhoc?", 2012.02.18. (검색

일 2020.02.21)

UHIC, "모두가 주체가 되기 위한 노력, 거버넌스란?", 2017.04.28. (검색일 2020.7.28)

| 칼럼 |

임기대, "테러리스트 '벨목타르', 이슬람제국 부활 꿈꾼다", 대외경제정책연구원 전
문가 칼럼 이러릭스, 2013.09.28.

Lim Gi-dae, "UN, Morocco, and Algeria on Western Saharan Issues," *PKO
NewsLetter*, 2016.06.

| 웹페이지 |

https://fr.wikipedia.org/wiki/Sahel (검색일 2020.11.24)

https://fr.wikipedia.org/wiki/Liste_des_pays_par_IDH (검색일 2020.12.01)

http://blog.naver.com/PostView.nhn?blogId=hubafrica&log
No=220878334154 (검색일 2020.11.24)

http://uhic.tistory.com/459 (검색일 2020.09.01)

https://fr.wikipedia.org/wiki/Tijaniyya (검색일 2020.12.30)

http://himallahi.org/index.php/le-hamallisme/qui-est-cheikh-ahmada-
hamahoullah (검색일 2020.12.28)

https://ko.wikipedia.org/wiki/%EC%B0%A8%EB%93%9C (검색일 2020.11.12)

http://databank.banquemondiale.org/data/reports.aspx?source=indicateurs-
du-d%C3%A9veloppement-dans-le-monde (검색일 2020.11.10)

http://fr.wikipedia.org/wiki/Mouvement_national_pour_la_lib%C3%A9ration_
de_l'Azawad (검색일 2020.12.10)

http://www.ladocumentationfrancaise.fr/dossiers/ (검색일 2020.12.05)

http://www.djazairess.com/fr/letemps/64567 (검색일 2020.12.01)

http://www.recherches-sur-le-terrorisme.com/Documentsterrorisme/lutte-
anti-terrorisme-sahel-cemoc-algerie.html (검색일 2020.12.01)

https://fr.wikipedia.org/wiki/Communaut%C3%A9_des_%C3%89tats_
sah%C3%A9lo-sahariens (검색일 2020.12.03)

https://fr.wikipedia.org/wiki/R%C3%A9bellion_touar%C3%A8gue_de_2006
 (검색일 2020.12.07)

https://fr.wikipedia.org/wiki/R%C3%A9bellion_touar%C3%A8gue_de_2007-
 2009 (검색일 2020.12.30)

https://www.algerie360.com/trafic-de-cocaine-vers-leurope-en-
 provenance-de-lamerique-latine-le-maghreb-sur-les-tablettes-des-
 cartels/ (검색일 2021.01.30)

https://www.google.fr/search?q=cartel+afrique+maghreb&tbm=isch&s
 ource=hp&sa=X&ved=2ahUKEwiAnqiytK3hAhVoG6YKHYZwDi
 AQsAR6BAgJEAE&biw=1670&bih=806&dpr=1.15#imgrc=Z6XmxV
 2ZEDvNwM:&spf=1554070907744 (검색일 2021.01.31.)

제2부 제6장 브라질 난민 정책의 변화

건국대학교 아시아 · 디아스포라연구소 편(2010), 『이주, 이동, 교류의 문화 연구와
 지역 연구』, 지금여기.

국제엠내스티 한국지부, www.amnesty.or.kr

김상균(2020), 『메타버스』, 화성: 플랜비디자인.

나오미 클라인(2008), 김소희 옮김, 『쇼크 독트린』, 파주: 살림Biz.

난민인권센터(2019), 「한국의 난민법은 어떻게 가고 있을까」, https://nancen.
 org/1963.

데이비드 바트럼 · 마리차 포로스 · 피에르 모오르테(2017), 이영민 외 옮김, 『개념으
 로 읽는 국제 이주와 다문화사회』, 서울: 푸른길

마이클 픽스(2009), 곽재석 옮김, 『다문화사회 미국의 이민자 통합정책』, 파주: 한국
 학술정보.

마크 모펫(2020), 『인간 무리, 왜 무리지어 사는가』, 김성훈 옮김, 파주: 김영사.

매슈 O. 잭슨(2021), 박선진 옮김, 『휴먼네트워크』, 서울: 바다출판사.

산드로 메자드라 · 브렛 닐슨(2021), 남청수 옮김, 『방법으로서의 경계』, 서울: 갈무리.

세계법제정보센터, 「난민의 지위에 관한 협약(Convention relating to the Status of Refugees)(1951)」, https://world.moleg.go.kr/

손지혜 · 윤인진(2019), 「베네수엘라 난민 사태 이후 브라질 난민정책의 변화」, 《포르투갈-브라질 연구》, 제16권 2호, 7-56쪽.

브랑코 밀라노비치(2020), 『홀로 선 자본주의』, 정승욱 옮김, 서울: 세종서적

「유엔난민기구(UNHCR) 2019 연례보고서」

이광윤(2019), 「브라질 문학에 나타난 이탈리아 이민의 역사와 정체성 형성에 관한 연구」, 《포르투갈-브라질 연구》, 제17권 1호, 69-106쪽.

이머릭스(2020), 「월간정세변화: 미국-베네수엘라 경제 제재 이슈 추이」.

임두빈(2021), 「브라질 교육 불평등의 사회경제적 배경과 COVID-19가 미친 영향」, 《포르투갈-브라질 연구》, 제18권 1호, 83-124쪽.

조일준(2016), 『이주하는 인간, 호모 미그란스』, 서울: 푸른역사.

조희문(2019), 「브라질의 신이민법과 이주정책의 변화」, 《중남미연구》, 제38권 3호, 1-33쪽.

줄리아 벅스톤(2019), 「미국이 관리하는 베네수엘라 야당」, 《르몽드 디플로마티크》, 4월호, 14쪽.

Anmensty International(2020), 「Trinidad and Tobago and Venezuela: Policies from both governments put lives at risk」, http://amesty.org/

Migra Mundo, https://migramundo.com/

DiMaggio and Powell(1983)

제7장 베네수엘라 난민, 21세기 라틴아메리카 최대의 위험 요인

김기현(2014), 「차베스 집권 14년의 평가와 차베스 이후 차베스주의」, 서울대학교 라틴아메리카 연구소(편), 『2014 라틴아메리카—사회경제적 불평등과 좌파 정권』, 서울: 이숲.

전중환(2013), 『역외탈세 현황과 개선과제』, 서울: 국회 예산처.

조르주 뒤비(2006), 채인택 옮김, 『조르주 뒤비의 지도로 보는 세계사』, 서울: 생각의

나무.

토머스 E.스키드모어 · 피터H.스미스 · 제임스 N.그린(2014), 우석균 · 김동환 옮김, 『현대 라틴아메리카』, 서울: 그린비.

한스 로슬링(2019), 이창신 옮김, 『팩트풀니스』, 파주: 김영사.

Rosa Luxemburg(1961), *The russian Revolution and Leninism or Maxism?*, USA: University of Michigan Press.

Youssef Cohen(1994), *Radicals, Reforms, and reactionaries,* USA: University of Chicago Press.

베네수엘라 위기에 대한 외교부 대변인의 성명(2019), http://www.mofa.go.kr/www/brd/m_4076/view.do?seq=368239

유엔난민기구 데이터 베네수엘라(2019), https://data2.unhcr.org/en/situations/platform

Alvaro Murillo · Julia Love(2019), "Venezuela's opposition ambassador takes control of embassy in Costa Rica", https://www.reuters.com/article/us-venezuela-politics-costa-rica/venezuelas-opposition-ambassador-takes-control-of-embassy-in-costa-rica-idUSKCN1Q92RY

Andrew Buncombe(2017), "Venezuela's president accused of crimes against humanity", https://www.independent.co.uk/news/world/americas/venezuela-maduro-latest-news-crimes-against-humanity-accusations-icc-a8059551.html

Andrew Cawthorne · Patricia Velez(2013), "Venezuela says 40 percent of dollar buyers are shell companies", https://www.reuters.com/article/us-venezuela-economy/venezuela-says-40-percent-of-dollar-buyers-are-shell-companies-idUSBRE9BB0T820131212

Aporrea 특별팀(2013), "Presidenta del BCV: Parte de los $59,000 millones entregados en 2012 fueron a empresas de maletín", https://www.aporrea.org/actualidad/n229466.html

BBC News Mundo(2019), *Apagón en Venezuela: las imágenes de cómo vive Caracas uno de los peores apagones del país en los últimos años*, https://www.bbc.com/mundo/noticias-america-latina-47502436

BBC Would(2018), "Venezuela opposition banned from running in 2018 election", https://www.bbc.com/news/world-latin-america-42304594

Ed Vulliamy(2002), "Venezuela coup linked to Bush team", https://www.theguardian.com/world/2002/apr/21/usa.venezuela

François Pilet(2018), "Venezuelan ex-minister hoarded money in Switzerland", https://www.swissinfo.ch/eng/society/corruption_venezuelan-ex-minister-hoarded-money-in-switzerland/44612456

Jay Waver · Antonio Maria Delgado(2018), "Ex-Venezuelan treasurer close to Chávez is target of Florida money-laundering probe", https://www.miamiherald.com/news/local/article207503694.html

Kejal Vyas(2019), "U.S. Considers Harshest Venezuela Sanctions Yet, on Oil", https://www.wsj.com/articles/u-s-considers-harshest-venezuela-sanctions-yet-on-oil-11547510165

Paul Dobson(2019), "Venezuela Assumes OPEC Presidency, Unveils Foreign Oil Investment Deals", https://venezuelanalysis.com/news/14213

Tom Phillips(2018), "Venezuelan president says invaders would not make it out alive", https://www.theguardian.com/world/2018/dec/17/venezuela-nicolas-maduro-warns-us-columbia-brazil-invade-sacred-soil

8장 라틴아메리카에서 이주의 여성화

이혜경(2010), "서평: 이주 여성들의 다중정체성-국가, 가족, 계급, 이주민 공동체", 『로컬리티 인문학』, 351-360쪽.

이혜경 · 정기선 · 유명기 · 김민정(2006). "이주의 여성화와 초국가적 가족: 조선족의 사례를 중심으로", 《한국사회학》, 제40집 5호, 258-298쪽.

임상래(2006a). "이민과 인권: 칠레의 페루 이민자를 중심으로", 《라틴아메리카 연구》, 제19권 4호, 59-86쪽.

임상래(2006b). "남아메리카 이주의 추세와 특성 : 칠레를 중심으로", 《이베로아메리카》, 제8권 2호, 27-48쪽.

임상래(2010), 「스페인 국제이민의 특성과 조건: 스페인의 '라틴아메리카화 (Latinoamericanización)'의 현재적 의의」,《이베로아메리카》, 제12권 1호, 323-347쪽.

파레냐스 · 라셀 살라자르(2009), 문현아 옮김, 『세계화의 하인들』, 서울: 여이연.

Parreñas, Rhacel Salazar(2001), Servants of Globalization: Women, migration and domestic work, Stanford: Stanford Univ. Press.

"Beijing At ten: achiving gender equality, development and peace" http://www.un.org/womenwatch/daw/Review/documents/press-releases/Beij_Migration_stats_Eng_1.pdf.

"El Programa de Gobierno de la Presidenta de Chile Michelle Bachelet" http://www.gobiernodechile.cl/programa_bachelet/pgm_gob_somostodos.asp

Latinoamérica, la otra tierra de oportunidades," *El Universal*, 23 de marzo de 2008.

"Perú, país exportador... mujeres" http://bajolalupa.org/11/10_tex.html.

"Women in Informal Employment: Globalizaing and Organizing: Informal Workers in Focus: Domestic Workers" http://www.wiego.org/publications/FactSheets/WIEGO_Domestic_Workers.pdf.

Altamirarno, Teófilo, "El Perú y el Ecuador: Nuevos países de emigración", http://www.uasb.edu.ec/padh/revista7/articulos/teofilo%20altamirano.htm.

Altamirarno, Teófilo, "Los peruanos en el exterior y su revinculación con el Perú", http://www.cholonautas.edu.pe/modulo/upload/Altamirano1.pdf.

Arriagada · Irma(2009), "Feminización de la Migración en América Latina", *Focal Point*, Vol. 8. No. 2, pp. 1-6.

Blofield · Merike(2009), "Feudal Enclaves and Political Reforms: Domestic Workers in Latin America", *Latin American Research Review*, Vol. 44. No. 1, pp. 158-190.

Cerruti · Marcela(2020), "5 Salient facts about intra-regional migration in South America", https://migrationdataportal.org/blog/5-salient-factsabout-intra-regional-migration-south-america.

De la Fuente · Alejandro(2008), "Remittances and Vulnerability to Poverty in Rural Mexico", *WIDER Research Paper 2008/17*. Helsinki: United Nations University, World Institute for Development Economics Research.

Demographic Observatory, *Santiago de Chile: United Nations:* ECLAC.

ECLAC(2006), *International Migration. Latin America and the Caribbean.*

Fontes Chammartin, Gloria Moreno, "The feminization of international migration".

Gindling, T. H.(2008), "South-South Migration: The Impact of Nicaraguan Immigrants on Earnings, Inequality and Poverty in Costa Rica"(IZA DP No. 3279), *Forschungsinstitut zur Zukunft der Arbeit*, Institute for the Study of Labor.

http://www.rree.gob.pe/portal/aconsular.nsf/0/2A223EB08A658D49052571B 00597DD9?OpenDocument. Global Perspectives. 39-47. http://library. fes.de/pdf-files/gurn/00072.pdf.

Igor · Olivia · Flores · Tomas(2008), "Migración Internacional: El Caso de Chile", *Serie Informe Económico*, No. 190, Libertad Desarrollo.

INEI · DIGEMIN · OIM − Perú y Cancillería de la República, "Perú:Estadística de la Migración Internacional de Peruanos 1990-2007". http://www. elcomercio.com.pe/ediciononline/HTML/2008-03-06/casi-dos- millonesperuanos-fueron-al-exterior-entre -1990-y-2007.html.

Instituto Nacional de Estadística e Informática(INEI), "Perú: Estadísticas de la Emigración Internacional de Peruanos e Inmigración de Extranjeros, 1990-2018".

Instituto Nacional de Estadísticas(INE)(2018), *Las características de la inmigración internacional en Chile,* Censo 2017.

Landaburu, Juan(2007), "El debate sobre la inmigración ilegal se extiende a la región". http://www.lanacion.com.ar/nota.asp?nota_id=920108(Domingo 24 de junio).

Lipszyc, Cecilia, "Feminización de las migraciones en cuatro países de América Latina". http://www.generoypobreza.org.ar/Feminizacion.

de las migraciones. en cuatro paises de America Latina.pdf.

Ministerio de Relaciones Exteriores del Perú(2005), "Acuerdo para el ingreso y tránsito de nacionales peruanos y chilenos en calidad de turistas con documentos de identidad", 06 de julio.

Munhak. P. Algacier(2009), "Inserción Laboral para Abrir las Puertas a la Ciudadanía: El Caso de Santiago de Chile", *Focal Point: Canada's Spotlight on the Americas*, Vol. 8. No. 12.

Nacarrete Yáñez, Bernardo(2007), "La 'quinta oleada migratoria' de peruanos a Chile: Los residentes legales", *Revista ENFOQUES* No.7, Segundo Semestre, pp. 173-195.

OIM · INEI · DIGEMIN(2008), *Perú: Estadísticas de la migración internacional de peruanos, 1990-2007*, OIM.

Oishi, Nana(2005), *Women in Motion: Globalization, State Policies and Labor Migration in Asia*, Stanford Univ. Press.

Ratha, D. & Shaw, W.(2007), South-South Migration and Remittances, ashington: The World Bank Development Prospects Group.

Rivera, Jorge Riquelme; Muñoz, Gonzalo Alarcón(2008), "El peso de la historia en la migración peruana en Chile", *Revista Polis*, Vol. 7 No. 20, pp. 299-310.

Smith-Castro · Vanessa;Sirlopú · David(eds.)(2021). *Intraregional Migration in Latin America: Psychological Perspectives on Acculturation and Intergroup Relations*, American Psychological Association.

Staab · Silke · Maher · Kristen Hill(2006), "The Dual Discourse About Peruvian Domestic Workers in Santiago de Chile: Class, Race, and a Nationalist Project", *Latin American Politics and Society*, Vol. 48 Issue 1, pp. 87-116.

Stefoni · Carolina(2002), "Mujeres inmigrates peruanas en Chile", Papeles de Población, julio-septiembre, No. 33. pp. 118-145.

Thorbecke · Erik · Nissanke · Machiko(2008), "The Impact of Globalization on the Poor in Latin America", *Economía*. Vol. 9. Number 1, pp. 153-196.

UNDP(2017), Paid domestic workers in the Southern Cone of Latin America: a

struggle to overcome a history of exclusion, https://americalatinagenera.
org/newsite/images/cdr-documents/2018/03/01_Lilian_Soto_EN.pdf

Villanueva · Victor Vasquez(2010), *Emigración Peruana: Realidades y Oportunidades,
Asociación de familiares de peruanos viviendo en el extranjero*(FAMIPERU).

제9장 콜롬비아의 강제 실향민

이성형(2005), 「미국의 대 콜롬비아 마약정책: 현실주의 외교논리의 문제점」,《라틴
아메리카 연구》, 163-164쪽.

콜롬비아무관(2002), 『귀국보고서』, 서울: 국방부.

차경미(2009), 「콜롬비아 우리베(Uribe)정권의 국가안보정책의 한계」,《국제지역연
구》, 제13권 제2호, 429-432쪽.

차경미(2011), 「콜롬비아 국경지역 난민증가원인: 베네수엘라, 파나마, 에콰도르 접
경지역 강제실향민을 중심으로」,《국제지역연구》, 제15권 제1호, 122쪽.

CODHES(2003), *Boletín Codhes Informa*, No. 44.

CODHES(2005), *Boletín Codhes Informa*, No. 60.

Charles E. Grasley(2004), *Drug Control Aviation Program Safety Concerns In
Colombia are being Addressed but State's Planning and Budgeting Process
can be Improved*, United States: GAO.

Elisa, Rodriquez(2006), "Colombia Una Nación Multicultural-Su Diversidad
Etnica", Dane, Dirección de Censos y Demográfia, Colombia.

Javier Iván(2007), "Las Migraciones Forzadas: el Desplazamiento", Colombia:
Caderno Geográficos.

Nhorys Torregrosa Jiménez, Rodolfo Torregrosa Jiménez(2013), "Violence and
Colombian Politics", Verba Iuris 29, Enero-junio.

Rangel Alfredo(1998), *Colombia: Guerra en el Fin de Siglo*, Colombia:
Universidad de los Andes, Facultad de Ciencia Social.

Red de Solidaridad Social(2011), *Balance de las Políticas de Atención a la
Población Desplazada 1998-2002*, Colombia.

Roberto González Arna, Luis Fernando Trejos Rosero et al.(2016), *Fin del Conflicto Armado en Colombia?*, Baranquilla, Colombia: Universidad del Norte.

RUPD(el Registro Único de Población Desplazada)(2006), Colombia.

Cosuelo A. Beltrán, et. al(2004), *El Desplazamiento Forzado de Colombianos hacia Ecuador en el Contexto del Plan Colombia*, Colombia:Universidad Javeriana.

Suarez Harvey(2002), "Aplazados y desplazados. Violencia, Guerra y Desplazamiento: El trasfondo cultural del destierro y la Exclusión", *Destierros y desarraigos*, CODHES, OIM.

Valentino Benjamínet, et. al.(2004), *Draining the Sea: Mass Killing and Guerrilla Warfare*, United State: International Organization, Cambridge University Press.

Vanegas Guillermo(2006), *Desplazamiento Interfronterizo de Colombia a Panamá y Acuerdos Bilaterales entre los Gobiernos de Ambos Países*, Colombia: Ministerio de Relaciones Exteriores.

제10장 '고국 기업'과 파라과이 한인 후속 세대의 문화적 간극

파라과이한인회(1999), 『파라과이 한인이민 35년사』, 서울: 한국교육평가원.

제35대 파라과이 한인회(2014), 『한인록』, 아순시온: J.E. Impresiones.

저자 소개

구경모

영남대학교 인류학 박사. 부산외국어대학교 중남미지역원/글로벌인재학부 교수로 재직 중이다. 주요 저서는 『라틴아메리카, 세계화를 다시 묻다』(공저), 『기층문화와 민족주의: 파라과이 민족정체성과 과라니 문화』 등이 있다.

임두빈

브라질 상파울로 주립대학교(UNESP) 포르투갈어 응용언어학 박사. 부산외국어대학교 중남미지역원 교수로 재직 중이다. 주된 관심은 브라질(사람들)이 현실을 구성하고 인지하는 개별적인 방식과 생각의 문법을 '건설적 편집증'을 가지고 기록하고 분석하는 데 있다.

임기대

프랑스 파리7대학 언어역사인식론 박사. 한국프랑스학회 및 한국아프리카학회 편집위원장. 부산외국어대학교 지중해지역원/프랑스어과 교수로 재직 중이다.

차경미

한국외국어대학교 국제관계학 박사. 부산외국어대학교 중남미지역원 연구교수로 재직 중이다. 주요 저서로는 『한국전쟁 그리고 콜롬비아』, 『라틴아메리카 흑인 만들기』, 『라틴아메리카, 세계화를 다시 묻다』(공저) 등이 있다.

이순주

한국외국어대학교 정치학(중남미 정치) 박사. 울산대학교 스페인·중남미학과 교수로 재직 중이다. 주요 저서는 『라틴아메리카의 여성운동과 여성정책』이 있고, 『라틴아메리카의 어제와 오늘』을 비롯한 다수의 공저가 있다.

현민

서울대학교 사회학 박사. 부경대학교 BK교육연구단에서 계약교수로 재직 중이다.

박정원

미국 피츠버그대학교 라틴아메리카 문화연구 박사. 경희대학교 비교문화연구소 소장 및 스페인어과 교수로 재직 중이다. 주요 저서는 『공동체 없는 공동체』(공저) 등이 있다.

노용석

영남대학교 인류학 박사. 부경대학교 국제지역학부 교수로 재직 중이다. 주요 저서는 『트랜스내셔널 노동이주와 한국』(공저), 『국가폭력과 유해발굴의 사회문화사』가 있다.

이정화

부경대학교 글로벌지역학협동과정 박사과정 수료. 저서에는 『바다 사람들의 생애사 2』(공저)가 있다.

최명호

멕시코 시몬볼리바르대학교 문화인류학 박사. 부산외국어대학교 중남미지역원 연구교수로 재직 중이다.

이태혁

영국 요크대학교 국제개발학 박사. 부산외대 중남미지역원 연구교수로 재직 중이다. 주요 저서는 『라틴아메리카, 세계화를 다시 묻다』(공저), 『라틴아메리카 지역통합의 정치』(역서)가 있다.

이주와 불평등

1판 1쇄 발행 2021년 5월 30일

지음 | 구경모, 임두빈, 임기대, 차경미, 이순주, 박정원, 현민, 노용석·이정화, 최명호, 이태혁
디자인 | 김서이
펴낸이 | 조영남
펴낸곳 | 알렙

출판등록 | 2009년 11월 19일 제313-2010-132호
주소 | 경기도 고양시 일산서구 중앙로1455 대우시티프라자715호

전자우편 | alephbook@naver.com
전화 | 031-913-2018, 팩스 | 02-913-2019
ISBN 979-11-89333-34-8 93950

* 이 저서는 2018년 대한민국 교육부와 한국연구재단의 지원을 받아 수행된 연구임.
  (NRF-2018S1A6A3A02081030)